李海青◎著

中国特色社会主义的价值解读
——公民权利的视角

中国社会科学出版社

图书在版编目（CIP）数据

中国特色社会主义的价值解读：公民权利的视角／李海青著．—北京：中国社会科学出版社，2018.6
ISBN 978-7-5203-2347-5

Ⅰ．①中…　Ⅱ．①李…　Ⅲ．①公民权—研究—中国　Ⅳ．①D921.04

中国版本图书馆CIP数据核字（2018）第075686号

出 版 人	赵剑英
责任编辑	徐沐熙
责任校对	胡佳彤
责任印制	戴　宽
出　　版	中国社会科学出版社
社　　址	北京鼓楼西大街甲158号
邮　　编	100720
网　　址	http://www.csspw.cn
发 行 部	010-84083685
门 市 部	010-84029450
经　　销	新华书店及其他书店
印刷装订	北京君升印刷有限公司
版　　次	2018年6月第1版
印　　次	2018年6月第1次印刷
开　　本	710×1000　1/16
印　　张	18.5
插　　页	2
字　　数	276千字
定　　价	76.00元

凡购买中国社会科学出版社图书，如有质量问题请与本社营销中心联系调换
电话：010-84083683
版权所有　侵权必究

目 录

引言 从"生死伦理"的道义性契约到公民权利的制度性契约：
共产党与民众的双重契约 ……………………………………（1）

第一编 公民、权利与价值：前提性的问题阐释

第一章 公民作为中国特色社会主义的价值主体……………（11）
　第一节 中国现代公民身份建构的历史演进………………（13）
　第二节 公民身份在中国特色社会主义形成与
　　　　 发展进程中的凸显…………………………………（19）

第二章 权利作为中国特色社会主义价值的表现形式………（23）
　第一节 权利的内涵……………………………………………（24）
　第二节 权利问题在中国特色社会主义形成与
　　　　 发展进程中的凸显…………………………………（34）

第二编 公民权利与中国特色社会主义的多重价值维度
——理论层面的阐释

第三章 公民权利与中国特色社会主义的开创………………（39）
　第一节 传统社会主义所有制的内在矛盾与悖论：
　　　　 理念与现实的巨大张力……………………………（40）
　第二节 传统所有制对社会成员生存发展的影响…………（44）
　第三节 初步赋权于民与中国特色社会主义的开创………（47）

第四章　公民权利与中国特色社会主义的发展动力 （52）
　第一节　权利实现作为社会发展的动力机制 （52）
　第二节　公民权利的确认与实现作为中国特色社会
　　　　　主义的内生动力 （55）
　第三节　更好释放公民政治权利的动力潜能 （65）

第五章　公民权利作为中国特色社会主义的价值目标 （73）
　第一节　传统意识形态与现实的巨大张力 （73）
　第二节　社会主义本质：从"传统制度论"转向"现实功能论" （79）
　第三节　意识形态关注公民权利的现实效应 （82）

第六章　公民权利与中国特色社会主义的价值认同 （90）
　第一节　思想分化与价值认同的重建 （90）
　第二节　构建确认公民权利的理念认同 （94）
　第三节　构建保障公民权利的制度认同 （100）
　第四节　构建实现公民权利的绩效认同 （104）

第三编　国家治理现代化视野中公民权利的
　　　　有效确认、维护与救济
——实践层面的阐释

第七章　公民权利视野中党的执政模式现代化 （111）
　第一节　科学执政与现代治理结构的形成 （113）
　第二节　民主执政与党执政合法性、有效性的提升 （127）
　第三节　依法执政作为党执政的基本方式 （135）

第八章　中国经济发展的动力转变：从权力主导转向
　　　　　公民权利驱动 （141）
　第一节　权力直接干预经济的总病根 （143）
　第二节　公民经济权利的有效确认与保障 （159）

第九章 民主法治的健全完善与公民权利的有效实现 …………(179)
 第一节 全面深化改革阶段公民民主权利的
    进一步实现与保障 ………………………………(179)
 第二节 法治建设的三维一体与公民权利的
    进一步确认与实现 ………………………………(218)

第十章 公民权利与当代中国公民文化的培育 ……………(237)
 第一节 国民性改造与公民文化的启蒙使命 ……………(238)
 第二节 市场拜金主义与公民文化的规约功能 …………(242)
 第三节 公民文化的内涵及其培育 ………………………(244)

第十一章 公民权利视野中的培育社会与保卫社会 ………(256)
 第一节 培育社会:现代社会结构与社会自治机制的
    逐步生成 …………………………………………(258)
 第二节 保卫社会:抵御权力与资本的"殖民化"…………(272)

附录 中国共产党:马克思主义使命型政党 ………………(278)

后 记 ………………………………………………………………(288)

引 言

从"生死伦理"的道义性契约到公民权利的制度性契约:共产党与民众的双重契约

本书是从公民权利角度对中国特色社会主义进行价值解读。谈到公民权利必然涉及国家的法律规定与制度安排,而在当代中国,这样一种国家的法律规定与制度安排实际上是作为执政党的中国共产党意志的体现。就此而言,公民权利的法律规定与制度安排内在体现了进入国家政权系统内的执政党的执政理念与执政行为。可以认为,公民权利的法律规定与制度安排表明的是共产党作为中国唯一的执政党与社会成员之间的一种制度化的契约关系:宪法法律规定了中国共产党的执政地位及其实现机制,同时也规定了公民的权利与义务。执政党通过国家政权系统以制度化的形式确认、维护与实现公民权利,与之相应,公民高度认同、积极拥护党的执政地位。当然,这种执政党与公民的制度性契约关系,经过了国家政权系统的中介。但在当代中国的政治框架下,中国共产党是执"政"的,对于国家政权系统而言具有决定作用,就此而言,如果理论上忽略或去掉这一中介,问题的实质反而会更加清楚地展现出来,党与民的制度性契约关系就会更为直观、明显地呈现出来。这就是刚才我们表述的:党作为执政主体保障民权、公民作为社会主体认可与接受党的执政,宪法法律对双方彼此的责权利做出规定。

理论上,执政党与公民这两大主体的制度化契约关系较为明确、不难理解;实践中,这种契约关系在现代民主法治的框架下存在与运作。就当代中国而言,也正是伴随着这种契约关系在改革发展实践中的渐进建构,中国特色社会主义的权利维度才逐步得以彰显:社会成员逐步地被经济赋权，而随着经济基础的变化，更多领域的权利诉求成为必然，宪法法律确认与保障社会成员的各种权利，社会成员的公民身份日益凸显。没有执政党对于公民的这种放权与赋权，没有公民权利尤其是经济权利的逐步确认与实现，没有基于权利激发出的广大公民的创造热情与能动性，中国特色社会主义既不会开辟，更不可能发展。就此而言，公民权利是中国特色社会主义的本质维度和内在的价值维度。而一旦公民权利在法律上得以确认，在实践中有效落实，公民权利建设的进程就是不可逆的了，执政党就必须秉持更为明确的公民权利理念，民主执政、科学执政、依法执政，并通过治理的现代化将公民权利更好实现。作为执政党，执政的合法性与有效性最终必须体现在公民权益的实现与维护上。换言之，在现代民主政治的视野中，公民最终是基于权利而认同执政党。

这种执政党与公民之间的制度性契约在当代中国尽管有其独特的实践过程和表现形式，但这种契约本身是现代政党政治的内在要求，是现代民主政治的必然表现，不为中国所独有。然而必须看到，在中国共产党的政治文化中，除了这种执政党与公民之间明确规定彼此责权利的制度性契约外，党与社会成员之间还存在另外一种契约形式，一种可称之为"生死伦理"的道义性契约。在制度性契约中，党的角色是进入国家政权系统的执政党，社会成员的角色是法律意义上的公民，契约形式则是宪法法律的明确制度规定。而在道义性契约中，党的角色是超越于政权之上的领导党，社会成员的角色是政治意义上的人民，契约形式则是一种无形内在的心理契约：一方面，党表明自己的先进性与道义上的人民立场，期待人民拥护自己、支持自己的事业；另一方面，人民期待在党的领导下自身利益包括现实利益与长远利益得到最大程度的实现与保障，生活有希望，未来有奔头。一旦理论上特别是实践中人民认识到了党的领导的巨大价值从而在内心对之表示认同、拥护与支持，一旦形成这种彼此的期待与良性的互动，这种道义性的心理契约即告达成。这种契约不像制度性契约一样，它本身并不以明确的制度规定为必要条件，而是通过党积极的理论宣教与主动的实践作为来唤起人民心理与情感上的认同与接受。这种契约的达成本身并不依赖制度，这一点必须要认识清楚，就好比我们由于深受其益而喜欢一个心地良善的人，此人也希望大家都认同自己一样,这种对方的希望与我们的喜欢都不必依赖于制度的规定而存在,只要对方期待我们认同并且我们在内心与情感上真地认同了,契约即告达成。

在制度性契约中,共产党既拥有宪法法律明确规定的执政地位及相应权力,也负有宪法法律明确规定的执政责任,而在道义性契约中,共产党作为领导力量主要显现的是理论的先进性、实践的引领性,特别是为人民利益而奋斗乃至牺牲的道义责任与信念情怀。共产党的利益就是为人民的利益而奋斗,并无私利。这种道义情怀在政党的指导思想中有清晰、完整、集中的表述。如果说制度性契约侧重于法治层面,道义性契约则侧重于政治层面。如果说制度性契约是针对共产党执政而言,道义性契约则是针对共产党领导而言。如果说制度性契约反映了现代政党政治的一般规律与普遍要求,道义性契约则体现了中国共产党作为马克思主义使命型政党的本质规定与内在要求。如果说制度性契约是外显的,道义性契约则是内隐的。不同契约,指向不同层面,共产党与社会成员各自承担不同角色,体现了不同要求,形式也各不相同。

在这两种契约形式中,道义性契约更具有始源性与根本性,因为中国共产党当初并非执政党,而我们党的马克思主义性质又内在要求与人民达成这种形式的契约。马克思主义的一个基本观点,就是揭示了被以往历史理论所忽视的广大人民群众在社会发展中的创造性主体地位,强调人民至上。马克思主义政党不仅要一切依靠群众,而且要一切为了群众,要在社会发展基础之上追求工人阶级和广大劳动人民的解放以及每个人的自由全面发展。马克思主义创始人在《共产党宣言》中就明确指出,共产党人"没有任何同整个无产阶级的利益不同的利益。他们不提出任何特殊的原则,用以塑造无产阶级的运动"[1]。对于共产党人的这一立场宗旨与价值追求,毛泽东用中国化的语言形象地将之称为"为什么人"的问题。"为什么人的问题,是一个根本的问题,原则的问题。"[2] "共产党就是要奋斗,就是要全心全意为人民服务,不要半心半意或者三

---

[1] 《马克思恩格斯文集》2,人民出版社2009年版,第44页。
[2] 《毛泽东选集》第三卷,人民出版社1991年版,第857页。

分之二的心三分之二的意为人民服务。"① 如果说"全心全意为人民服务"的概括简明、通俗，更为大众化，邓小平对于共产党的这一性质宗旨则做出了更为规范化的文件表述。在1956年党的八大所作《关于修改党的章程的报告》中，邓小平明确指出："同资产阶级的政党相反，工人阶级的政党不是把人民群众当作自己的工具，而是自觉地认定自己是人民群众在特定的历史时期为完成特定的历史任务的一种工具。"②

确实，只有没有私利地全心全意为人民服务，甘于做人民群众的工具，共产党才能当好人民的代表，才能赢得群众的信任，人民才能把自身解放和发展的领导权委托给共产党。在此意义上，作为马克思主义使命型政党，共产党与人民之间就达成了如上所述的道义性契约关系：共产党秉持人民至上、以人民为中心的价值理念真心为民，不畏艰辛、不惧牺牲，人民发自内心地信任、拥护、支持共产党，承认其先进性与领导地位。这种道义性伦理契约涉及政党的理想信念、思想引领与党员示范，只要人民在思想与行为上显示认同而并不表示反对，这种契约实际上就算达成。在这种契约的达成中，政党处于宣教、组织、引导的相对主动地位，而民众则处于相对被动地位。

这种道义性契约的达成是以共产党的先进性为前提的，党员个体的奉献乃至牺牲是这种契约达成的内在要求甚至可以说必要条件。在"牺牲我一个，幸福千万人"，"为有牺牲多壮志，敢叫日月换新天"这种殉道行为的感召下，民众无法不形成高度与长久的认同。在此意义上，如果一个党员个体的牺牲成为传播意义上的公众事件，其就会有效固化这种契约关系。历史上我们党也一直注重这方面榜样的树立与宣传。毛泽东所著"老三篇"即是典型。在"老三篇"中，《愚公移山》提倡共产党人要坚韧不拔、不畏艰险、不懈奋斗；《为人民服务》《纪念白求恩》则是直接追悼与纪念逝者的，一个是张思德，一个是白求恩。这三篇文章尤其是其中的两篇纪念文章被选为经典非常耐人寻味。实际上，这几篇文章之所以被选在一起，很大一个原因就是其集中体现了共产党人的伦理观与价值观。而在那两篇悼文中，这种伦理观和价值观直接是以生

---

① 中央文献研究室：《毛泽东思想年编》，中央文献出版社2011年版，第840页。
② 《邓小平文选》第一卷，人民出版社1994年版，第217—218页。

死伦理的形式得以展现的。对共产党人来说，生的价值意义是什么？死的价值意义是什么？生死转换的意义如何衡量？而这些，都只有放在共产党与人民群众的关系中才能得到理解！

"人总是要死的，但死的意义有不同。中国古时候有个文学家叫做司马迁的说过：'人固有一死，或重于泰山，或轻于鸿毛。'为人民利益而死，就比泰山还重；替法西斯卖力，替剥削人民和压迫人民的人去死，就比鸿毛还轻。……要奋斗就会有牺牲，死人的事是经常发生的。但是我们想到人民的利益，想到大多数人民的痛苦，我们为人民而死，就是死得其所。"[①] "在我们共产党员看来，为任何个人或少数人的利益而牺牲，是最不值得、最不应该的。但是，为党、为阶级、为民族解放，为人类解放和社会的发展，为最大多数人民的最大利益而牺牲，那就是最值得、最应该的。我们有无数的共产党员就是这样视死如归地、毫无犹豫地牺牲了他们的一切。'杀身成仁'、'舍生取义'，在必要的时候，对于多数共产党员来说，是被视为当然的事情。这不是由于他们的个人的革命狂热或沽名钓誉，而是由于他们对于社会发展的科学的了解和高度自觉。"[②] 就此而言，中国共产党作为马克思主义使命型政党对于人民群众有一种深沉的价值承诺，有深刻的伦理观作为自己的价值基础。脱离开这种价值承诺，脱离开这种生死伦理，就无法理解作为使命型政党的中国共产党之存在本身。实际上，这种基于使命而产生的生死伦理在马克思创始人的著作中就已经开始显现。马克思在中学毕业论文《青年在选择职业时的考虑》中的那句名言我们早已非常熟悉：如果我们选择了最能为人类福利而劳动的职业，那么，重担就不能把我们压倒，因为这是为大家而献身；那时我们所感到的就不是可怜的、有限的、自私的乐趣，我们的幸福将属于千百万人，我们的事业将默默地、但是永恒发挥作用地存在下去，面对我们的骨灰，高尚的人们将洒下热泪。青年马克思也曾经自喻为为人类盗火而被缚的普罗米修斯。可以说，这种生死伦理贯穿于自马克思以来直至今天马克思主义政党一脉相承的价值理念之中。

[①] 《毛泽东选集》第三卷，人民出版社1991年版，第1004—1005页。
[②] 刘少奇：《论共产党员的修养》，人民出版社1962年版，第48—49页。

这种强调为民奉献与牺牲的生死伦理极其沉重。今天来看，它诞生于一种现实极其困难、条件极其恶劣但又目标极其高远、情怀极其浪漫的历史语境中。困难恶劣的现实条件下欲实现高远宏大的蓝图愿景，自然需要攻坚克难，自然要求成员不畏牺牲、英勇奉献，自然会以这种生死伦理教育全体成员乃至民众，并且告诉他们，正是这种光明前景的实现本身使个体的奉献与牺牲具有了崇高的意义与不平凡的价值！只要现实与理想是有较大差距的，只要理想是需要艰苦奋斗、通过伟大斗争才能实现的，只要人们是被这种光明前景所感召的，这种使命型政党的生死伦理就始终会被强调与重视，就始终会有其存在之必要。并且，根本而言，强调为民的使命也是中国共产党的存在依据，是推动中国共产党不断前进与事业成功的精神动力。正所谓革命理想高于天！优良传统不能丢，必须要始终发扬、牢固确立。

然而，问题的另一个方面也要看到，那就是：随着中国共产党的长期稳定执政，随着现代生活的稳定化、秩序化与愈益复杂化，随着社会成员权利意识的萌生、增强以及自主性、能动性的不断提高，随着其普遍性公民身份的不断凸显，仅仅强调与依靠这种尽管强大但内隐的道义性契约已经不够了。中国共产党不仅要通过先进理论与党员奉献事先发挥领导作用，更要塌下身子在宪法法律范围内有效执政。正是在这样一种历史条件下，中国共产党作为执政党与作为公民的社会成员之间必须在现代宪法政治的架构中建立一种新的契约关系，而这种契约关系必须以明确的制度化形式来呈现。这是因为，只有通过系统的制度建构，契约双方的责权利才能有效明晰化、稳定化、规范化，才能真正适合现代社会之需要。一种稳定的现代政体，要求这样一种稳定的制度性契约。就此而言，完善的政党与民众的关系不能仅仅停留在道义性契约层面，而必须最终落实到制度性契约。这是现代政党政治发展的基本规律。

对于今日之中国共产党与社会成员的关系而言，道义性契约与制度性契约同时存在但又有所差别。特别是对这两种契约的区分不是没有意义的，它可以提示我们从契约的角度来看待政党与社会成员关系的复杂性、发展演进及其现代化程度。一旦党的角色从包括政治领导、思想领导与组织领导在内的领导层面转到执政层面，其在高远的道义性契约之外就需要构建这样一种用于治国理政的现实的、稳定化的制度性契约。

如果没有这样一种制度性契约，公民权利是无法得到规范化、系统化明确的，以经济商品化、市场化为基础的现代社会是不可能真正诞生的，一种后革命时期的现代秩序是不可能生成的，就中国而言，以现代化为主要任务、以确认与实现公民权利为基本特征的中国特色社会主义也是不可能开辟与发展的。本书正是在这种制度性契约的视野中，从公民权利的角度来分析中国特色社会主义的历史与现实、理论与实践、发展与问题，对中国特色社会主义进行一种系统性的价值解读。

第一编

公民、权利与价值：前提性的问题阐释

"公民权利：中国特色社会主义的价值解读"这一命题涉及公民、权利与价值三个基本范畴。本编将在具体梳理这三个范畴尤其是公民与权利内涵的基础上，较为系统地分析中国现代公民身份建构的历史演进，阐释中国特色社会主义事业的推进过程即是公民主体地位逐步体现的过程，公民是中国特色社会主义的价值主体；阐释权利问题在中国特色社会主义形成与发展进程中的凸显以及权利作为中国特色社会主义价值的主要表现形式。

第 一 章

公民作为中国特色社会主义的价值主体

要想理解"公民作为中国特色社会主义的价值主体"这一命题，首先需要明确主体、价值与价值主体的内涵。在哲学上，主体是与客体相对而言的，是指从事现实活动，具有自主性、能动性与创造性的个体或群体，而客体则是主体活动所指向和掌握的客观对象，包括自然、社会，也包括人本身。主体和客体之间存在多重关系，其中最基本的是实践关系、认识关系和价值关系。"'价值'这个普遍的概念是从人们对待满足他们需要的外界物的关系中产生的。"[①] "所谓价值，就是客体对于增强人的本质力量或主体性所具有的作用和意义，就是指某事、某物、某人作为客体，能够直接或间接地帮助和提高人的主体力量，使人更好地摆脱自然、社会和自身的束缚，进一步确立和扩大人的自由。"[②] "在主客体的相互作用之中，存在着一种主体按其需要对客体的属性、功能进行选择和利用的关系，或客体的属性、功能对主体的需要、目的的满足、实现关系。这种主体需要、目的和客体属性、功能之间的关系就是一种价值关系。"[③] "价值关系与实践关系和认识关系不同，它不是主客体之间的改造与被改造、反映和被反映的关系，而是主体需要与客体满足需要的关系。它……是以实践关系和认识关系为基础，存在和渗透于实践和认识关系之中，并对实践和认识关系的形成和发展具有重要意义的一种特殊

[①] 《马克思恩格斯全集》第十九卷，人民出版社1963年版，第406页。
[②] 袁贵仁：《价值学引论》，北京师范大学出版社1991年版，第65页。
[③] 同上书，第41页。

关系。"① 明确了主体与价值的含义，就可以进一步把握价值主体的内涵。所谓价值主体是指通过实践与认识活动来使客观对象满足自身需要的个体或群体。在这一活动过程中，一方面，主体基于一定的价值目标能动作用于客体；另一方面，客体通过满足主体需要来显示自身价值。可以说，价值主体是价值关系的主动建构者，价值的能动认知者和实践创造者，客体价值的享用者、消费者与评价者。

按照以上价值学的一般理论，就中国特色社会主义而言，可以说，广大中国人民是中国特色社会主义事业的价值主体。党的十九大报告把"坚持以人民为中心"作为新时代坚持和发展中国特色社会主义的一条基本方略，明确指出："人民是历史的创造者，是决定党和国家前途命运的根本力量。必须坚持人民主体地位，坚持立党为公、执政为民，践行全心全意为人民服务的根本宗旨，把党的群众路线贯彻到治国理政全部活动中，把人民对美好生活的向往作为奋斗目标，依靠人民创造历史伟业。"② 广大人民是中国特色社会主义事业的价值主体，而涵括道路、制度、理论、文化等各个维度的中国特色社会主义整体事业则是价值客体，为人民所认知、实践、推进、评价，其满足人民日益增长的各方面权益诉求，依靠人民而又为了人民，以增进人民福祉为各项工作的出发点和落脚点。

应当说，以上人民主体地位的判断属于政治理论层面的常识性观点，不难理解。那么，这又和本章的主题"公民作为中国特色社会主义的价值主体"有何关联呢？关联就在于，人民作为中国特色社会主义的价值主体是从宏观与整体意义而言的，而公民作为中国特色社会主义的价值主体则是从微观与个体意义上而言的。整体性的人民落实到个体层面，即是具有明确法定权利与义务的公民。下文的分析将会表明，相比于宏大的人民话语，具有明确权利规定的个体性的公民身份可以更好地阐明中国特色社会主义价值主体的实现机制，有助于对中国特色社会主义的价值关系形成更为深入的理解。本章先行梳理中国近现代历史上公民身

---

① 袁贵仁：《价值学引论》，北京师范大学出版社1991年版，第45页。
② 习近平：《决胜全面建成小康社会 夺取新时代中国特色社会主义伟大胜利——在中国共产党第十九次全国代表大会上的报告》，人民出版社2017年版，第21页。

份建构的演进发展，再集中分析人民与公民内涵的同异，阐释公民身份在中国特色社会主义建设进程中的日益凸显。这一不断凸显的态势表明，公民作为中国特色社会主义价值主体的身份要求得到更大程度的落实与更好的保障。

第一节 中国现代公民身份建构的历史演进

人的现代化是现代化的核心维度，而社会成员的现代公民身份建构则是人的现代化的重要内容。这是因为，在现代社会中，能够在普遍意义上对个体角色进行准确、理想定位的只能是公民这一身份，现代化所指称的价值内涵与行为准则聚焦于公民的理念之上。就现代的民族国家而言，"公民身份是个人在一民族国家中，在特定平等水平上，具有一定普遍性权利与义务的被动及主动的成员身份"[1]。"公民身份是这样一种地位（status），一种共同体的所有成员都享有的地位，所拥有这种地位的人，在这一地位所赋予的权利和义务上都是平等的。在一个以'公民'为基础的国家里，就是要实现更加充分的平等，具体表现为公民地位内容的扩展，获得该地位的人数的增加。"[2] 当然，对于一个处于现代化进程中的民族或国家而言，这种公民身份的建构并非一次行为所能完成。在纵向上，公民身份的建构至少包括对公民理念在文化上的认知、制度上的确认与实践中的实现等三个层面，这三个层面自然不可能完全同步推进，而是展现为一个渐进的历史建构过程。当然，这三个层面孰先孰后，在不同国家情况也不一致。西方国家"公民权利的获得是首先作为实践而出现的，甚至是以自由主义的自然权利为基础，而后再以法律的形式固定下来，这是一种自下而上的获得公民身份的途径与来由。……相比于此，我国则是先以法律地位的形式存在，是先有公民身份的可能，再有公民身份的现实，这是一种自上而下的赋予身份的方式。这是中西方在公民身份获得上

---

[1] ［美］托马斯·亚诺斯基：《公民与文明社会》，辽宁教育出版社2000年版，第11页。
[2] 秦燕：《公民身份语境中的社会权利》，人民日报出版社2015年版，第43页。

的不同路径。"① 这实际上就是原生现代化国家与后发现代化国家在公民身份建构上的差异所在。在横向上，公民身份的建构表现为享有公民资格的群体的不断扩大，公民享有权利种类的不断增多，实现公民身份的保障条件愈益完善。

基于以上观点，审视中国近现代历史可以发现，中国现代化进程中公民身份的萌芽、成长与建构经历了艰辛、曲折的过程。"中国公民身份转型的过程也是中国由数千年的传统社会走向现代社会的过程。晚清先进的中国人在进行中西对比之时，逐渐认识到中国的落后不仅仅是器物的落后，也是制度的落后，更是人的落后。个体的公民身份正是人的发展与制度发展的交汇点，于是，西方的公民身份概念被引进，中国人的社会身份逐步由臣民转化为国民，直至进一步转化为公民，这个艰苦探索的过程无疑是具有极大历史进步意义的。"②

中国数千年传统社会秉持的是一种皇权统治、文化意义上的天下观念，而非具有明确领土、人口与主权意识的现代国家观念。在这种情况下，既享有权利又履行义务，且人与人之间普遍平等的公民自然难以诞生，而只能产生等级依附下的臣民甚至奴才。但是，近现代以来在西方坚船利炮下屡屡挨打的惨痛教训严重冲击了在各个方面已经十分落后的中国社会，中国各阶级的先进精英不同程度地开始从天朝大国的迷梦中醒来，逐步突破传统世界观和认识论的束缚，向西方寻求他们认为的能够挽救民族危亡的现代性元素。实际上，西方列强对近代中国的战争，并不是现代民族国家之间的对等战争，而是以商品经济为基础、具有现代意义上的宪法与法律、具有现代意识之国民的现代民族国家与以自然经济为基础、政府缺乏有效整合能力、行政权力主宰一切、民众缺乏现代国家意识的传统意义上的国家之间的对决，是两种不同类型国家、不同类型民众的对决，其结果自然是不言而喻的。

西方侵略下亡国灭种的危机逼出了中国现代国家观念以及现代公民观念的萌芽。传统中国社会没有维护公民权利、确认公民主体地位、限

---

① 朱志萍：《现代化转型视域中的积极公民身份培育》，上海人民出版社2016年版，第84页。

② 同上书，第92页。

制国家权力的现代意义上的宪法与法律,老百姓无法享有现代意义上的公民权利,不能参与国家治理,只是政治的客体而不是主体,即所谓"劳心者治人,劳力者治于人"。既然公共政治生活排斥老百姓参与,广大社会成员不是政治主体,自然也就形成不了作为主体的现代国民意识,而只能形成浓厚的家族意识,对国家的认同意识非常弱,对政治、国家有一种疏离感、冷漠感,甚至国不知有民,民不知有国。正如《曹刿论战》中乡人认为的,战争之类军国大事,"肉食者谋之,又何间焉"?这种情况下,要挽救民族危亡,首先要唤起广大民众的力量,激发民众的主体性,让他们以政治主体的身份与感觉产生对整个国家的认同,切实意识到自己作为一国国民所负有的抵御外侮、奋发自强的责任与义务。国民一词,我国先秦时期已经出现。《左传》就有"先神命之,国民信之"的说法。在近代,是大思想家梁启超最先赋予了其新的含义。"国民者,以国为人民公产之称也。国者积民而成,舍民之外则无有国。以一国之民,治一国之事,定一国之法,谋一国之利,捍一国之患,其民不可得而侮,其国不可得而亡,是之谓国民。"[①] "国者何?积民而成也;国政者何?民自治其事也;爱国者何?民自爱其身也。故民权兴则国权立,民权灭则国权亡。为君相者务压民之权,是之谓自弃其国;为民者而不务各伸其权,是之谓自弃其身。故言爱国必自兴民权始。"[②] "欲使吾国之国权与他国之国权平等,必先使吾国中人人固有之权皆平等,必先使吾国民在吾国所享之权利与他国民在彼国所享之权利相平等。"[③] 由于国家救亡图存的历史背景,由于强调赋权于个体对实现国家独立的意义,梁启超用的是国民而非公民一词。"当时先进知识分子引进西方公民身份的理论与实践,并未真正认识到现代性作为一种崭新文明形态的不可跨越性,而是为了实现'抵御外侮''富国强兵'等目的。也就是说,公民身份是实现富国强兵的手段而已。手段要服从于目的,这……体现出中国公民身份建构的工具主义特点。"[④] 这一在公民身份认知上的工具主义思

[①] 梁启超:《饮冰室合集》(四),中华书局1989年版,第56页。
[②] 梁启超:《爱国论三·民权论》,《清议报》第22册。
[③] 梁启超:《饮冰室合集》(四),中华书局1989年版,第44—45页。
[④] 朱志萍:《现代化转型视域中的积极公民身份培育》,上海人民出版社2016年版,第93—94页。

维影响很大。但梁启超将国民与权利、民权与国权紧密关联，这在很大程度上已经体现了对现代民族国家的认知，国民的含义与公民的含义已经十分接近。而在当时的政治实践中，清末维新派的戊戌变法也试图在一定程度上、一定领域内在理念层面与制度层面落实民权。但是，清政府1908年颁布的《宪法大纲》并没有采用国民一词，用的仍是臣民概念，这个大纲的主体内容标明为"君上大权"，"臣民权利义务"则作为"附件"列于其后。

此后，资产阶级革命派的知识精英对公民身份的认知与探索进一步深化，孙中山"民族、民权、民生"的"三民主义"作为集大成者对公民政治权利与经济权利做了着重阐发。他们使用人民或国民来指称权利主体，而并未使用公民一词。这表明他们与梁启超相似，更侧重于从个体对于整个共同体的意义角度来理解其身份，对权利对于社会成员本身的自在价值尚缺乏足够的认识。尽管在今天看来他们对公民权利的认知与阐发并不系统深入，作为革命法律成果的《中华民国临时约法》所承诺的国民权利也多存在于纸面之上，但其理论与实践探索仍有重大意义。"如果说清末维新派和立宪派关于公民身份的理论与实践可以被称为中国公民身份萌芽的话，那么孙中山领导的革命派在公民身份问题上的理论与实践，尤其是中华民国成立和《临时约法》颁布，则是标志着中国公民身份进入了初创阶段，延续了两千多年的封建专制制度的覆灭和民主共和的建立，为自由平等的公民身份的构建提供了可能，并在实践上向前跨出了一大步。"① 辛亥革命以后，并未解决的内忧外患的现实迫使中国先进知识分子的思考进一步深化，对西方现代性资源的认知与汲取也从最终的器物经制度而达到文化层面，新文化运动遂之而起。新文化运动提倡民主与科学，对传统封建礼教进行了猛烈犀利的批判，强调现代价值观的启蒙与国民性的变革，尤其强调个体的独立与个性的解放，这些都是现代公民身份的重要构成要素和内涵。反思地看，新文化运动的理论与实践探索与以前资产阶级维新派和革命派的理论及实践探索一样，都是由具有不同程度现代公民意识的各阶级的先进精英所主导、推动，

---

① 朱志萍：《现代化转型视域中的积极公民身份培育》，上海人民出版社2016年版，第87—88页。

具有鲜明精英导向的特点，而作为小农的绝大部分社会民众却没有被有效动员，这就导致了这一进程中公民身份建构的巨大局限性：社会成员自主观念与权利意识普遍匮乏，传统观念根深蒂固，对于先进精英欲建构的现代公民身份缺乏认同。在这种公民身份建构的经济社会基础尚不具备，精英与民众存在巨大认知鸿沟的情况下，公民意识的启蒙无法深入，公民身份的现实建构必然也障碍重重。这也说明，对于当时的中国社会而言，这一任务的实现必须要引入新的思想资源，必须要具有新的领导力量，在新的领导力量组织下，以新的思想资源为指导，既要能够实现有效的社会动员，又要能够改变传统的经济基础。正是在这样一种背景下，"十月革命"一声炮响给我们送来了马克思列宁主义，中国共产党应运而生！

经过28年艰苦卓绝的革命战争，在中国共产党领导下，以马克思主义为指导，广大民众的爱国热情与反帝反封建意识被充分唤起，现代民族国家观念初步确立，备受欺凌、一盘散沙的旧中国终于被有效整合成为集中统一的社会主义新中国，中国完成了现代国家的初步构建。之所以说是初步构建，是因为现代国家可以分为外在的形式结构与内在的实质结构。"在形式结构上，现代国家对人口、领土和主权三要素的聚集性建构，成为民族国家成功建构起来的基本标志。"[1] 实质结构指的则是在现代国家的形式外观下实际的政体结构。尽管外观形式相同，现代国家实际的政体结构却可能有很大差别。在规范意义上，现代国家的实质结构应是立宪民主政体，宪法法律健全完善并有效运作，对公民权利有效确认、实现与保障，对公共权力有效监督制衡。所以，民族—立宪民主国家应是现代国家形态理想的完整结构。正是在此意义上，新中国的成立只是中国现代民族国家建构的基础性一步，但并非全部。在现代民族国家形式结构建立起来以后，还需要推动国家制度结构与治理模式的现代化尤其是民主化、法治化、规范化。

新中国成立以后，人民主权原则得以确立。1952年2月，中央人民政府委员会第二十二次会议通过《中华人民共和国全国人民代表大会及地方各级人民代表大会选举法》，其第4条规定："凡年满18周岁之中华

---

[1] 任剑涛：《静对喧嚣：任剑涛访谈对话录》，浙江人民出版社2016年版，第2页。

人民共和国公民，不分民族、性别、职业、社会出身、宗教信仰、教育程度、财产状况和居住期限，均有选举权和被选举权。"自此，公民一词第一次得到正式使用，此后的法律文件中都沿用了这一概念。1954年制定颁行的第一部《宪法》初步确立了我国社会主义民主政治体制与公民权利的宪法保障体系，为现代中国公民身份的确立奠定了法理基础。但是"左"的错误思想的影响、纯粹公有制与计划体制的建立、民主法治的不彰、社会大众素质的不足等原因使得社会成员公民身份的建构既缺乏思想支撑、经济条件、体制保障，又缺乏民众自身的主体条件，从而最终在实践中无法有效推进，甚至有些时期践踏公民权利的现象屡屡发生。新中国成立直至改革开放之前这段时期，可以说是中国公民身份建构的曲折与坎坷阶段。

1978年十一届三中全会实现了中国从"文革"到改革的历史性转折。改革开放初期，1982年制定的《宪法》（现行宪法）继承和发展了1954年《宪法》的基本原则，恢复了1954年《宪法》关于公民在法律面前一律平等的规定，申明国家保护个体经济的合法权益，新增"公民的人格尊严不受侵犯"条文，对公民权利做了比较详细的规定，特别是把"公民的基本权利和义务"一章调整置于"国家机构"一章之前，表明了国家权力来源于人民的委托和授予。此后，现行宪法历经多次修订，愈加重视对公民权利的确认与保障。特别是2004年十届全国人大二次会议通过的宪法修正案明确规定"国家尊重和保障人权"，同时还把"公民的合法的私有财产不受侵犯"写入宪法，可谓意义重大。整体来看，改革开放40年来，中国经济的市场化改革不断推进，民主法治逐步发展，人们的交往范围大大拓展，整个社会日益开放并呈现为一个从身份到契约的运动过程，意识形态领域对马克思主义的理解逐步深化，指导思想不断与时俱进，文化领域社会成员的自主意识与权利观念也在不断启蒙。正是在这样一种时代环境下，社会成员普遍性的公民身份在实际中逐步凸显并被不断切实建构。放在中国近现代一百余年的探索历程中来看，可以说，长期停滞在抽象理念层面特别是制度规定层面的公民身份，在改革开放以后的中国特色社会主义实践中，才终于逐步具备了从法律规定到稳步实现的现实基础与社会条件，公民身份的可能日益成为公民身份的现实。在此意义上，是中国特色社会主义的伟大实践实质性地推动了中国现代民族国家的进一步建构。

第二节 公民身份在中国特色社会主义形成与发展进程中的凸显

经过鸦片战争以来一百多年的艰辛探索与接续努力，经过新中国成立以来尤其是改革开放以来国家主导的建设、改革与发展，今日之中国很大程度上已经是一个现代社会并将进一步推进自身的现代化。也正是在改革开放以来中国特色社会主义的建设与改革实践中，人民群众作为主体之作用与地位得到了较为充分的展现。可以说，中国特色社会主义事业首先是人民群众所认知、实践、感受、评价、推动、认同的伟大事业。但是，人民群众这种主体地位与主体作用到底是如何具体发挥的呢？要对这个问题作出准确回答，很大程度上就需要转换表述的话语范畴，从政治色彩更浓的传统人民话语转向法治语境下的公民话语：人民的主体地位与主体作用正是通过在宪法法律上向作为公民个体的社会成员持续赋权放权，调动其自主性、积极性、能动性与创造热情来体现的，正是通过在宪法法律上确认、维护与救济公民个体各方面权利，保障社会公平正义来体现的。这种国家主导下的放权赋权有效激发了整个社会成员的活力，而改革的深化与社会的发展又使公民产生了更多更高的权利诉求，要求改革发展成果更好实现共享，这种公民权利的进一步生长成为中国特色社会主义不断推进的持续内生动力，也彰显了中国特色社会主义为了人的自由全面发展的价值诉求。就此而言，集体性的人民表述只有落实到个体性的公民表述，宏大的人民话语只有转化为具体的公民话语，粗线条的政治理念只有转化为细致化的法治理念，才能把问题阐释得更为清楚明白。否则的话，具体实现机制不清晰，具体承载者不明确，理想的政治愿景就无法落地，宏大的政治话语也只能是笼而统之。在此意义上，承认人民是中国特色社会主义的价值主体，也就自然要承认公民是中国特色社会主义的价值主体。中国特色社会主义事业推进的过程是人民主体地位充分体现的过程，自然也就是公民主体地位充分体现的过程。实际上，这也是一百多年以来中国社会公民身份建构艰辛探索与不断努力的历史结果。

进而言之，这就涉及人民与公民两个范畴异与同的问题。在我们国家的政治理论中，人民无疑是使用最为频繁的词汇之一，其代表着一种推动历史进步的积极力量。人民对应主权，公民对应权利，二者互补互动，都具有主体性的意涵，共同构筑着合法的民主政治形态。但两者在含义上也有所差别。其一，人民是一个集体名词，任何一个单独的个体都无法称为人民，而只是人民中的一分子，相反，公民身份则可以指称个体，其资格、权利和义务都是宪法法律明确规定的。易言之，公民作为个体的一种法权身份有助于个性的保留和发展，而在人民这一概念中，个人则有可能被淹没在茫茫群体中，人与人的差别很容易被忽视。当人民成为压倒性的话语时，公民个体的权利就有可能被置于一旁。毕竟人民主权在现实中更多地表现为国家主权，而理论上作为人民代理人的国家跟人民不能完全同一，它有自身的利益和偏好，因而存在着侵犯个人权利的可能。对人民的过分强调与对公民的忽视使得人民很容易向公民的对立面，即臣民转化。其二，作为国家主权的政治基础，人民这一概念具有抽象性，必须通过公民这一概念来使之具体化，使人民的当家作主能够通过公民的身份得以实现，获得实际意义和效能。在这个意义上，公民就成为主人在法治中的表现和化身，成为主人价值的理性实现形式和有效保证。正是通过公民这一身份，抽象的人民主权才真正得以捍卫，人民才真正成为国家的主人。因此，在国家治理中要注意"把主人政治地位和权利上升为法律地位和权利。因为没有上升为法律权利，主人权利难免是一种空泛的、没有保障的理想权利和空洞许诺；只有使主人的自由权利上升为公民自由权利，才能使主人地位更加现实、更为普遍和更有保障"[①]。其三，现代社会中，面对丰富多彩的生活关系和生活角色，传统单维度的、抽象的、政治性的人民角色已显得过于偏狭，而无所不在的公民角色，则使社会成员在市民社会和政治国家中的地位和权利义务得到恰当的表现。也只有真正确立公民角色，才能使社会成员在私人生活和公共生活的双重领域中展示自己的个性追求、自主创造、自由选择和公共精神，才能真正树立起权利与义务、自由与责任、自主与服从和谐统一的现代民主法治观念，从而推动社会的文明进程。当然，强调

[①] 马长山：《法治的社会根基》，中国社会科学出版社2003年版，第291页。

两者的差异并非要以公民范畴取代人民范畴，二者不是可以相互替代的，而是让人民成为公民的共同体，把主人意识与公民意识相统一。

随着中国特色社会主义的进一步推进，社会成员公民身份的重要性还将进一步凸显。之所以如此认识，主要是基于几方面的考量：其一，中国社会的日益现代化特别是社会主义市场经济的深入发展不仅使人们的交往关系越来越密切，同时在分工的复杂化与交往的推进中个体的独立性与个性也愈益突出。交往关系的发达与个体独立性的彰显实际是现代社会的一体两面。正像马克思在批判斯密和李嘉图以孤立个人作为自己理论出发点时指出的："产生这种孤立个人的观点的时代，正是具有迄今为止最发达的社会关系的时代。"[1] 实际上，正是个体的独立性使得社会成员有了交往与选择的广大自主空间，成为推动社会交往关系拓展与深化的一个重要原因。这种独立性与个性的不断彰显必然会体现在法律上，反映在公民身份之中。其二，随着中国现代民族国家建设的推进，在民主法治的框架内公共权力与公民权利的关系结构将进一步合理化，更多领域、更多种类的公民权利将从应然转为法定，从法定落为现实，已有权利应将获得更好的保障与救济。而公共权力的边界与责任也将得到进一步的规范与明确，公民权利将会对公共权力形成更为有效的监督制约。其三，随着经济腾飞、国家富强等集体性目标的逐步实现，原来掩蔽在集体性目标之中的个体角色自然会逐渐凸显。回顾中国艰难曲折的现代化进程可以看到，在至关重要的集体性目标未实现之前，个体发展的目标也难以实现，只能与宏大的集体性目标合二为一。不论是在挽救民族危亡时期还是在追求国家富强阶段都是如此。而随着国家现代化的不断发展，尤其是工业化、城市化、市场化达到较高程度，国家与民族尽管仍会存在有待追求的集体性宏大目标，但其实现已不再像以前一样急迫，不能再要求广大个体过多过度地为之贡献牺牲。相反，成员个体的发展本身会在更大程度上成为社会发展的价值目标，与此相适应，作为成员个体发展之身份保障的公民角色自然会愈益凸显。其四，国家治理现代化的一个基本内涵就是政府、社会组织与社会成员对公共事务的协同治理。这种协同治理需要社会成员有治理的能力、参与的机会，

---

[1] 《马克思恩格斯文集》8，人民出版社2009年版，第6页。

而不论是治理能力还是参与机会都是以社会成员作为公民所具有的权利为基础的。很难想象，一个没有任何公民权利，缺乏自主性与能动性的社会成员会成为协同治理的有效主体，如果那样的话，他就是纯粹的被支配者，根本谈不上作为独立一方参与治理的问题。换言之，这种共同治理对于社会成员来说，建立在享有权利的、自主独立的公民身份之上。其五，马克思主义是以现代工业文明为实践背景的科学理论体系。随着中国社会现代化的持续推进，随着经验教训基础上人们对马克思主义理解的正本清源与返本开新，马克思主义关注每个人的自由全面发展的人学内涵将会得到更为明确的认可与更为认真的对待。而对每个人自由全面发展的关注必然会进一步凸显社会成员个体化的公民身份以及这一公民身份所承载的权利与自由。其六，市场经济、民主政治与现代社会生活将会催生、涵养社会成员的现代性价值观，受到利益与观念双重启蒙的社会成员愈益重视自己的权利与自由，当然也会愈益重视自己的公民角色。正是主要基于以上六个方面，随着中国特色社会主义的推进，中国社会的普通大众必将日益牢固地树立起自身的公民身份认同，其公民身份必将会在进一步破除思想障碍与体制障碍的基础上得到更好的建构与实现，而公民作为中国特色社会主义价值主体的角色也必将得到更好的确认与实现！

第 二 章

权利作为中国特色社会主义价值的表现形式

在主客体的价值关系中,"客体的意义,归根到底不过是客体对主体需要的满足"①。"客体对人的价值,必须通过它本身的属性和功能表现出来。客体的属性和功能决定着客体能否对主体有用以及用处大小。正是由于在客体自身中就包括着对人有用的方面,带有能满足人的某种需要的属性和功能,因而它才具有对人的积极意义,成为人生存、享受和发展有益的东西。"② 具体到公民与中国特色社会主义的价值关系,可以说,中国特色社会主义应以自身属性和功能满足公民之需要,对作为价值主体的公民表现出其价值和意义。既然中国特色社会主义作为客体对作为主体的公民具有价值,那么,这种价值的表现形式是什么呢?当然,对此可以从不同角度予以回答,比如安全、秩序、自由、平等、和谐、福利,等等。但从一个更为一般、更加抽象的层面予以概括,权利无疑是中国特色社会主义价值的主要表现形式。安全、秩序、财富、自由、平等、和谐、幸福等价值或者以公民权利的实现为基础,或者是公民权利实现的条件,或者本身就是公民权利的内容,莫不与公民权利有着密切而内在的关联。尽管在一定条件下,公民权利与这些价值之间也可能存在冲突,比如基于国家安全的考虑对公民的某些权利予以限制,但最终而言,这种限制仍是为了公民其他权利的更好实现与公共利益的更好保障,是为了公民权利而对公民权利实施的限制,公民权利仍是根本性的

---

① 袁贵仁:《价值学引论》,北京师范大学出版社 1991 年版,第 51 页。
② 同上书,第 41 页。

价值维度。确实，在以市场经济、民主政治、价值多元、个体独立性彰显而公共交往愈益深入为特征的现代社会中，权利的确认、保障与救济对于公民个体而言具有根本性意义，中国特色社会主义的价值很大程度上正体现于此！在此意义上，如果说公民是中国特色社会主义的价值主体，权利就是中国特色社会主义价值的主要表现形式，中国特色社会主义通过有效确认、维护与救济公民多方面的权利诉求来体现自身的价值，表明自身的意义，赢得人们的认同。

第一节 权利的内涵

权利，概而言之，就是在一定历史发展阶段和社会条件下，社会主体所主张的、为社会或公权力等承认为正当的利益要求或价值主张。对于权利，可以简要解析为如下要素。

其一，利益。权利所指的利益包括两方面的内涵。一方面，利益是权利的目的指向与根本内容，实现利益是人们主张和行使权利的根本动机。作为权利目的指向与根本内容的利益既可能是物质的，也可能是精神的；既可能是权利主体自己的，又可能是与权利主体有关的他人的，比如监护权中的被监护人的利益。"人的需要以及由需要所表现出来的利益追求就成了权利的动向之源和动力之源。"[1] "权利总是直接或间接地代表着一定的利益，对权利的确认与保护，实际上就是对一定利益或获取一定利益的行为的确认与保护。有了权利的启动，人们可以大胆地为利益而设计谋划，为利益而奋斗不息。"[2] 当然，一种单纯的利益需求并不能成为权利，作为权利的利益只能是被社会或公共权力在一定社会历史形势下评价或承认为正当的利益。另一方面，作为目的指向的利益被确认为权利，这一确认本身对于权利所有者而言就是一种利益，因为这一确认使得权利所有者感到自己的正当利益被权力、社会与他人所承认而非排斥，其自由、人格与尊严得到了确证。

其二，自由。权利所指的自由是指意志自由以及以之为基础的行为

---

[1] 王人博、程燎原：《权利及其救济》，山东人民出版社1998年版，第56页。
[2] 强昌文：《契约伦理与权利》，山东人民出版社2007年版，第31页。

自由。意志自由与行为自由既体现在权利的选择与认定上，也体现在权利的实际运用中，同时也体现在权利的部分内容规定方面。

就权利的选择与认定而言，权利的存在与主张体现了个体的自由意志与自由选择。没有意志自由及以之为基础的选择自由，权利就是一句空话。"权利作为人的一种积极追求，它首先体现着人的自由意志……自由意志是人的能动力量，它激励着人的实践意识，激励着人追求应属己物的意识。抽掉了人的自由意志，权利就失去了内在力，变成一堆僵硬的死物，对人没有用处。得之于人的自由意志，权利才是活生生的，才对人有价值。自由意志是权利的最初原动力，一个人不可能希求不合他意志的权利，也不可能去争得不合他意志的利益。一个人选择什么样的权利，求得什么样的利益，首先经过自由意志的选择和决定。一切权利都具有目的性，这种目的性不是由经济的物质关系直接赋予，而须经过人的自由意志的中介和规定，离开了目的，就无法谈权利。从这一意义上说，权利就是人的自由意志的外在形式，是人实现自己的一种手段。"[1]

就实际运用而言，权利的自由是指权利主体具有行使权利或放弃权利的自由。权利主体既具有行使权利、创设权利关系的自由，也具有不行使权利的自由，即选择退出的自由。"作为权利本质属性或构成要素的自由，指的是权利主体可以按个人意志去行使或放弃该项权利，不受外来干预或胁迫。"[2] 换言之，人们的行为自由既包括自由的作为，也包括自由的不作为，人们的权利正是通过权利主体有意志支配的行为方得到有效维护。"不允许一切人在相当程度上运用他们自己斟酌行事的能力，就不会有自主，就不会有进步，就不会有德行和幸福。这是一种具有高度神圣性的权利。"[3] 美国经济学家布坎南在其《财产与自由》一书中，也表明了这样的观点，即在财产权利的行使中，个体应具有自由进入和退出交换关系的权利，在交换行为中应具有自由选择的权利，否则个体的利益易受伤害。[4]

---

[1] 王人博、程燎原：《权利及其救济》，山东人民出版社1998年版，第24页。
[2] 夏勇：《人权概念起源——权利的历史哲学》，中国政法大学出版社2001年版，第48页。
[3] [英]威廉·葛德文：《政治正义论》，商务印书馆1980年版，第607页。
[4] [美]詹姆斯·布坎南：《财产与自由》，中国社会出版社2002年版，第27—33页。

就权利内容而言,相当一部分的权利是以各种自由为其内容规定的,比如言论自由、出版自由、人身自由,等等。在内容方面,权利规定了一定社会中所允许的人们行为自由的方式、程度、范围、界限、标准等。

权利的利益属性和自由属性表明权利与人的主体性密切相关,是主体人格的客观化。自由意味着自主、自为、选择和创造,而利益的获取则为主体自由的发挥,为人的自主性、自为性、选择性和创造性的生成奠定了现实的基础。正是通过这种利益基础之上的意志自由与行为自由,个体不断发展自身、自我完善。

其三,资格。社会成员针对社会与他人提出一项利益主张,要求某种特定的行为或不行为,但这种利益主张和行为自由的要求只有得到外界认可才能获得正当性,才能成为一种公认的资格。这种认可或者是依据风俗习惯而成为习惯权利,或者是依据当时经济社会发展的内在要求而成为应然权利,或者是通过公共权力的途径而成为法律权利。而无论通过哪一种途径,主体的利益诉求与行为要求都要通过他人、社会或者公权力的甄别、挑选、排除以及不断的博弈磨合,最终才能以共识的形式上升为权利资格。"权利是……利益主体的选择活动与外部客观可能性相联结的一种社会关系。这种关系的一端是为了取得权利以满足需要所进行的积极选择行为的个体;另一端则是在一定程度上和一定范围内提供客观可能性的社会。从个体方面讲,在一般情况下,他总是希求社会能够尽量多地提供选择范围和条件;从社会方面讲,它提供多大范围和程度的客观条件除了考虑实际的可能性以外,还取决于自身的价值取向。因此,权利的最根本问题,就是个体与社会关系的如何构成问题。"[1] 科尔曼亦明确指出:"从本质上看,'权利'存在于社会共识之中,即只有人们就权利是否存在形成一致肯定意见,权利才能存在。"[2] 权利由之成为秩序化、合理化的社会生活需求。

获得资格认可一方面表明权利要求具有了或习惯、或道德、或法律的规范性,具有了共识性与可辩护性,是合理或合法的,是应受尊重并

---

[1] 王人博、程燎原:《权利及其救济》,山东人民出版社1998年版,第62页。

[2] [美]詹姆斯·S. 科尔曼:《社会理论的基础》(上),中国科学文献出版社1999年版,第65页。

予以维护的,主体能够依此主张利益、自由行为或要求他者如何。另一方面也表明权利是一个关系性范畴,它生成于主体的相互作用过程中,源于相互的承认与普遍的认同。孤立的个体无所谓权利。"我们如果承认人是孤立而和人隔离的话,那他就不可能有主观的权利,也不可能生而就有权利了。人不可能把他自己没有的和他进入社会以前不可能有的权利带进社会中来,他只能在进入社会之后才拥有权利,因为他进入社会就和其他的人们发生了关系。鲁滨逊在他的孤岛上就因为是孤独的,所以没有权利,当他和人类接触到一起的时候才取得权利。如果有权利可言,人只有在他成为社会的一员之后,并且因为他是社会成员才有权利。"[1] 权利本身的范围,享有权利的主体范围,权利为个人发展所提供的实际可能性空间都是在社会成员之间、社会各群体之间、社会与公权力之间的博弈过程中才相对确定下来的。

权利资格的划定状况实际上就表明社会或公共权力对于主体利益主张与行为自由要求的接受状况,超于此以外的主张与要求都是社会或公共权力所不能接受的。在资源有限的情况下,权利资格的划定既是一种承认与接受,也是一种限制与禁止。只有如此,才能有效防止各种利益要求的相互冲突,防止个人利益对他人利益与社会利益的过分侵害。这也表明,利益的矛盾和冲突是权利产生的直接原因。"权利是个人利益同社会利益相矛盾的产物。……为了把这一矛盾维持在一定的持续范围内,以便使冲突的各方不至于同归于尽,社会便借助于一种政治力量,用规范的形式确认各自利益的范围,而个体已得到社会确认的那部分利益在一定条件下被宣布为权利。"[2] 在这个意义上,权利具有对内保护,对外抵御的性质。

其四,权能。它包括权威与能力。权威包括社会权威与公共权力等。由于能力必须由权威来认定与保护,所以在《人权概念起源——权利的历史哲学》一书中夏勇将其放在一起论述,笔者觉得颇有道理。"一种利益、主张或资格必须具有相应的权能才能成立。权能首先是从不容许侵

---

[1] [法]莱昂·狄骥:《公法的变迁》,辽海出版社、春风文艺出版社1999年版,第245页。

[2] 王人博、程燎原:《权利及其救济》,山东人民出版社1998年版,第67页。

犯的权威或强力意义上讲的。其次是从能力的意义上讲的。"① 公共权力作为权威具有尤为重要的意义。没有公共权力作为基础，应有的权利理念就无法顺畅有效地转化为公民的法定权利，更无法转化为公民的实际权利能力。

应有权利是指体现经济社会发展规律与内在趋势，社会与公共权力应予承认的社会成员的权利诉求。作为一种内在需要与价值取向，应有权利集中体现了人作为社会历史主体对自身利益、尊严、地位的期待和追求，反映了主体的一种特定生活目标和行为方向。应有权利与社会生活直接相连，社会生活每一个重要的发展变化都极有可能引起应有权利的拓展变化。这种变化愈深刻，应有权利就愈能反映时代精神，因此动态性是应有权利的一个基本特征。就此而言，一个有效的公共权力就应该通过立法的方式将社会成员的应有权利转化为法定的现有权利。这种转化的适时性、全面性与明确性将直接决定社会成员在法律上有资格享有的资源与自由，决定着社会成员活动的价值与效率，影响其主体性的发挥与利益的获取。适时性是指权利从应然到法定的转化应及时迅速；全面性不仅是指转化的权利内容应是全面的，也是指转化后法定权利的享有主体应是全面而广泛的；明确性是指转化后的权利界定应清晰规范，具体化为确实可行的内容、制度、机制与程序，而不能模糊不详。

这种转化对国家权力的效能提出了要求，要求公共权力对社会各方面的发展保持敏感。但是，在相当多的情况下，"国家政权适应社会生活变化的功能并不是很强的，有时甚至表现出对变化了的社会生活条件的'反感'或抵触，因此，现有权利就不可避免地具有时滞性或相对静态性"②。如果公共权力不能及时、全面、明确而有效地将应有权利转化为法律权利，就会导致社会成员制度性的权利贫困。所谓权利贫困，是指社会成员的应然权利未转化为法定权利或者法定权利未落实为现实权利，从而导致其政治、经济、文化和社会等各方面权利缺失的一种匮乏状态。与此相对应，公民权利的相对贫困则是指，尽管社会成员的相应权利在

---

① 夏勇：《人权概念起源——权利的历史哲学》，中国政法大学出版社2001年版，第48页。

② 公丕祥：《权利现象的逻辑》，山东人民出版社2002年版，第23页。

法律上也一定程度的有所规定，但其应有权利尚未得到完全确认，法定权利也未得到充分实现的一种相对匮乏状态。当然，就一特定的历史情势与社会阶段而言，权利贫困的主体、程度与类别尚需具体分析。权利贫困与相对贫困概念的提出表明人们对贫困认识的深化。随着社会的发展和历史的进步，人们不再认为贫困仅仅是物质的缺乏和收入的低下，因为这只是贫困的一个方面和表象而已。人们还从公民权利的角度认识贫困现象，从贫困现象的背后去认识产生这一问题的根源。这种对贫困概念认识上的深化一方面说明人类对权利的诉求随文明发达程度的提高而增强，另一方面也反映了人们从更为深刻的层面揭示了贫困的本质问题。

现代社会中，很多社会不和谐问题的背后都隐含着公民权利某种程度上的贫困问题。当其利益受到侵害时，处于权利贫困中的个体或群体缺少法律的武器自我保护与捍卫。在这种情况下，其或者默默忍受，或者最终以一种绝望的心态采取极端化的方式进行私力的报复惩罚，而这必然造成社会矛盾或问题的激化。尤其是当这种权利贫困涉及众多社会成员时，大范围的社会矛盾激化或群体性事件往往难以避免。因此，任何社会要想保持稳定与和谐，都必须在确认与保障公民各种权利上下大功夫。尤其对中国这样一个迅速发展中的国家而言，如何适应不断变化的经济社会形势，将反映经济社会内在要求的各种公民权利诉求及时有效地上升为法律权利，实现权利体系尽可能地合理化与完善化对于社会的和谐发展而言意义不言而喻。

就法律规则而言，在适时有效地转化应有权利的过程中，还要注意在社会不同的利益主体或阶层间实现权利资源配置的公平，避免权利资源在分配上的严重不均衡与不平等，避免权利仅仅成为某些人与群体的特权。在现代社会中，每个公民不仅必须享有权利，而且应该平等地享有权利、履行义务，而不是那些已经占有大量社会资源的人才享有更多更广泛的权利。"只要对权利的分配是非正义的，那么对权利的承认也就无正义可言，进而，对这些权利的保护也就谈不上什么正义性。所以，分配权利的正义乃是权利正义的核心。"[①] 基本权利的平等、机会的平等、

---

① 王人博、程燎原：《权利及其救济》，山东人民出版社1998年版，第142—143页。

社会利益资源向所有成员平等地开放、按照各人应得份额进行分配、对于弱势者给予合理的倾斜性救助，等等，都是分配正义的体现。

对于中国这样一个迅速现代化的转型社会而言，权利分配的正义要求公共权力与社会在注重财富总量提升的同时，尤其要注意发展成果的共享问题，注意权利资源在社会各阶层与群体之间合理调整与正当配置的问题。因为 GDP 的迅速发展与国家财富总量的急剧增加并不必然意味着权利在各群体与阶层间的公平分配，并不直接等同于权利贫困或相对贫困现象的迅速减少与自然克服。对此阿玛蒂亚·森对于饥荒的分析颇有启示意义。森通过研究发现，用粮食缺乏来解释历史上的一些饥荒是行不通的。历史上有许多国家与地区饥荒恰恰发生在粮食产量的高峰时期。而"繁荣型饥荒"之所以发生是因为很多公民的经济权利缺失或被剥夺。他认为，经济权利可表现为禀赋权利和交换权利。前者是指一个人的初始所有权，比如他所拥有的土地、自身的劳动力等；后者是指以生产、贸易或两者的结合为基础的权利，它在市场经济中最为普遍、重要。"在市场经济中，一个人可以将自己拥有的商品转换成另一组商品。这种转换可以通过贸易、生产或者两者的结合来实现。在转换中，他能够获得的各种商品组合所构成的集合，可以称为这个人所拥有东西的'交换权利'。"[①] 森指出，不同阶层的人对粮食的控制和支配能力实际上表现为社会权利关系，而这种权利关系又决定于法律、经济、政治等因素。如果权利体制不合理，导致生产不能顺利开展或贸易不能自由进行就可能会导致贫困与饥荒。当一个人的市场交换权利减弱或被剥夺时，即可能发生贫困。所以，按照森的观点，饥荒的发生与否不仅仅取决于粮食的总产量，更取决于产权与交换权利的合理有效分配。如果权利体制不公正不合理，就会导致粮食分配的不合理，如果这种分配过于不合理就会导致贫困与饥荒。

森的分析表明，粮食总产量的增加并不必然意味着温饱问题的解决，反而可能与权利的贫困及其所导致的饥荒相伴随。"森的权利贫困理论与方法告诉我们，贫困不单纯是一种供给不足，还是权利不足，尤其是在

---

① [印] 阿玛蒂亚·森：《贫困与饥荒——论权利与剥夺》，商务印书馆 2001 年版，第 80 页。

繁荣时期。大量事实证明，资本、市场的繁荣发展并不必然带来社会整体的富裕，如果不有效地调整公民与国家的权利关系，不有效地调节分配中的权利关系，繁荣发展必然造成巨大的社会分裂，以致'使社会衰败并毁坏'。在中国当代工业化进程中，已经出现的'繁荣型贫困'，就是很典型的权利贫困的例证。"①"从权利的逻辑来看，社会不和谐的问题如贫富分化、城乡差距或社会不公等，固然有弱势群体自身的素质和能力等方面的原因，也是强势群体的权力恣意所造成的，还是社会制度安排中权利贫困的必然结果。因而，主要是由于权利的贫困，普通公众或是丧失了平等分享社会发展成果的资格，或是缺乏各种发展、进步的机会，或是缺乏维护自身权益的资源条件和行动能力，从而导致了各种形式的不和谐、不公正、不平等现象。"② 这实在是当代中国社会发展中所应注意的紧迫问题。

　　一个和谐、包容、公正的社会必然是以权利的公平分配为基础的。"只有在权利平等的框架下，社会成员才能不分贫富、不分强弱而一律成为社会的正式成员。和谐社会也是一个充满活力的社会，只有最大限度地实施权利平等，切实保障弱势群体的经济和社会权利，才有可能激发他们充分发挥自己的才能和创造力，使这一庞大群体的智力资源和人力资源得到充分而合理的使用，使他们有机地融入到建设中国特色社会主义的事业中去，这样整个社会也才会是真正有活力的社会。社会主义和谐社会还应当是稳定有序的社会，只有认真解决权利失衡问题，对每一个社会成员尤其是弱势群体提供享有基本权利的机会，并给予切实的保障，才能够从最起码的底线意义上体现出社会对人的尊严的肯定，才能使社会成员产生最基本的安全感和对社会的认同感，整个社会才能长治久安，才能实现真正的和谐。一句话，权利资源的平等分配已成为社会稳定与和谐的关键性因素。"③ 而权利资源分布的严重不均衡，实现的严重不平等则是现代社会和谐发展的重要隐患。当人们因权利配置的失衡而在法

---

　　① 马新文：《阿玛蒂亚·森的权利贫困理论与方法述评》，《国外社会科学》2008年第2期。

　　② 韩志明：《权力的恣意与权利的贫困：构建和谐社会的二维分析》，《社会主义研究》2008年第1期。

　　③ 梅萍：《和谐社会权利的伦理思考》，《江淮论坛》2008年第1期。

律上遭到不平等的待遇时，他们就会产生一种自己的利益、人格、价值与尊严受到侵害与蔑视的感觉，他们会因这种感觉而产生自卑、逆反、愤怒甚至仇恨等情绪。当这种感觉与情绪积累到一定程度必然导致失控性的爆发从而危及社会的稳定和谐。

在对应有权利予以承认并进行制度化配置时，公共权力还需要考虑在制度规则上如何协调权利之间的冲突以及权利与安全、秩序、福利、效率等其他社会价值的冲突。一种合理有效的权利体系必须把权利的内在冲突与外在冲突在制度规则的层面预先予以化解协调，把各种应然的价值根据特定的社会历史阶段与发展形势予以整合。"权利冲突包括权利的内部冲突和权利的外部冲突。内部冲突是指各种权利之间的冲突。如我们自由说话的权利可能与邻居安静休息的权利相冲突，可能与他人的人格尊严相冲突，也可能与他人的隐私权相冲突。……外部冲突是指权利与秩序、安全、平等、福利等之间的冲突。"① 权利内部的冲突既包括权利类别的冲突，也包括权利个体之间的冲突。这种种内外部的冲突表明，在实际的社会发展中，公共权力与社会既不能仅仅考虑权利的因素而置其他各种目标于不顾，否则社会发展容易陷入单纯的权利理想主义，容易脱离现实的发展条件而将权利绝对化，从而影响社会的整体协调发展，也不能只注重突出某种权利或某些人的权利而置其他权利或其他群体的权利于不顾，否则容易引发社会问题、激化社会矛盾。只有对权利的各种内外部冲突尽可能预先进行通盘的考虑，一个国家的制度政策才能具有针对性和实效性，其发展也才能切实而可持续。

在对应有权利进行法律认定与公平分配的基础上，公共权力还要对法定权利进行保护与救济以使其最大可能地落到实处，成为公民的现实权利与能力。"现实权利和法定权利之间的差距越少，说明法治的程度越高；反之，说明法治内部存在弊端。"② 在公共权力对权利实现的保障中，救济具有特殊重要的意义，有权利必有救济。如果受到侵害而无法予以有效救济，权利就不可能为社会成员真正现实地享有，法律规定得再完善与美妙也毫无价值。对权利的充分救济离不开完善的权利救济体系、

---

① 王人博、程燎原:《权利及其救济》，山东人民出版社1998年版，第208页。
② 同上书，第337页。

多元化的权利救济渠道和高效率的权利救济行动。如果国家在权利救济的制度建设与机制设计方面存在严重问题,权利救济的成本(经济、时间、心理压力等各种成本)过高,社会成员尤其是弱势群体缺乏有效的救济机制来维护自身利益,那么,在公力救济缺位的情况下,正如上文已经指出过的,社会成员往往会采取私力的惩罚与报复。"这种受虐者向施虐者和全社会施加的报复,与其说是报复,不如说是'反抗'。虽然他们应当依法承担其应负的法律责任,但由此产生的社会代价,不应当由他们个人去全部承担,而且他们也承担不了。……据此,人们应当超越此类个案,思考制度与政策层面的问题,深刻地关注我们的权利形成、权利保障机制,特别是程序性的权利救济机制的设计是否合理的问题。"①

如果国家权力能够对公民权利进行有效的保障与救济,不仅可以增强社会成员对公权力的认同,而且还可以在整个社会形成一种敬法、尊法、护法、信法的文化氛围,培育公民的权利意识、正义感与见义勇为精神,使公民之间尽可能地在利益、价值方面相谐而不悖,形成一种建基于法治之上的有机和谐。在这种法治的和谐中,一方面,社会成员可以充分行使自己的财产权利与经济权利,自由参与市场交易,优化社会资源配置,形成合理有效运行的权利市场,从而在提高经济社会发展效率与活力、增加社会总财富的同时增进自身收益。市场经济意义上的"市场",包括零售商品市场、不动产市场、知识产权市场、证券市场、信息市场,等等,实际上就是权利市场。"如果一种权利制度或权利体系符合效益标准,那么它在社会经济生活中就会发挥重要的作用,获得巨大的经济效益。……没有一种有效的权利体系,就没有一种成功的经济体制,也就不可能存在有效的经济运行。……由此可见,如果说人的自由和政治权利作为人的价值体现使社会成员从'非人'进化为'人',那么,经济权利和财产权利作为人的生存手段和社会财富发展的法律基础,则使'沙子'变成了'金子'。"②另一方面,人们也可以通过非财产性或非经济性的权利有效地维护自己的自由自主、尊严、人格与名誉,确证自己作为人的价值。

---

① 陈布雷:《分配正义、权利保障与社会和谐》,《中国社会导刊》2005 年第 31 期。
② 王人博、程燎原:《权利及其救济》,山东人民出版社 1998 年版,第 250—251 页。

第二节　权利问题在中国特色社会主义形成与发展进程中的凸显

以市场经济为基础的现代社会是一个公民权利彰显的社会。对此可以从历史发展的角度稍作考察。"我们越往前追溯历史，个人，因而也就是进行生产的个人，就越表现为不独立，从属于一个较大的整体。"① 在非常原始的条件下，缺乏独立意识的人对集体的归属决定了两者利益的直接相关性，个体的要求是以"类"的形式表现出来的，个体的利益与集体的利益不存在内在的、根本的冲突，这时，个体针他人与社会的权利意识及要求可以说是基本不存在的。

随着经济的发展，社会的利益开始分化，出现了依据经济地位而划分的不同利益集团，人与人的利害关系变得逐渐明显起来，这就为个体权利意识的产生创造了条件。但是在自然经济的条件下，人们的交往关系尚未充分展开，尚未形成全面的利益需求，小农经济分散性的生产方式也使得社会成员如能勉强果腹，则相互之间基本不存在由于生存问题而产生的激烈资源冲突。同时，个体对宗族或封建主的依赖性还相当强，所有这些都决定了这个时期权利意识可能产生或得到一定的发展，但是绝不会形成十分强烈的权利要求与感受。

一种真正普遍性的权利要求只有在以市场经济为基础的现代社会才能被深刻体验并明确提出，也就是说，只有在人类历史的发展越过了"人的依赖关系"这一阶段而达致"以物的依赖性为基础的人的独立性"② 这一阶段时才是充分可能的。其一，市场经济造就了个人相对于群体的独立地位以及相应的独立意识，个体的利益体验与权利观念由此得到极大强化。其二，市场经济形成了普遍的社会交往关系，个体之间以及个体与社会之间的关涉层面越来越多，关系越来越深化，社会这一维度越来越明显地成为个体的一种本质性维度。这种个体与他人及社会越来越密切的交往状况使得以个体与社会的关系为实质构成的权利现象势

---

① 《马克思恩格斯文集》8，人民出版社2009年版，第6页。
② 同上书，第52页。

必变得越来越突出，越来越具有普遍性和经常性。这是因为，与以往分散的个体相比，现代人在这种愈益频繁的交往关系中越来越需要认清自己的位置、明确自己的利益、确立自己的牢固基点，否则将很难展开生活与行为。怎样对自身与他人、自身与社会之间经常性利害关系定位成为现实个体不得不时时考虑的一个重要问题。其三，市场经济条件下物的依赖性在很大程度上造成资源的稀缺，使利益的冲突愈益明显。在这种情况下，"在人与人的关系中，人所意识到的首先不是我们与他人怎样彼此帮助才能满足需要，而是我作为个体必须首先占有和支配我的利益。我与他人的关系，也因利益冲突而具有相互排斥和独立的含义，人的利益追求就表现为我的利益的追求，由此便发动了不同的个体行为"①。在这个意义上讲，个体权利要求的提出本身就表明了个体利益与他人及社会利益之间的不一致性。为了防止这种竞争与冲突对相互间利益的不正当侵害，就必须既承认每一个个体谋求自身正当权益的合理性，又必须设置一定的限制性规则，对之进行维护与调整。其四，市场经济在发达的生产力与普遍交往的基础上唤起了主体的多方面需求，这就为更全面、更广泛、更深入的权利要求的产生奠定了基础。同时，不同主体的多方面需求要在社会交换与交往中得到满足，每一个交往者就必须认真考虑主体间的利益牵扯，知道彼此需要什么，要遵从什么样的交往规则，这就进一步促进了权利关系的发达。其五，除经济社会发展不断唤起主体需求从而催生新的权利要求外，公民文化的不断熏陶感染、公民自主意识与平等意识的不断强化、利益意识与权利观念的不断增强作为文化理念的因素也在不断推动着权利体系的完善化和合理化。

综上所述，社会成员的权利诉求在现代社会不仅得到凸显与普遍化，而且还在不断发展与拓展之中。如果说在以"人的依赖关系"为主要特征的传统社会中社会成员的身份是臣民，在以"个人全面发展和他们共同的、社会的生产能力成为从属于他们的社会财富"②为主要特征的未来理想社会中社会成员的身份是具有自由个性、全面发展的自由人，那么，在以"物的依赖性为基础的人的独立性"为主要特征的现代社会中，社

---

① 王人博、程燎原：《权利及其救济》，山东人民出版社1998年版，第57页。
② 《马克思恩格斯文集》8，人民出版社2009年版，第52页。

会成员的身份则是公民。从历史的长视角观之，可以说，公民成为从臣民到自由人的身份转换中介。如果说在以"人的依赖关系"为主要特征的传统社会中权利现象尚不发展与发达，在以"个人全面发展和他们共同的、社会的生产能力成为从属于他们的社会财富"为主要特征的未来理想社会中划分彼此利益边界、定纷止争的权利现象已被扬弃与超越，那么，在以"物的依赖性为基础的人的独立性"为主要特征的现代社会中，伴随着普遍的交往、多样的需求与利益的纷争，权利现象则变得普遍化与明确化。从历史的长视角观之，可以说，权利的缺失、权利的发达与权利的扬弃构成了权利现象的历史演进逻辑。

  以上分析自然同样适用于日益现代化的中国社会。随着由中国特色社会主义所深入推进的中国社会向现代的持续转型，公民身份与权利现象正在愈益凸显，这是一种历史规律的必然。就中国特色社会主义而言，不仅其形成有赖于对公民初步的经济赋权，其发展也为公民权利所激发的巨大活力所推动，为公民不断增长的权利诉求所推动，并且其在发展进程中也越来越关注与强调对公民权利的明确认定、公平分配、有效保障与制度救济。可以说，改革开放以来，随着以经济市场化为基础的中国社会的整体进步，权利逐渐成为中国特色社会主义价值的主要表现形式。那么，今日之中国已处于一个权利的时代吗？答案当然不是完全的肯定，但至少我们可以说，今日之中国正在大踏步地进入一个权利的时代！

第二编

公民权利与中国特色社会主义的多重价值维度

——理论层面的阐释

公民是中国特色社会主义的价值主体，权利是中国特色社会主义价值的主要表现形式，但公民与中国特色社会主义围绕权利的价值关系并不是单一的，而是具有多重的维度。本编着重从公民权利与中国特色社会主义的开创形成、发展动力、价值目标与价值认同等四个维度较为系统地梳理两者之间这种全面的价值关系。开创形成涉及过去，价值目标指向应然，发展动力贯穿其中，价值认同凝心聚力，这种多重价值维度说明的是公民权利对于中国特色社会主义的本质内在性与极端重要性。

第 三 章

公民权利与中国特色
社会主义的开创

　　1978年改革开放意味着中国特色社会主义的开创，党的十一届三中全会的召开则是其标志。改革针对的是旧的模式与制度体制，而开创则意味着新的模式与制度体制的探索以及新的路向的初步确立。这一破旧立新的模式转换与道路探索涉及方方面面的内容，而公权力对于公民权利特别是其自主经济权利的实际确认与逐步赋予则是一项实质性的改革思路。可以说，正是通过经济领域中公民自主权利的初步确立与逐步赋予，改革才催生出强大而持久的能量在既有的模式与制度体制上打开突破口并不断取得新战果，中国特色社会主义才具有强大而持久的动力开拓创新并在探索中不断前进。

　　高度集中的权力体制、高度组织化的管控体制、生产资料的垄断性分配是传统社会主义模式的基本特点。在以上三个特点中，生产资料的垄断性分配作为经济基础，是传统社会主义模式的核心内容，其他两者与之相适应。以全民所有制与集体所有制为存在形式的传统社会主义所有制的形成有着复杂的历史与思想背景，形成之初确也发挥了自身的积极作用，为我国建立独立的比较完整的工业体系和国民经济体系做出了贡献，但其也存在着难以克服的矛盾与问题。特别是由于取消了公民自主经济权利，其不仅无法实现经济社会的持续健康发展，也严重压抑了社会成员的主体意识和主体能力，在很大程度上影响了社会成员的生存与发展。

第一节 传统社会主义所有制的内在矛盾与悖论：理念与现实的巨大张力

传统所有制之所以形成，所依据的根本价值理念就是其能够完全避免资本主义私有制的弊端：公有制的建立为公共利益的实现创造了直接的经济前提，国家与政府是公共利益与社会福利的真正代表，集中的计划经济是公共利益的最佳实现方式。在社会主义公有制下，劳动者真正且共同占有生产资料、共同劳动、共享成果，生产力由于得到解放而有效发展。但历史的吊诡在于，依据这种价值理念建构起来的社会主义所有制在现实的实践运作中却很大程度上背离了这一理念，甚至走向了反面。这种原初价值理念与现实实践效果之间的巨大张力表明传统社会主义所有制存在难以克服的内在悖论。传统社会主义所有制消极的历史后果可以说就是源于这种内在的悖论。

传统所有制内在矛盾与悖论的表现之一是所有者地位在名义和实际上的巨大差别。在传统公有制中，名义上共同体的成员都是生产资料的所有者，大家共同劳动、共同参与、共享收益。但实际上，传统公有制的主体是高度抽象的，个人只是在他们属于共同体成员之一的意义上才是所有者。一方面，公有制下生产资料的所有权并不属于任何一个独立的成员个体，每一个独立的社会成员都无权按照个人意志自由使用、处置公有财产，并按其付出获得相应的收益。从成员个体的角度来看，生产资料既不是你的，也不是我的，同时也不是他的，而是抽象意义上的"共同体"的。就此而言，在传统公有制下，劳动者个体与生产资料仍是分离的，并没有实现理想意义上的直接占有与结合，马克思讲的"重建个人所有制"并没有实现。共同体越大，劳动者与生产资料的这种分离就越远。另一方面，按照公有制的原则理念，公共财产名义上应该按照共同体全体成员的共同意志来支配，对公共财产获取的收益也应该按照共同体全体成员的共同意志进行分配。如果要切实贯穿这一理念，那就意味着在相关经济活动的决策方面，共同体全体成员都应该平等参与决策，亦即决策的民主化。但这种经济决策的民主化由于运行成本问题往往难以实现。共同体范围越大、传统意义上的公有化程度越高，平等参与的可能性就越低。在这种情况下,共同体的成员个体实际上就被排斥在所有权的支配与收益活动之外了。成员个体在实践中只是劳动者与消费者,不能实际行使所有权。既然如此,普通劳动者不关心所有权的行使问题,也不会感到自己是所有者就是十分自然的了。综合以上两个方面,在传统公有制下,人人都是所有者,而实际上人人都不是所有者,产权是公有的,但成员个体却不能对财产具有实际所有权。这种名义与现实之间的巨大差别是传统所有制根本性的内在悖论。

传统所有制内在矛盾与悖论的表现之二是所有权名义上的无差别性与事实上的差别性的矛盾。从理论上讲,在传统社会主义所有制特别是全民所有制下,人人都是生产资料的所有者,在生产资料占有方面全体劳动者都处于平等的地位,运用生产资料的所得与损失也会平等分配于全体成员。换言之,共同体成员不分性别、年龄、职业、群体、身份、区域等,对于公共财产都会拥有平等的、均质的因而是无差别的权利。但事实上,这种普遍平等的、完全均质的无差别权利是无法实现的。现实生活中,城乡之间、区域之间、不同群体之间,对于全民财产的实际占有、支配和受益状况是存在极大差别的。比如传统的城乡二元体制就表明城乡居民在实际公共资源占有上存在严重不平等。农民除了占有集体土地之外,其他更多资源基本都被城市占有,在经济、文化、社会等各方面,资源都向城市倾斜。公共资源实际占有上的巨大差别使农民成为了国家的二等公民,根本谈不上与市民享有平等的、无差别的公民待遇。这种事实上的差别性与所有权名义上的无差别性产生了严重的背离。

传统所有制内在矛盾与悖论的表现之三是所有权与实际代理权之间的矛盾。在传统全民所有制下,生产资料名义上归属全体社会成员所有,但这个如此庞大的所有者集体不可能直接行使财产的支配和使用权,在这种情况下,就只能采用代理的方式,通过代理人来承担公共财产管理与劳动管理的职能。这种代理的方式本身实际上已经使全民所有制打了折扣。进而言之,即使采取代理的方式,生产资料所有者的真正代表也应该是直接体现人民意志、代表人民利益的国家权力机关,在我国即全国人民代表大会和地方各级人民代表大会。但在现实中,所有者的代表却是各级政府。所以,传统的全民所有制实际上可以说是"行政化的政府所有制"。而政府也不是一个抽象的实体,它是由许多部门组成的。所谓政府所有并不是政府某一部门执行所有者的职能，而是由许多部门来执行所有者的职能，同时这些部门又是相互分离、各自封闭的。这样，企业就有了诸多相互分离、彼此孤立的"婆婆"，政出多门、相互扯皮、政策相互抵牾就在所难免。同时，政府所有往往按行业、按地区将整个国民经济分割开来，条块现象非常严重。至于传统的集体所有制，尽管名义上生产资料属于劳动者集体所有，但实际上，生产资料的所有、占有与支配权也是由各层次级别较低的政府掌握。就此而言，传统的集体所有制实际上是"小全民"。进一步讲，无论全民所有制还是集体所有制，政府所有最终都要通过企业或组织管理者来实现，所以，企业或组织的管理者成为传统所有制下公共财产的最终代理者。这层层的代理关系使得传统所有制下生产资料最终的所有权与实际占有、支配权之间越来越疏离。在这种代理过程中，各个层次的代理者是否真正代表共同体成员的利益，一方面取决于其能力、品德与素质，另一方面则取决于全体所有者的监督与制约能力。当代理者的利益目标与全体所有者的利益目标不相一致特别是其不负责任而所有者又不能有效进行监督制约时，代理权就会被滥用，并做出许多违背所有者意愿和利益的事情。在传统的社会主义体制下，这种现象并不鲜见。

传统所有制内在矛盾与悖论的表现之四是集中调控的计划性与微观生产者缺乏自主性之间的矛盾。传统所有制，不论是全民所有制还是集体所有制，其生产、经营与决策都是计划调控。而这种统一计划、统收统支、统分统配的资源配置方式必然要求各个层级有高度集中的计划与指令中心。尤其是全民所有权企业，往往是在国家层面予以统一计划与指挥。而这种政府计划与指令性的资源配置手段，要想达到理想的效果必须满足一个前提条件，即计划者在各方面信息的占有上必须是"完全理性"的。所谓"完全理性"是当今经济学中的一个假设，是指各种经济信息都能够完全、准确、充分地被收集，而计划与管理者则是全知全能的，可以在不受任何非理性因素干扰的情况下对信息进行处理。对于这一假定诸多学者都已提出了批评。美国经济学家西蒙认为"完全理性"的假设不符合人类现实，理性受到了知识不完备和预见困难性的限制，人不可能具有全部信息，也不可能了解其全部后果，人所能具有的只是"有限理性"。澳大利亚学者柯武钢和德国学者史漫飞同样认为："当一个系统变得复杂和开放时，制订计划并建立秩序的领导者在认识上的局限性很容易成为一个瓶颈。在一个复杂的环境中，如在协调成千上万种不同商品和服务的千百万买方和卖方时，来自上面的中央计划协调必然因难以克服的知识问题而举棋不定。然而，在尝试实行中央协调的场合，计划者必须自称他们拥有着使其能强加一种秩序的知识。但实际上，他们会使其计划和命令以平均标准（一般消费者、'代表性'厂商等——遵循这样的格言：'一规适万物'［One size fits all］）为基础。这就忽略了构成真实世界的知识和欲望所具有的丰富多样性，不利于社会中所有多种多样的成员。"并且，"当政策制定者靠指挥具体行动的方式从上面协调重要事物时，他们的知识问题常常会在'意外的、未预见到的副效应'中反映出来。政策干预的直接作用是促进预期目的，但在一个复杂的开放系统中，别的效应可能随之变成主导要素，从而初始的干预最终产生出违背初衷的不良效应"①。确实，在传统所有制条件下，经济生活的复杂多变加上计划中心往往远离实际生产过程，知识与信息的短缺、失真和滞后就难以避免。

　　实际上，在现实的经济活动中，具体生产单位和个人由于自身就处于社会经济活动之中，一般情况下比集中管控的计划中心更能了解实际情况，掌握实际信息，在生产方面也更能因时、因地、因情制宜。在此意义上，具有自主性的大量个体对高度分散的知识与信息的掌握更真实、更充分、更及时也更灵活。正如英国著名经济学家哈耶克指出的，在实际社会生活中"……还存在许多非常重要但未组织起来的知识，即有关特定时间和地点的知识，它们在一般意义上甚至不可能称为科学的知识。但正是在这方面，每个人实际上都对其他人来说具有某种优势，因为每个人都掌握可以利用的独一无二的信息，而基于这种信息的决策只有由每个个人做出，或由他积极参与做出，这种信息才能被利用"②。正是在这种分散化的知识掌握中，信息对于经济活动的有效性才得到了更好的发挥和利用。但是，这种个体具有自主性的情况在传统所有制下是不可

---

① ［德］柯武钢、史漫飞：《制度经济学》，商务印书馆2000年版，第175—176页。
② ［英］哈耶克：《个人主义与经济秩序》，贾湛等译，北京经济学院出社1989年版，第76—77页。

能存在的。"计划经济体制下的计划是包罗万象的，无时无处不在。企业是一个加工厂，供、产、销，人、财、物都由国家计划所控制，企业一切经营活动，都必须按国家的'路线图'进行，企业无有任何自主权，就连改建一个厕所，也需要上级批准。居民的吃、穿、住、行，生、老、病、死，都由国家计划来规定，实行凭票、凭证、定量、定点供应，个人无有任何自主权。"[①] 集中调控的计划性与微观生产者缺乏自主性成为传统所有制无法克服的问题。

第二节　传统所有制对社会成员生存发展的影响

传统所有制存在着种种难以克服的内在矛盾与悖论，其在现实实践中不仅无法保障经济的持续有效发展，无法实现民众的共同富裕，而且较为严重影响了广大社会成员的生存与发展，压抑了社会成员的个体主体性。

其一，传统所有制条件下，社会成员的生存问题始终没有得到很好的解决。在传统所有制条件下，由于劳动者长期缺乏积极性、主动性与创造性，资源浪费严重，配置效率低下等，社会生产力没有得到持久发展，经济落后、物质资料匮乏的状况始终没有得到有效改变，温饱问题始终没有得到有效解决。从历史上看，普遍贫穷、大的饥荒在社会主义国家都曾广泛存在，有些时候甚至出现大量人口因饥饿等非正常原因而死亡的现象。不论在苏联还是我国的社会主义建设时期都曾发生过这种情况。尽管其中原因是多方面的，但经济制度上的因素无疑是首要的。既然社会成员低级的生存需要都没有解决，就更谈不上满足什么高级的享受与发展需要了，因为"人们首先必须吃、喝、住、穿，然后才能从事政治、科学、艺术、宗教等等"[②]。与这种不发达生产力状况相对应的只能是各方面都没有得到真正发展的人，是能力与素质都落后的人。这是因为，人们"是什么样的，这同他们的生产是一致的——既和他们生产什么一致，也和他们怎样生产一致。因此，个人是什么样的，这取决

[①] 何伟：《股份制与社会私有制》，经济科学出版社2008年版，第66页。
[②] 《马克思恩格斯文集》3，人民出版社2009年版，第601页。

于他们进行生产的物质条件"①。

其二，传统所有制条件下，社会成员的自由受到极大限制。在传统所有制条件下，社会成员不是独立的经济主体，不享有独立的财产权，无法按照自己的意愿支配相关生产资料，也无法获得与自己劳动付出相应的收益。国家掌握一切生产资料与几乎全部物质财富的状况使得人们在社会生活的各个领域不得不高度依附于公共权力，不得不以公共权力的意志为自己的意志，以掌控自己命运的他人的意志为自己的意志，不得不服从外界的安排和控制。在这种情况下，个人的独立与自由就很难谈得上。而且，在传统所有制条件下，计划在整个社会中起着主导作用，人们的工作、地位、身份、生活、居住地一般已被计划所规定或束缚，人们只能被动地接受而不能自由地选择。比如，人们不能自主地选择或变换自己的工作，也不能自由地迁徙与流动，特别是城乡二元的巨大鸿沟将计划经济的僵化性体现得淋漓尽致。显然，在这种情况下个人是不可能得到自由发展的。

其三，传统所有制严重压抑了社会成员的个性发展，使得整个社会呈现出亿人一面的简单色调。个性的持续解放、充分发展与不断完善是人的发展的重要内容，不同个性的健康发展与差异共存是理想社会的内在要求。从哲学上讲，个性是人的主体性的个体表现，人的主体性比如自觉性、自主性、能动性、选择性、创造性等越强，其个性也就越强。反之，如果一个人缺少个性，就表明其思想与行为缺乏自主性而有依赖性、缺乏自为性而有愚昧性、缺乏选择性而有顺从性、缺乏进取性而有保守性、缺乏创造性而有僵化性。一个人的个性越发展，生命活动越自主、越富有创造性，拓展的生活空间越大、越丰富，生命也就越充实，自我所感觉的存在意义也就越大。而在传统所有制条件下，社会成员高度依附于国家，难以摆脱、克服与打破各种消极的束缚和压抑，难以从各种条条框框的重负下解放出来，难以按自己的意志积极地去生活、去行动、去决策、去评价。在这种情况下，他律代替了自律、他主代替了自主，人的个性自然缺乏生成与发展的可能性空间。"一个人有无个性或个性的强弱，也是以他在社会活动中有无自主地位和自为权利以及这种

---

① 《马克思恩格斯文集》1，人民出版社2009年版，第520页。

地位的高低、权利的大小为标准的。具有个性的人必然是独立自主的人，不能独立自主的人也必然是没有个性的人。"① 特别是传统所有制条件下自由的缺失对于社会成员个性生成的影响更是致命的。自由可以为个性的发展提供具有开放性的广阔空间，在此空间内，存在着各种可能性与不确定性，个体可以积极追求各种有价值之物，可以根据自己的特殊情况，按照自己的判断，做出自己的独特选择并按此行事，从而形成自己的生活世界。选择机会愈多，个体的独特性即个性就愈有可能。在传统所有制条件下，人的命运的主轨迹是被外在的计划所决定的，普遍的计划否定了个体自由选择的诸多可能性，封闭了个体成长的新的可能空间，堵塞了社会成员的个性成长之路。普遍而集中的计划所造成的是一律平面化的畸形人格以及亿人一面的社会单色调。

其四，传统所有制条件下，人的交往关系无法全面发展与深化拓展。社会交往关系的全面深入拓展既是人自由全面发展的重要条件，也是其重要内涵之一。人的本质在其现实性上是一切社会关系的总和，社会交往的状况实际上决定着一个人能够发展到什么程度。正像马克思所讲的，"个人的全面性不是想象的或设想的全面性，而是他的现实关系和观念关系的全面性"②。在传统所有制条件下，不同部门、行业、领域、职业、地域之间相互封闭，人员的流动性与交往性差，人们基本上被牢牢绑定在计划的轨道上，交往关系基本已经被决定与安排，整个社会的交往关系格局也已经被预先规定。在这种情况下，社会成员之间的交往关系根本无法拓展开来，更谈不上深化的问题，社会交往关系呈现出封闭、片面、简单的特点。

其五，传统所有制条件下，社会成员能力的发展受到极大限制。人的能力是人的综合素质在现实行动中表现出来的、正确驾驭某种活动的实际本领、能量和熟练水平，是实现人的价值的一种有效方式。能力的不断发展与发挥是人的发展的重要内涵之一。而在传统所有制条件下，社会成员能力的不断发展与提升受到极大限制。这表现为：

一、在传统社会主义公有制条件下，经济活动的无效率与生产力水

---

① 袁贵仁：《马克思的人学思想》，北京师范大学出版社1996年版，第132页。
② 《马克思恩格斯全集》第四十六卷（下），人民出版社1980年版，第36页。

平的低下使得社会成员将大部分时间都耗费在生产活动中。如上所述，在这种情况下，人们的最大需求就是解决温饱问题，至于其他的更高层次的需求根本谈不上。而如果没有需求层次的不断提升与深化，人的能力的不断提升就缺乏内驱力，人就很难发展出一个全面的能力体系。进而言之，在这种情况下，社会成员即使想提升自身能力与素质，也缺乏相应的条件。

二、传统所有制条件下，社会成员没有独立的财产权，不是独立的经济主体，劳动与收益没有多么强的正相关性，市场经济中那种强烈的利益驱动与激烈的竞争压力都不存在，这使得社会成员缺乏提升自身能力的压力与动力。

三、传统所有制条件下，社会成员的地位、身份、工作与命运在很大程度上都由计划所预定，具有很强的先赋性。在这种先赋性面前，人们通过自身努力提高能力以改变命运的可能性并不大，由此，社会成员也就在很大程度上丧失了提升自身能力的主观意愿。

当然，以上五个方面的分析并非是对社会主义公有制本身的否定，而是意在说明传统的公有制实现模式存在极大问题，我们必须从基本国情尤其是生产力落后的具体实际出发来探索建立适宜的生产关系模式，对于公有制本身也应该解放思想、深化认识，寻求其合理有效的具体实现形式。

第三节　初步赋权于民与中国特色社会主义的开创

危机倒逼改革，问题倒逼改革！传统所有制下，不仅经济发展濒于困境，生产力发展无法持续，而且造成了普遍的贫穷与大众温饱问题的难以有效解决。这种情况的存在也使得党的执政基础与公权力本身的合法性受到较大程度的冲击。正如邓小平1978年9月在反思以往经验教训时曾深刻指出："我们是社会主义国家，社会主义制度优越性的根本表现，就是能够允许社会生产力以旧社会所没有的速度迅速发展，使人民日益增长的物质文化生活需要能够逐步得到满足。……如果在一个很长的历史时期内，社会主义国家生产力发展的速度比资本主义国家慢，还谈什么优越性？这是最大的政治，这是社会主义和资本主义谁战胜谁的问题。生产力总是需要发展的。外国人议论中国人究竟能够忍耐多久，我们要注意这个话。我们要想一想，我们给人民究竟做了多少事情呢？"[1] 在这种情况下，生产资料的计划式垄断性分配必须要改革，而与生产资料的垄断性分配相适应的高度集中的政治权力与高度组织化的社会管控体系也必须予以改革。而这样一个系统性的改革意味着对传统社会主义模式的深刻"革命"，意味着必须探索一条从中国自身实际出发、能够有效推动经济社会发展、有效满足社会成员物质需求的社会主义新路。如果不打破高度集中的原有体制模式，如果不切实调动起广大社会成员的积极性、能动性与主体性，这样一条新的道路就无法形成与开辟。就此而言，稳步有序的切实赋权于民是这条新路开辟的一个关键性维度。

虽然社会大众在地方层面早就有过碎片化的探索与实践，但这条新路的开辟与社会成员经济自主权的初步确立首先还是通过思想领域的交锋与解放来实现的。在此，意识形态的反作用体现得非常明显，因为束缚人们头脑的僵化认识不打破，思想观念不从对传统所有制与管控模式的固有认识中解放出来，人们就不能正确的认识现实，不能真正从实际出发进行规划、制定政策，全党就难以实现工作重心的转移，改革就难以切实展开。正如习近平总书记强调指出的："解放思想是前提，是解放和发展社会生产力、解放和增强社会活力的总开关。没有解放思想，我们党就不可能在十年动乱结束不久作出把党和国家工作中心转移到经济建设上来、实行改革开放的历史性决策，开启我国发展的历史新时期。"[2] 正是在这个意义上，历史转折关头"实践是检验真理的唯一标准"的大讨论就显得尤为重要，由之我们也就可以理解为什么邓小平对思想解放问题如此高度重视。在1978年12月十一届三中全会的主题报告中，邓小平特别强调了解放思想的意义。"解放思想，开动脑筋，实事求是，团结一致向前看，首先是解放思想。只有思想解放了，我们才能正确地以马列主义、毛泽东思想为指导，解决过去遗留的问题，解决新出现的一系

---

[1] 《邓小平思想年编》（一九七五——一九九七），中央文献出版社2011年版，第331页。
[2] 中共中央文献研究室：《习近平关于全面深化改革论述摘编》，中央文献出版社2014年版，第16页。

列问题，正确地改革同生产力迅速发展不相适应的生产关系和上层建筑，根据我国的实际情况，确定实现四个现代化的具体道路、方针、方法和措施。"①"不打破思想僵化，不大大解放干部和群众的思想，四个现代化就没有希望。目前进行的关于实践是检验真理的唯一标准问题的讨论，实际上也是要不要解放思想的争论。大家认为进行这个争论很有必要，意义很大。从争论的情况来看，越看越重要。一个党，一个国家，一个民族，如果一切从本本出发，思想僵化，迷信盛行，那它就不能前进，它的生机就停止了，就要亡党亡国。"② 邓小平进一步指出："在党内和人民群众中，肯动脑筋、肯想问题的人愈多，对我们的事业就愈有利。干革命、搞建设，都要有一批勇于思考、勇于探索、勇于创新的闯将。没有这样一大批闯将，我们就无法摆脱贫穷落后的状况，就无法赶上更谈不到超过国际先进水平。我们希望各级党委和每个党支部，都来鼓励、支持党员和群众勇于思考、勇于探索、勇于创新，都来做促进群众解放思想、开动脑筋的工作。"③ 就此而言，解放思想就是解放人，就是要打破加于社会成员的各种思想枷锁，让他们能够真正面对实际，自由地思考、探索和创新，调动他们的积极性与聪明才智，这是我们社会主义建设成功推进、社会主义事业顺利发展的至为重要的主体基础和个体基础。在此意义上，思想解放具有深刻的人学内涵！

与这种思想解放、人的解放相适应的，就是经济商品化与市场化取向的改革，就是经济管理体制的分权放权特别是对社会成员的经济赋权，包括经济自由的权利和财产权利等。因为没有这种分权、放权和赋权，思想解放就缺乏实质性内容，社会成员就缺乏自由探索与创新的空间与平台。也正是在这种情况下，社会成员的具有自主权利的个体性公民身份开始显现。这种经济方面的改革首先从农村开始。"为什么要从农村开始呢？因为农村占我国人口的百分之八十，农村不稳定，整个政治局势就不稳定，农民没有摆脱贫困，就是我国没有摆脱贫困。坦率地说，在

---

① 《邓小平文选》第二卷，人民出版社 1994 年版，第 141 页。
② 同上书，第 143 页。
③ 同上书，第 143—144 页。

没有改革以前,大多数农民是处于非常贫困的状况,衣食住行都非常困难。"① 在农村,家庭联产承包责任制的实行使广大农民获得了比较完整的土地使用权、相对独立的土地经营权以及对自身劳动与劳动产品较大程度的自由支配权。随后,农民又被允许发展农村副业和从事多种经营,甚至可以进城从事其他产业。"农村政策的核心是,尊重和扩大生产队、农民的生产自主权,建立责任制。……这是新的政策,是总结了过去二三十年经验制定的,很见成效。"② "调动积极性,权力下放是最主要的内容。我们农村改革之所以见效,就是因为给农民更多的自主权,调动了农民的积极性。"③ 在城市,个体经济和私营经济得以恢复和发展,全民所有制和集体所有制企业的经营决策权、人事管理权、劳动用工权、投资决策权、工资奖金分配权等自主权逐步被认可与确立。"我国的改革工作刚刚开始,试验证明,各个企业、各个生产单位必须有比较多的自主权,并且要相互竞争,才能促进生产力的发展。"④ "农村改革是权力下放,城市经济体制改革也要权力下放,下放给企业,下放给基层,同时广泛调动工人和知识分子的积极性。"⑤ 而所有这些权力下放当然最终都需要落实到相关社会成员个体身上。邓小平在1984年6月会见外宾的讲话中,阐述了中国改革从农村到城市的这一思路进程。"从中国的实际出发,我们首先解决农村问题。……所以,我们首先在农村实行搞活经济和开放政策,调动了全国百分之八十的人口的积极性。我们是在一九七八年底制定这个方针的,几年功夫就见效了。不久前召开的第六届全国人民代表大会第二次会议决定,改革要从农村转到城市。城市改革不仅包括工业、商业,还有科技、教育等,各行各业都在内。"⑥

对内改革,对外开放,赋权于民,致力于调动社会成员的积极性与首创精神,致力于大力解放和发展生产力、提高人民生活水平,致力于实现社会主义现代化,这样一条实现伟大转折的探索性、创新性道路就

---

① 《邓小平文选》第三卷,人民出版社1993年版,第237—238页。
② 《邓小平思想年编》(一九七五——一九九七),中央文献出版社2011年版,第368页。
③ 《邓小平文选》第三卷,人民出版社1993年版,第242页。
④ 《邓小平思想年编》(一九七五——一九九七),中央文献出版社2011年版,第331页。
⑤ 《邓小平文选》第三卷,人民出版社1993年版,第180页。
⑥ 同上书,第65页。

是区别于苏联模式的具有中国特色的社会主义道路。正像邓小平指出的："如果说构想，这就是我们的构想。我们还要积累新经验，还会遇到新问题，然后提出新办法。总的来说，这条道路叫做建设有中国特色的社会主义的道路。我们相信，这条道路是可行的，是走对了。"①"不改革就没有出路，旧的那一套经过几十年的实践证明是不成功的。过去我们搬用别国的模式，结果阻碍了生产力的发展，在思想上导致僵化，妨碍人民和基础积极性的发挥。……中国社会从一九五八年到一九七八年二十年时间，实际上处于停滞和徘徊的状态，国家的经济和人民的生活没有得到多大的发展和提高。这种情况不改革行吗？"②"我们现在的路子走对了，人民高兴，我们也有信心。我们的政策是不会变的。要变的话，只会变得更好。……路子不会越走越窄，只会越走越宽。路子走窄的苦头，我们是吃得太多了。如果我们走回头路，会回到哪里？只能回到落后、贫困的状态。"③"现在要做的事情很多，但是我们的路子走对了，路子走对了就有希望。"④"中国不走这条路，就没有别的路可走。只有这条路才是通往富裕和繁荣之路。"⑤ 就此而言，可以说，在既有经验教训的基础上，对社会成员现实利益诉求的关注、对民众主体性的明确认知与强调、对公民经济权利的逐步确认与保障对于中国特色社会主义的形成与开辟具有根本性意义。

---

① 《邓小平文选》第三卷，人民出版社 1993 年版，第 65—66 页。
② 同上书，第 237 页。
③ 同上书，第 29 页。
④ 《邓小平思想年编》（一九七五——一九九七），中央文献出版社 2011 年版，第 443 页。
⑤ 《邓小平文选》第三卷，人民出版社 1993 年版，第 149—150 页。

第 四 章

公民权利与中国特色社会
主义的发展动力

对于中国特色社会主义而言，不仅其形成与开辟有赖于针对旧观念与旧体制的思想解放与赋予社会成员初步经济权利的城乡改革，其持续发展也以公民不断萌生与增强的权利意识以及争取自身权利实现的不断努力为内在动力。正是基于公民不断萌生与强化的权利意识，正是基于公民争取自身权利实现的不断努力，执政党立足实际、把握潮流、顺时有为，中国特色社会主义才得以持续推进发展，建设布局得以逐步拓展与完善。

第一节 权利实现作为社会发展的动力机制

权利指向的是社会成员的正当利益诉求或者合理价值需要，权利的实现也就意味着这种利益诉求与价值需要的满足。在此意义上，要想更好理解公民不断的权利追求是推动中国特色社会主义持续发展的内在动力，首先需要从哲学上明确人的需要在整个社会历史发展过程中的动因作用。

从现实的人出发是马克思主义唯物史观主张与强调的根本性考察与研究方法。"我们的出发点是从事实际活动的人。……符合现实生活的考察方法则从现实的、有生命的个人本身出发。"[①] 而从现实的人出发也就

---

① 《马克思恩格斯文集》第一卷，人民出版社 2009 年版，第 525 页。

意味着从现实的人的需要出发。"作为确定的人,现实的人,你就有规定,就有使命,就有任务,至于你是否认识到这一点,那都是无所谓的。这个任务是由于你的需要及其与现存世界的联系而产生的。"① 需要反映的是人在现实生活中的一种匮乏或不足,而需要的满足则是人存在与发展的基本条件。"需要作为一般范畴,是指生命体对一定对象的要求或依赖,表明了生命体对外部环境条件的依赖关系和摄取状态。而人的需要具有比其他动物更为丰富的内容,不仅包含着人们对维持自身生存和发展不可缺少的各种环境条件的一种依赖关系和摄取状态,而且也体现了人们对自身生命活动和生活状态的目的性要求,即人们通过对各种生活资源条件的获取所要实现的体现自己目的性要求的生活状态。"② 这种主体需要以权利的语言进行表述,即社会成员内在的权利诉求。

人们正是为了满足自己各方面生存与生活需要而进行各种活动、从事各种行为。也就是说,需要使人有所追求,是人的一切行为活动的原始根据,是主体积极性、能动性、创造性的内在源泉。"任何人如果不同时为了自己的某种需要和为了这种需要的器官而做事,他就什么也不能做。"③ 当然,承认需要这种最终推动作用,并不是说需要本身就具有改造世界的功能,能够客观地改变现状与满足自身,它是推动社会发展的潜能动因而非现实动力,是客观行为的动机而非客观行为本身。"动力和动因是有严格区别的。动力是一种力量,而动因则是这种力量产生的根源。……动力是运动的现实性,而动因则是运动的可能性;动力处在表层,而动因却处在深层。"④ "尽管需要具有根源性,对主体活动具有激活作用,但归根到底它存在于主体本身而不是主体与客体的相互作用,不能使社会发生'位移',因而不是社会历史的现实动力。"⑤

作为潜在动因的主体需要若想转化为社会历史发展的现实动力,就需要作为行为的动机去推动、开展客观的实践活动。正是在这种有所指向、有所追求的客观实践活动中,外部世界得到改造,外部环境得到改

---

① 《马克思恩格斯全集》第三卷,人民出版社 1960 年版,第 329 页。
② 陈洪泉:《民生需要论》,人民出版社 2013 年版,第 13 页。
③ 《马克思恩格斯全集》第三卷,人民出版社 1960 年版,第 286 页。
④ 赵科天:《需要与社会发展动力系统及其运行机制》,《甘肃理论学刊》1996 年第 3 期。
⑤ 同上。

变，主体需要与客体对象的矛盾得以解决，客体对象以其价值满足主体需要。"从这个意义上说，发展就是指事物在人们自觉活动的推动和影响下所发生的符合主体需要的变化，这种变化使主体需要得到了满足。发展的出发点是主体的需要，发展的目的就是要不断满足主体的需要，而客体在其现存形态上是不可能充分满足主体的需要的，这就形成了主体需要与客体状况的矛盾或差距，解决这个主体的需要与客体在其现存形态上不能满足主体需要的矛盾就是发展的主题，发展就是主体从自身需要出发改造客体，使客体发生符合主体需要的变化，从而使主体需要与客体状况之间矛盾不断解决、主体需要不断得以满足的过程和结果。"①

这样一个基于社会成员自身需要去改造客观世界的过程要想有效展开或推进，落实在现实的社会历史条件下，就要求社会特别是公权力对于社会成员的合理利益需要或正当权利诉求予以认可，对于社会成员追求或实现合理利益需要与正当权利诉求的资格或自由予以明确与保障。换言之，在政策或制度上规定、确立、合法化社会成员的相应公民权利，确认与保障社会成员追求自身利益的资格、能力与自由。"社会的迫切需要将会而且一定会得到满足，社会必然性所要求的变化一定进行下去，迟早总会使立法适应这些变化的要求。"② 如果公权力无法在政策或制度上有效确立与合法化基于社会成员内在需求的各项公民权利，相关的政策、制度就难以得到人们的持续认同，针对政策、制度甚至公权力自身的变革就难以避免。就此而言，主体需要与客观状况矛盾之解决，客观实践活动之有效开展，首先需要整个社会特别是公权力在政策与制度上确认广大社会成员的内在利益需要与应然权利诉求；其次是基于政策或制度的确认与保障，使广大社会成员有资格与自由去合法地追求自身利益、破解相关难题、克服阻力障碍、达成自身目标、实现自身价值。通过这一实践活动，主体的积极性、能动性被充分调动，能力、素质不断提升，创造潜力被充分激发，而整个社会则充满生机活力，得以在变革中不断发展进步。也就是说，就一个社会的发展而言，广大社会成员利益需要与权利诉求的动因作用，首先表现在推动相应政策与制度尽可能地合理

---

① 陈洪泉：《民生需要论》，人民出版社2013年版，第5页。
② 《马克思恩格斯文集》3，人民出版社2009年版，第231页。

化变革与调整上，其次表现在在政策或制度允许的可能性空间中主体创造热情与实践能力的调动与发挥上。实际上，这样一个分阶段的变革过程，也就是社会成员的应然权利转化为法定权利，再落实为实然权利的过程。正是从应然到法定再到实然、从萌生到确认再到落实的这一权利自身运作与实现过程，作为内在机制推动了人类社会的发展与进步。

进而言之，人的利益需要与权利诉求并不是单一的，旧的需要的满足往往意味着新的需要的产生与追求。正如马克思恩格斯在《德意志意识形态》中指出："已经得到满足的第一个需要本身、满足需要的活动和已经获得的为满足需要而用的工具又引起新的需要。"[①] 西方人本思想家马斯洛也认为："人是一种不断需求的动物，除短暂的时间外，极少达到完全满足的状况，一个欲望满足后往往又会迅速地被另一个欲望所占领。人几乎总是在希望着什么，这是贯穿人整个一生的特点。"[②] 通过这样一个"需要—实践—满足—新的需要……"的持续性矛盾解决过程，人的实践活动更具广度和深度，人的需要则变得日益丰富和全面。这种丰富和全面既体现在需要的横向多样上，又体现在需要的纵向层次上。按照马克思的观点，人的需要从层次上可以划分为生存需要、享受需要与发展需要。按照马斯洛的观点，人的需要从层次上可以划分为生理需求、安全需求、社交需求、尊重需求和自我实现需求，低级需要满足到一定程度，一个相对高级的需要才会产生。而对于一个正常的社会个体而言，在其生活中，各种不同层次的利益需要与权利诉求实际上往往是同时存在的。可以说，人的利益需要的丰富性、递进性，权利诉求的发展性、全面性，决定了社会的各个领域必将愈益分化，整个社会结构必将愈益多样化，发展布局也必将愈益完善化。

第二节　公民权利的确认与实现作为中国
　　　　特色社会主义的内生动力

以上哲学层面的分析对于认识和理解中国特色社会主义具有很强的

[①] 《马克思恩格斯文集》1，人民出版社2009年版，第531页。
[②] ［美］马斯洛：《马斯洛人本哲学》，九州出版社2003年版，第1页。

指导意义。中国特色社会主义的开辟根源于公民的利益需要与权利诉求，中国特色社会主义的发展完善同样也以公民的利益追求与权利实现为动力。

就中国特色社会主义而言，最初是在解决生产落后问题与大众温饱问题的巨大压力与动力下拉开的改革大幕，经济体制改革是重头戏。在此意义上，压力就是动力。针对现实的问题，邓小平在改革之初多次强调要权力下放，赋予企业与社会成员经济自主权，实行经济民主。"实行经济民主，用经济的办法管经济，责任到人，做到有职有责有权。"①"我想着重讲讲发扬经济民主的问题。现在我国的经济管理体制权力过于集中，应该有计划地大胆下放，否则不利于充分发挥国家、地方、企业和劳动者个人四个方面的积极性，也不利于实行现代化的经济管理和提高劳动生产率。应该让地方和企业、生产队有更多的经营管理的自主权。"②与实行经济民主相适应，就必须推进经济立法以保证社会成员相关的经济权利。"经济方面的很多法律，比如工厂法等，也要制定。我们的法律是太少了，成百个法律总是要有的，这方面有很多工作要做，现在只是开端。"③"要立法，搞公司法，成立经济法庭，成立有专家参加的科学论证机构。要大量增加懂法律的人，各省市都建立经济法庭，律师队伍要扩大，企业要请自己的律师顾问。城市个体经济也要立法。"④ 进而言之，最初的经济体制改革不仅针对传统所有制，强调权力下放，也针对传统分配模式，强调实行按劳分配。实行平均主义的"大锅饭"，社会成员没有劳动自主权及相应的报酬差别，缺乏有效的激励机制，无法调动自身的能动性与热情去从事生产，整个经济的发展也就缺乏内生动力，发展的缓慢乃至停滞就难以避免。面临这样一种形势，要解放和发展生产力，就必须打破平均主义，强调按劳分配，强调基于不同劳动的报酬差别，从而给经济的发展提供有效物质激励。"我们过去是吃'大锅饭'，鼓励懒汉，包括思想懒汉，管理水平、生活水平都提不高。现在不能搞平均

---

① 《邓小平思想年编》（一九七五——一九九七），中央文献出版社2011年版，第199页。
② 《邓小平文选》第二卷，人民出版社1994年版，第145页。
③ 同上书，第189页。
④ 《邓小平思想年编》（一九七五——一九九七），中央文献出版社2011年版，第321页。

第四章 公民权利与中国特色社会主义的发展动力

主义。毛主席讲过先让一部分人富裕起来。好的管理人员也应该待遇高一点，不合格的要刷下来，鼓励大家想办法。讲物质刺激，实际上是要刺激。"①"吃'大锅饭'，就是干不干一个样，干得好干得不好一个样。没有比较，哪有什么积极性？现在一比较、一竞争，就必然要淘汰一些落后部门。这不是一个什么社会主义和资本主义的问题。社会主义也必须要像现在这样干才行。"②

而与改革之初的这种经济赋权与按劳分配相适应，大的分配思路只能是让一部分人一部分地区先富起来，这是当时历史条件下别无可能的唯一选择。实际上，赋予民众经济自主权在现实中也必然会导致基于不同劳动能力的报酬差距与收入拉开。"九亿人口的收入平均发展是不可能的，总是要的地区先富裕起来，一个地区总有一部分人先富裕起来。"③"允许一部分先好起来。这是一个大政策。"④"要允许一部分地区、一部分企业、一部分工人农民，由于辛勤努力成绩大而收入先多一些，生活先好起来。一部分人生活先好起来，就必然产生极大的示范力量，影响左邻右舍，带动其他地区、其他单位的人们向他们学习。这样，就会使整个国民经济不断地波浪式地向前发展，使全国各族人民都能较快地富裕起来。"⑤ 通过经济体制改革，让一部分人一部分地区先富起来，以先富带动后富，最终实现共同富裕。这就是邓小平在改革之初的顶层设计。

当然，应该看到，在改革之初提出"先富带动后富，最终实现共同富裕"的理念时，邓小平对实际生活中某些先富行为可能具有的不规范性估计不足，对于市场经济本身所具有的"马太效应"认识不足，对于共同富裕的实现难度估计也过于乐观。比如，在20世纪80年代，他多次强调，这一发展思路绝对不会导致两极分化。"至于不搞两极分化，我们在制定和执行政策时注意到了这一点。如果导致两极分化，改革就算失败了。会不会产生新的资产阶级？个别资产阶级分子可能会出现，但不

---

① 《邓小平思想年编》（一九七五——一九九七），中央文献出版社2011年版，第172页。
② 同上书，第331页。
③ 同上书，第249页。
④ 同上书，第198页。
⑤ 《邓小平文选》第二卷，人民出版社1994年版，第152页。

会形成一个资产阶级。"① 但现实的发展远比预料的更为复杂，问题的解决实际上比想象的难度更大。对此，邓小平后来自己也有较为深刻的认知与反思。在此，实际上体现了改革的一个重要规律，即改革应然逻辑与实然逻辑之间的差别。所谓应然逻辑是指改革决策的设计者认为改革理念、思路或决策实行以后结果应该如何，这属于一种主观预设；所谓实然逻辑是指改革理念、思路或决策实施以后实际结果如何，这反映的是一种客观状况。一个应然逻辑、一个实然逻辑，一个主观预设、一个客观状况，两者往往并不完全一致甚至可能有较大张力。换言之，改革进程并不会完全按照改革者主观设计展开，而是具有某种不可预测性与不确定性。实际上这也是改革的一种常态。既然存在这样一种差别，实然进程往往总是超出应然预料之外，对于改革决策就应建立相应的有效反馈机制，使改革主导者能够灵活调整相关决策，保障决策及时合理调适，以求得最为理想的实施效果。

可以说，正是通过艰难而有效的经济体制改革，通过切实的经济赋权，邓小平时代的中国经济动力强劲、发展迅速，广大人民的温饱问题得以解决。如果谈民生建设，让人们吃饱饭就是当时最大的民生。也正是在这样一个初创的探索过程中，中国特色社会主义展现出自身的生机活力与切实的优越性。此外，还应看到，在改革之初，邓小平不仅仅强调了对民众的经济赋权与民众温饱问题的解决，也谈到了民众的文化需求、政治需求与生态需求等。1978 年 8 月在听取文化部负责人汇报时，邓小平指出："文化领域必须解决读物问题，要有书给人看。现在文化生活太贫乏了，这怎么行呢？体育也应该活跃起来。文化部的任务是很重的。现在电影不多，读物很少。……文化也是一门行业，一个领域，这个领域是为劳动者服务的行业。随着生产的发展，精神方面的需要就增大了。"② 1979 年 9 月他在唐山听取汇报时强调："现代化的城市要合理布局，一环扣一环，同时要解决好污染问题。废水、废气污染环境，也反映管理水平。"③ 1978 年 12 月在中央工作会议闭幕会的讲话中他强调民

---

① 《邓小平文选》第三卷，人民出版社 1993 年版，第 139 页。
② 《邓小平思想年编》（一九七五——一九九七），中央文献出版社 2011 年版，第 157 页。
③ 同上书，第 117 页。

主是解放思想的重要条件。"宪法和党章规定的公民权利、党员权利、党委委员的权利,必须坚决保障,任何人不得侵犯。"① 这些论述表明中国特色社会主义在初创的探索时期,实际上并非仅仅关注公民的经济权利诉求,也关注到了除此之外的公民其他方面权利诉求。当然,公民经济权利的确认与实现是重点和关键,其他各方面权利诉求在当时并不太凸显。而且在当时的改革形势下,强调其他各方面权利诉求在很大程度上也包含着通过其他各方面建设来为经济发展服务的考虑。换言之,公民其他各方面权利的实现在很大程度上被视为手段,而非单纯着眼于满足公民各方面的需要本身。

1992年确定建立社会主义市场经济体制是中国经济体制改革的重要节点。正是基于市场经济的推动与催化作用,中国社会的结构分化与领域分离日益明显,除经济外,政治、社会、文化、生态等领域的自主性不断显现。而且,在发展过程中,市场经济本身内含的权利主张也会作为一种普遍的价值理念上升到政治、社会与文化领域,强化社会成员的权利意识与自主观念。"如果说经济形式,交换,在所有方面确立了主体之间的平等,那么内容,即促使人们去进行交换的个人材料和物质材料,则确立了自由。可见,平等和自由不仅在以交换价值为基础的交换中受到尊重,而且交换价值的交换是一切平等和自由的生产的、现实的基础。作为纯粹观念,平等和自由仅仅是交换价值的交换的一种理想化的表现;作为在法律的、政治的、社会的关系上发展了的东西,平等和自由不过是另一次方的这种基础而已。"②

改革的推进要求公权力对于公民的进一步经济赋权,以为经济发展提供更为持久有力的主体动力。经济市场化在不同发展阶段,社会成员有不尽相同的经济权利诉求。随着市场经济的发展,新的、范围更广、层次更高的经济权利诉求会不断产生,而这就对政策制定特别是立法提出了与时俱进的要求。改革开放以来,我们党在不同时期曾分别制定过几个不同的涉及经济体制改革方面的文件。1984年党的十二届三中全会通过的《中共中央关于经济体制改革的决定》在原则

---

① 《邓小平文选》第二卷,人民出版社1994年版,第144页。
② 《马克思恩格斯全集》第三十卷,人民出版社1995年版,第199页。

上强调国家立法机关要加快立法,使越来越多的经济关系和经济活动准则用法律形式固定下来。1993年党的十四届三中全会通过的《中共中央关于建立社会主义市场经济体制若干问题的决定》强调要搞好立法规划,抓紧制定关于规范市场主体、维护市场秩序、加强宏观调控、完善社会保障、促进对外开放等方面的法律。2003年党的十六届三中全会通过的《中共中央关于完善社会主义市场经济体制若干问题的决定》强调要全面推进经济法制建设,相关规定较为细化:"按照依法治国的基本方略,着眼于确立制度、规范权责、保障权益,加强经济立法。完善市场主体和中介组织法律制度,使各类市场主体真正具有完全的行为能力和责任能力。完善产权法律制度,规范和理顺产权关系,保护各类产权权益。完善市场交易法律制度,保障合同自由和交易安全,维护公平竞争。完善预算、税收、金融和投资等法律法规,规范经济调节和市场监管。完善劳动、就业和社会保障等方面的法律法规,切实保护劳动者和公民的合法权益。完善社会领域和可持续发展等方面的法律法规,促进经济发展和社会全面进步。"[1] 2014年党的十八届四中全会通过的《中共中央关于全面推进依法治国若干重大问题的决定》在新的形势下对公民相关经济权利做了进一步的明确规定:"健全以公平为核心原则的产权保护制度,加强对各种所有制经济组织和自然人财产权的保护,清理有违公平的法律法规条款。创新适应公有制多种实现形式的产权保护制度,加强对国有、集体资产所有权、经营权和各类企业法人财产权的保护。国家保护企业以法人财产权依法自主经营、自负盈亏,企业有权拒绝任何组织和个人无法律依据的要求。完善激励创新的产权制度、知识产权保护制度和促进科技成果转化的体制机制。加强市场法律制度建设,编纂民法典,制定和完善发展规划、投资管理、土地管理、能源和矿产资源、农业、财政税收、金融等方面法律法规,促进商品和要素自由流动、公平交易、平等使用。依法加强和改善宏观调控、市场监管,反对垄断,促进

---

[1] 中共中央党校教务部:《十一届三中全会以来党和国家重要文献选编》,中共中央党校出版社2008年版,第516页。

合理竞争，维护公平竞争的市场秩序。"① 在当前经济发展方式转变的关键时刻，通过体制改革与法制建设，更好地确认、实现、保障与救济公民的经济权利，必将进一步调动、激发被体制障碍与利益藩篱所束缚的民众的创新动力与巨大潜能，进一步调动、激发中国经济强大的内生动力，其重要性不言而喻。这实际上也是一直以来中国经济改革成功推进的一条根本经验！

改革的推进催生了公民相应的政治参与诉求，强化了公民相关的政治权利意识，使政治民主健全完善的必要性与紧迫性日益凸显。改革之初，邓小平强调经济民主，在政治方面，除了党和国家领导制度的改革、权力下放、加强法制建设、政府机构改革外，公民政治参与并非重点，在当时也确无多大紧迫性。但是，随着市场经济的实行，基于市场经济本身的因素以及中国市场经济的不规范性，中国社会的利益关系不断分化、各类利益矛盾日益显性化，建立健全以公民参与为基础的利益协调机制、诉求表达机制、矛盾调处机制与权益保障机制以整合社会矛盾、协调利益冲突逐渐成为改革与发展的一项重要任务。同时，权力制约的现实需要也凸显了政治民主的必要性。如果公民不能享有充分的政治权利，不能有序而有效地参与政治生活，民主程序机制不进一步健全完善，就无法把权力真正关进制度的笼子里。此外，就公权力的立法、行政决策与司法活动而言，落实公民参与权利也是保障其科学性与合理性的必要条件。综合以上，在20世纪90年代中后期之后，政治民主自身建设的加强实际上已经逐渐成为有待解决的问题。由经济民主而至政治民主既体现了马克思主义经济基础决定上层建筑的基本原理，也是中国改革发展的必然。对于政治民主推进的必要性，十四大以来党的历次代表大会都有所论述，并且认识也在不断深化，相关的思路举措也体现出一定与时俱进的特点。迄今的相关改革涉及人民代表大会制度、协商民主、基层民主、群团组织、权力监督制约、立法与决策制定、司法体制改革等多个领域。与这些顶层设计相对应，地方与基层在政治民主建设方面也进行了广泛的持续探索，积累了诸多经验。可以说，这些年来，中国政

---

① 《〈中共中央关于全面推进依法治国若干重大问题的决定〉辅导读本》，人民出版社2014年版，第12页。

治民主建设确实在稳步推进，公民有序政治参与在各个领域、各个层次也在逐步扩大，社会成员不断提高的参与诉求在一定程度上推动了政治体制改革的深化。当然，问题并非不存在！僵化的观念、传统的体制、既得的利益等诸多因素仍在影响着公民相关民主权利的正常有序实现。在这个意义上，不断勃兴的公民民主参与诉求对于中国政治体制改革乃至对于整个中国改革的强大推动潜能仍有待进一步有序有效释放。公民参与诉求的这种有效有序释放必将推动中国政治走向更高水平的良政善治。

改革的推进催生了公民在社会领域的权利诉求，从而使得社会建设日益受到重视。公民在社会领域权利需求的增长既与改革开放以来中国发展过程中重经济轻社会，甚至将社会领域过度市场化与产业化，从而造成住房、医疗、教育、就业、食品安全、收入分配等民生问题凸显有关，也与中国社会由温饱型阶段推进到发展型阶段有关。改革之初的温饱型阶段主要是关注民众的物质需求特别是温饱问题，强调把蛋糕做大。而随着改革推进到发展型阶段，绝大部分社会成员对于生活有了更多的需求、更高的追求、更为自主的愿望、更为公平的期待。在社会建设领域，就推进社会事业改革创新而言，逐步解决教育、医疗卫生、就业、收入分配与社会保障等问题，推进社会公平正义，本身就是公民社会权利的不断实现过程。"社会权利本质上涉及一种国家分配，这就需要国家承担起积极的分配义务，更依赖于国家的积极作为，要求国家提供其实现的条件。唯有国家积极参与，它们才能顺利实现。"① 就创新社会治理体制而言，确认、实现公民相应的组织权利与参与权利，推进社会自治，增强社会本身的自组织与自调节能力，并同公权力一道实现对社会的协同治理，是治理现代化的大势所趋。对于中国的发展而言，社会领域权利的逐步确认与实现可以通过满足民众更多、更高的需求来拉动内需，增强经济的内生动力；可以有效提升民众对党和政府的信任度，进一步夯实执政党的社会基础；可以有效激发公民、社会组织等社会因素在公共治理中的巨大能量，提高善治水平；可以通过社会成员教育素质的整体提高为日后储备必要的人力资源。

---

① 秦燕：《公民身份语境中的社会权利》，人民日报出版社2015年版，第57页。

改革的推进还催生了公民的文化权利诉求。现阶段，公权力应确认与保障民众四方面的文化权利：一是遵循市场经济的发展规律，注重现代文化市场体系建设，保障公民与法人作为文化市场主体的各项权利，如创业自由、公平竞争等；二是公民参与文化生活与文化创造的权利；三是平等享有公共文化服务，满足文化需求的权利；四是平等参与公共文化事务管理，参与文化政策制定、执行和评估的权利。以上各方面公民文化权利的确认与保障需要公共权力在文化建设方面有所作为，进一步健全现代文化市场体系，加大投入以消除文化贫困，为人民提供更多更好公共文化产品。

改革的推进也催生了公民的生态权利诉求。中国的改革成就辉煌，但代价亦不小，代价之一就是21世纪以来日益严重的环境污染与生态问题。在现实的生态危机面前，原来被认为是取之不尽、用之不竭的水、空气等自然资源的稀缺性特征逐渐显露，发展的不可持续性已相当明显，民众的日常生活甚至都受到广泛的影响。在这种情况下，过去那种只注重占有、使用自然资源的发展模式必须改变。相应于此，对于与人具有内生关系的自然界而言，就不能仅仅强调国家与公民所具有的经济性开发与使用权利，同样也应强调公民的生态性权利，像清洁水权、清洁空气权、户外休闲权，等等。这种生态性权利体现了公民对应享有的良好生态条件与适宜生活环境的意识与追求。在这种情况下，公共权力应正确处理经济发展同生态环境保护的关系，通过制度性的安排特别是相关法律的建立健全来平衡公民经济性权利与生态性权利，努力达到两者的动态平衡，推进可持续发展，尽可能实现代内与代际的双重公平。

综合以上分析，改革开放以来，公民强烈的经济权利诉求及其不断实现推动了中国经济的迅速发展。而伴随经济市场化改革的持续推进，公民的政治权利诉求、社会权利诉求、文化权利诉求与生态权利诉求也逐渐凸显。在复杂而宏阔的中国改革图景中，这些领域的权利诉求有先有后、有急有缓、有轻有重，既表明了整体改革中的问题之处与症结所在，也推动着中国特色社会主义建设布局的逐步拓展。党的十八大提出的经济建设、政治建设、文化建设、社会建设、生态文明建设"五位一体"的建设总布局正是在改革开放以来不断凸显的公民各领域权利诉求的基础上逐步确立与探索形成的。

进而言之，改革开放以来公民权利的生长不仅表现在纵向上各种权利诉求的渐次凸显上，也表现在横向上社会成员之间、各阶层群体之间对各类权利一致、平等享有的诉求及其渐进实现上。公民身份是国家共同体内社会成员所具有的一种平等的普遍性身份，在权利享有上公民之间应该具有公平性和一致性。"公民身份存在着一种内在逻辑，这种逻辑要求它所带来的各种利益必须得到更加普遍和平等的分配。"①"公民身份问题从本质上讲就在于如何保证每个人都作为完整而平等的社会成员来对待，通过保障机会平等来促进一定程度上的结果平等。"② 在这方面，区域之间、城乡之间、阶层之间、群体之间在公民权利实现上仍然存在的现实不平等将继续推动相关改革的逐步深化。

纵向也好，横向也罢，归结为一点，在人民群众创造历史的意义上，广大民众多方面、多层次权利诉求的不断产生及其制度化确认、公平化实现是中国特色社会主义道路不断拓展、理论不断创新，制度不断健全的根本性动力源。不论是"五位一体"的总布局，抑或创新、协调、绿色、开放、共享的新发展理念，还是全面建成小康社会、全面深化改革、全面依法治国、全面从严治党的"四个全面"战略布局，其提出与形成最终都源于改革进程中公民在各领域不断凸显的权利呼求与实现努力。中国社会发展的其他所谓"矛盾动力论""改革动力论""创新动力论""和谐动力论"，最终都可以归结为公民的"权利实现动力论"。公民的权利诉求具有广泛性、平等性、动态性特别是递进性，就此而言，中国特色社会主义的发展也将获得持久的内生动力！

也正是基于这种公民权利诉求的不断拓展与渐次凸显，基于普遍性公民身份对各类权利平等享有的内在要求，党的十九大报告才做出了新时代我国社会主要矛盾已经变化的重大判断。"中国特色社会主义进入新时代，我国社会主要矛盾已经转化为人民日益增长的美好生活需要和不平衡不充分的发展之间的矛盾。我国稳定解决了十几亿人的温饱问题，总体上实现了小康，不久将全面建成小康社会，人民美好生活需要日益

---

① [美]基恩·福克斯：《公民身份》，吉林出版集团有限责任公司2009年版，第3页。
② [英]齐斯·佛克：《公民身份》，台北巨流图书公司2003年版，第65页。

广泛，不仅对物质文化生活提出了更高要求，而且在民主、法治、公平、正义、安全、环境等方面的要求日益增长。同时，我国社会生产力水平总体上显著提高，社会生产能力在很多方面进入世界前列，更加突出的问题是发展不平衡不充分，这已经成为满足人民日益增长的美好生活需要的主要制约因素。"① 在一定意义上，正是公民权利的不断生长与更好实现推动了我国社会主要矛盾的变化。

第三节 更好释放公民政治权利的动力潜能

当然，强调公民多方面、多层次的权利诉求及其实现是中国特色社会主义的内生动力并不意味着民众的任何权利诉求都能够得到充分的实现。这是因为，即使公民的普遍性权利诉求反映了经济社会的某种发展要求，具有合理性，其还有一个能否被公权所确认、接受以及确认、接受到何种程度的问题。就此而言，公民的权利诉求对于社会发展的推动作用并不是无条件的，而是受到特定经济结构、政治结构、社会结构与文化结构的制约与影响。特别是在当代中国的语境下，公权力对于公民各方面权利的生长持何种态度至关重要。在公共权力与公民权利的关系架构中，基于经济社会发展的公民权利诉求及其实现既对公权力提高自身有效性与合法性具有积极推动作用，而公权力的态度与做法本身又在很大程度上决定了公民的各种权利诉求能够实现到什么程度，推动作用发挥到什么程度。

对此，我国学者肖滨的观点颇有启发性。肖滨研究指出，改革开放以来中国公民权利的成长受到双重逻辑的支配，一是"市场经济推动逻辑"，二是"国家改革制约逻辑"。"市场经济推动逻辑"展现了市场经济发展所带来的公民权利成长机遇。首先，市场经济对于平等个体的自由流动、签订契约的自由以及合法的财产保护等权利具有天然性的巨大需求，这不仅直接带动着公民的人身自由权、财产权等民事权利的发展，而且创造了推动公民权利成长的主体力量。其次，市场经济蕴含着法治

---

① 习近平：《决胜全面建成小康社会 夺取新时代中国特色社会主义伟大胜利——在中国共产党第十九次全国代表大会上的报告》，人民出版社2017年版，第11页。

以及公共权力开放性等内在要求。在法治框架下的市场经济发展对于政府封闭、专断的权力运行规则提出了挑战，有利于公民的监督权、表达权、知情权以及参与权等政治权利的成长。最后，市场经济的天然弊端催生了公民社会权利的快速发展。不断深化的市场化不仅促成社会的多元分化，带来社会分裂危机和社会冲突压力，而且蛋糕进一步做大、一部分人先富起来后的分配不公平问题也逐步显露出来；面对弱势群体处境艰难的社会现实，发展公民的社会权利、让所有公民按照社会通行标准享受某种程度的文明生活及经济福利，能够有效地缓和风起云涌的社会保护运动对于政治社会秩序的冲击。"国家改革制约逻辑"则指出了国家固有的生存逻辑：为了维护自身的统治权力，国家容易在某些方面回应、满足公民的部分权利要求，但在涉及其权力体系生存、运作的内核部分，它必然进行刚性的抵抗。从中国公民权利发展的实践来看，公民权利发展在很大程度上是国家自上而下还权、放权与分权改革的结果。为了提升和巩固政权合法性，国家以经济发展为战略中心，因而着力推动公民民事权利中经济自由方面的权利，以促进市场经济发展；为了实现稳定的政治秩序、适度保持对公共权力的垄断性和开放度，国家选择发展低度的政治权利，确保公民对于公共权力和公共政策的有序参与；为了缓和激烈的社会保护运动、化解经济市场化改革的负面影响，国家加速推进公民的社会权利发展，建设一个有保障的社会。由此可以看出，中国公民权利发展存在着一个明显的国家主导策略。①

这种公民权利生长的国家改革制约逻辑有其积极的一面，其使公民的权利诉求能够在一种稳定有序的条件下得到确认与实现。如果没有这样一种权威的主导与控制，公民的权利诉求极其多样，不同群体的不同诉求之间可能存在冲突、相互影响，这不仅会使公权力进退失据，社会本身也会陷入无休止的纷扰。再一个，在特定发展阶段，国家掌控的资源总量有限，而公民权利的实现也并非无成本，而是需要国家巨大的资源投入，不论是公民的积极权利还是消极权利皆是如此。在这种情况下，国家对于公民各类权利诉求的确认与保障只能是选择性的，公民权利只能呈现选择性演进

---

① 肖滨：《改革开放以来中国公民权利成长的历史轨迹与结构形态》，《广东社会科学》2014年第1期。

和非均衡发展的特点。在现实中，国家一旦决心在公民的整个权利体系中将确认与保障公民某方面的权利诉求，就会在发展理念、政策文件与制度机制上予以体现，就会组织大量的资源投入，在中国这种治理模式下，其有效性是毋庸置疑的！就以上而言，对于公民权利生长的国家主导逻辑应有一种现实的认识与评价。但另一个方面，这种国家主导的逻辑对于公民权利生长亦有消极的影响。如果公权力对于秩序的稳定性认识僵化，如果公权力系统既有体制惰性与惯性太大，如果公权力系统中既得利益的阻力过大，那么，这种国家主导的局限性就难以避免。基于以上种种因素，国家就会对公民某些正常的权利诉求有所限制与束缚，在一定程度上压抑其成长。在这种情况下，自下而上的经济社会推动逻辑与自上而下的国家改革制约逻辑就会发生较为激烈的碰撞，公民权利诉求与国家权力制约就会形成较为激烈的对冲。在现实中，这种碰撞与对冲一方面表现为相关公民权利无法得到有效实现与保障从而导致社会不满情绪的产生、蔓延，以及相关社会问题的存在、积累；另一方面表现为国家权力面对不满与问题时态度上的犹疑不决，实践中的进退两难，甚至可能在刺激之下强化原有的观念与做法。实际上，越是在这种艰难情况下，公民相关权利诉求对于中国改革发展的推动作用往往就越大，因为其涉及公权力深层的观念、体制与利益问题。而一旦此领域内的改革有力推进，公民相关权利诉求获得有序、有效确认与实现，国家权力与公民权利的关系进一步优化，中国的改革发展必将突破重大的体制性障碍，获得更大的社会动力支撑。

从现阶段中国的改革实际来看，国家主导的这种消极作用比较突出地表现在对公民某些政治权利的选择性抑制或延迟上。"消极影响则主要是滞后了中国的政治改革进程。中国公民权利成长形态最明显的短板就是公民政治权利发展滞后、上下冷热不均，民众对于政治权利的高涨需求与供给短缺之间的矛盾突出，这不仅会逐步蚕食和掏空公民的知情权、参与权、表达权与监督权，而且会有损经济建设与社会建设的良好发展局面。"[①] 当然，改革开放以来，中国的政治民主建设也在逐步推进且成就较为明显，但毋庸讳言，相比于改革发展的现状趋势，相比于社会成

---

① 肖滨：《改革开放以来中国公民权利成长的历史轨迹与结构形态》，《广东社会科学》2014 年第 1 期。

员的权益诉求，政治体制改革的任务仍然艰巨而繁重，公民相关政治参与权利仍有待进一步的确认、实现与保障。后面"民主"一章对此还有更为具体的分析，兹不赘述。

这种政治权利的选择性抑制或延迟对于中国改革的影响是全局性与根本性的。

就全局性而言，当前改革的诸多难题，比如寻租腐败的治理、公平市场环境的塑造、利益关系的整合、收入分配的协调、社会建设的推进等，都离不开政治体制改革的进一步深化尤其是公民有效的民主参与。这是因为，在日益复杂的当代中国社会，公民政治参与作为枢纽影响国家整体治理水平的提升：以公民自主的利益表达、相互的交锋对话、充分的利益博弈为基础，公权力才有可能整合社会成员的利益诉求，做到科学决策、合理施政；充分的公民参与既可以实现对公权力的有效监督制约，又能够与其协同治理，提升治理的有效性；通过各阶层各群体的广泛参与和相互制衡，抑制强势精英的肆意，努力推动形成高层、精英与民众三者的良性互动。在今天的中国改革中，握有大量资源的既得利益群体作为阻力障碍横亘途中，在这种情况下，即使高层有改革的决心，顶层设计再合理明确，仅凭单方面的力量也难以推动改革的全面深化。如何规范既得利益群体的行为，尽可能解决其对改革决策或明或暗的抵制问题从而防止改革空转，是摆在中央高层面前的迫切任务。而对于社会公众而言，即使再有热情与动力，如果缺乏制度化渠道，也无法有效实现对既得利益群体的切实制约与均衡博弈。不论是有决心的上层，还是发育中的具有参与意识的社会力量，在面对掌握大量资源与机会的既得利益群体时都会势单力孤。在这种情况下，在积极加强各项制度建设的同时，将体制外的各方面力量进一步纳入体制之中，更好发挥公民的政治主体作用，形成高层与社会大众共同监督、制约、规范权力精英、资本精英与文化精英的格局，将会在各方博弈基础上为改革的深入提供更为强劲的动力支持。

就根本性而言，公民政治权利的这种选择性抑制或延迟不利于克服中国治理模式的深层局限，不利于中国国家治理向更高层次与水平的跃升。我们现有治理模式的一大特点是强调中央权威，决策执行自上而下逐级下降，体制内各级官员现实中主要对上负责，升迁从根本而言取决于上级,因之完成上级各项任务部署就成为其首要选择与主要考虑。我国学者荣敬本等人将这样一种决策执行体制称为压力型体制。"所谓压力型体制,指的是一级政治组织(县、乡)为了实现经济赶超,完成上级下达的各项指标而采取的数量化任务分解的管理方式和物质化的评价体系。为了完成经济赶超任务和各项指标,各级政治组织(以党委和政府为核心)把这些任务和指标,层层量化分解,下派给下级组织和个人,责令其在规定的时间内完成,然后根据完成的情况进行政治和经济方面的奖惩。由于这些任务和指标中一些主要部分采取的评价方式是'一票否决'制(即一旦某项任务没达标,就视其全年工作成绩为零,不得给予各种先进称号和奖励),所以各级组织实际上是在这种评价体系的压力下运行的。"① 荣敬本等人是在县乡层面与经济发展领域使用压力型体制这一概念的。实际上,压力型体制是整个中国治理模式所具有的特点,其也不仅限于经济领域而是广泛体现在经济、政治、文化、社会等各个领域的任务落实方面。在这种压力型体制下,领导干部既面临纵向自上而下的层层加码的任务完成压力,也面临着横向的区域之间、部门之间、领导干部个人之间政绩"锦标赛"的压力,优胜者得到奖励晋升,落后者则遭到批评乃至淘汰。

这种既有治理模式主要存在如下问题:其一,在这种自上而下的压力型体制下,集中精力完成上级任务成为体制内各级官员的必然选择,官员个人以及整个官僚体系往往很难有足够的时间与精力及时有效回应来自社会的大量具体化、多样化、迅疾化的民意诉求。上级强调的,他们自然高度重视;上级没有强调的,不在考核范围或者不易测度的任务内容,即使确为基层民众所需,他们也未必在很大程度上予以关注。在这种治理模式下,确实可以调动各级资源集中力量办大事,但基层民众的具体利益却往往被忽视、切身小事往往办不好,尽管从价值理念上讲"群众利益无小事"。进而言之,即使上级决策的任务目标、考核内容与基层的民意诉求具有一致的一面,权力治理的有效性达到一定程度后也较难在此基础上再有进一步的提升。这是因为,即使考核内容较为合理,

---

① 荣敬本等:《从压力型体制向民主合作体制的转变:县乡两级政治体制改革》,中央编译出版社1998年版,第28页。

为了对上级部门展示最大化的政绩，这种合理的考核指标也未必会以合理的方式来实现，甚至可能通过某些不尽规范的方式来予以完成，往往不论代价、不讲手段、不计后果。就此而言，不管任务目标与考核内容是什么，只要考核指标是由上级下达的并且依据这种考核结果进行官员选拔，那种不顾民众实际利益的对上负责的政绩最大化现象就难以避免。其二，在目前这种治理模式下，上级政策的制定在较大程度上依赖于主要领导者的个人偏好、认知和判断，地方层面尤其如此。如何避免决策的主观随意性，保障决策的科学性和合理性，确实是一个需要认真考虑与解决的问题。其三，也正是由于整个官僚体制的对上负责性，与整个社会在一定程度上实际是相对脱离的，没有完全有效地扎根在社会之中，由之出现系统性的官民疏离问题也就在所难免。这种一定程度的系统性官民疏离是长时间以来社会稳定、官民矛盾、干群矛盾等问题持续存在的一个重要体制性根源。我国学者张静在研究基层政权时，将基层政权与民众的这种关系结构称为一种"稳定性较低的基层结构"。之所以稳定性较低，就是因为在这种关系体制中，基层政权与"社会之间的利益关联处在脱节的结构中"[1]，而"分离的利益结构使得基层政权的立场导向授权者方，它的'服务'对象有相当部分是朝上的，社会利益的满足受到进一步的约束"[2]。正是由于这种官民疏离是系统性、体制性的，所以当前出现的诸多问题就不能单纯归咎于领导干部个人因素或仅仅视为作风问题，因为不论是个人还是作风都依存于一种制度体制，很大程度上由这种治理模式塑造形成。其四，压力型体制下，承受自上而下层层加码、层层限时压力的官员及其官僚系统会相应产生出应对压力的策略主义行为，这种应付性的策略主义行为的较为普遍存在使得决策的实施效果必然有所折扣，这即通常所讲的"上有政策，下有对策"。这种策略主义的行为包括各种形式、各个方面的作假，短期强动员的运动式治理，一级权力组织与直接上级权力组织相互配合、共谋应对更上一级，各种各样的人际关系运作，等等。在作为有风险的情况下，甚至消极不作为也是一种不影响职务稳定与晋升的行为策略。其五，为了政令与决策切

---

[1] 张静：《基层政权：乡村制度诸问题》，浙江人民出版社2000年版，第82页。
[2] 同上书，第37页。

实贯彻,压力型体制的各个层级之间自上而下应有严格的规范督促。然而,由于存在信息不对称等一系列委托代理难题,由于地方层面的民众参与还有待进一步发展,这种自上而下的监督不能不是成本巨大而效果受限的!实际上,以上所述的地方特别是基层的各种策略主义行为很大程度上正是以此为存在土壤的。在这种监督制约体制下,出现瑞典著名经济学家缪尔达尔所说的中央政令贯彻能力退化、中央权威在地方层面层级消减的"软政权化"现象就难以避免。综合以上五个方面,在高度评价现有治理模式巨大作用的前提下,还必须要清醒地认识到其弊端与治理效能的限度。"中国的体制肯定有制度优势,但也有劣势。确立制度自信不仅还要清楚地认识到自身的优势,还要客观地正视并积极地克服自身的弱点,特别要避免因防范机制不足而导致系统性溃败的风险。"[1]

  治理模式存在以上问题的原因当然很多,但根本一点,就是政治民主不健全,自下而上的公民政治参与不足,对官员的影响与制约能力不足,导致各级官员过度对上负责,没有实现对上负责与对下负责的有机统一。针对这些方面的问题与不足,推进公民多领域、实质性、有序而积极的参与极为必要。所谓多领域,是指公民参与应体现在部门、地方特别是基层官员的人事选任、政绩评价、监督制约,体现在包括立法与决策在内的公共治理等多个领域,具有广泛性。所谓实质性,是指公民参与不能形式化,不能沦为地方或部门装点门面的摆设,而应对公共治理特别是相关官员的任免与政绩评价发挥切实作用。而对官员任免与政绩评价切实发挥作用也就意味着官员政绩考核体制乃至更深一层的授权体制方面的改革,意味着人民当家作主理念的进一步落实与公民主体地位的进一步实现,意味着包括执政党在内的公权与民权在治理中关系架构的进一步合理化调整。所谓有序而积极,是指公民的民主参与当然不能推进得过快过急以致失序失控,但面对问题的积聚与形势的需要也不能被动拖延,特别是一些涉及官员授权体制的重大改革措施可以考虑在乡镇乃至县域层面进行试点。

  公民这种多领域的实质性参与可以有针对性地较好解决既有治理模式的深层局限。其有利于推动各级官员改变单纯对上负责的理念与做法,

---

[1] 燕继荣:《国家治理及其改革》,北京大学出版社 2015 年版,第 194 页。

更为直接地对本区域内的民众负责。对于地方特别是基层而言，在逐步合理划分各级事权的基础上，公民的广泛参与使其可以主动直面民众大量鲜活的具体诉求而不必完全被动束缚于上级的硬性指标，从而在与民众的回应、互动与合作中提高治理效能。地方特别是基层官员对本地情况更为熟悉，相对于落实那种硬性的、层层加码、激励强度过大、甚至有时脱离实际的任务指标，将精力更多用于思考符合本地实际的发展，用于本地民众需求的采集、诉求的回应、问题的解决，整体难度相对要小，承受压力相对也要小，对他们来说，这实际上是一种相对减负。由于直接面对社会公众，解决的又是相对熟悉的地方性事务，各级官员刻意的策略主义行为既无多大可能，也无多大必要。在这种情况下，大量的问题、诉求与矛盾在地方和基层就可以得到较为有效的回应与解决，而不会逐步积累上升，既有压力型体制下各级官员及其官僚体系与整个社会的系统性疏离问题也可以得到较好的解决。并且，由于自下而上的异体参与与自上而下的同体监督形成了监督制约的合力，公民的实质性有序参与实际上也形成了对中央权威的极大支持。

　　以上分析说明，政治民主的健全完善，公民有效有序的实质性政治参与有助于克服既有治理模式的根本性局限，实现治理效能的有效提升。既有治理模式的合理化调适乃大势所趋！公共权力与公民权利关系的进一步理顺、优化必将更好释放双方的治理潜能，特别是进一步释放民众中蕴含的巨大治理能量，形成更大的治理合力，推动中国特色社会主义迈向更高境界！

第五章

公民权利作为中国特色社会主义的价值目标

对地方、企业特别是对公民的分权、放权与赋权对于中国特色社会主义的开创具有决定性意义。不仅如此，对现实生活世界的回归、对现实公民权利日益增进的关注与维护也是改革开放以来中国主流意识形态的价值取向，公民权利逐步的制度性确认与完善化保障是中国特色社会主义价值目标的根本一维。对比改革开放前后中国主流意识形态的价值理念特别是对社会主义本质的不同认识，对于这一点就可以形成更为深入的理解。

第一节 传统意识形态与现实的巨大张力

新中国成立以后到改革开放以前，我们所奉行的是一种伦理性的、目标极其高远、对社会生活控制极其严密、带有领袖魅力色彩的意识形态模式。按照这样一种意识形态模式，共产主义的实现并不在遥远的未来，而是当下就可以推进建设、已见曙光乃至很快就能实现的历史近景事业。然而，历史发展的应然预设与实然结果之间往往存在不一致，在这种意识形态模式指导下展开的社会实践与这种意识形态之间产生了巨大的张力。其根本原因就在于，中国社会的现实历史任务是实现现代化，而共产主义所提供的却是超现代性的理想图景。

马克思主义的共产主义蓝图是在对资本主义批判基础上提出的。在马克思看来，资本主义市场经济是人类社会发展继"人的依赖"阶段之后的第二种社会形态,即"以物的依赖性为基础的人的独立性"阶段,共产主义社会则属于又在这之后的第三种社会形态,即以生产资料的社会占有为基础的人的自由个性阶段。而资本主义市场经济所主张的权利都是资本的权利、个人主义的权利,实际上都表现着个体的孤立性、与他人的分离性,只能实现人的政治解放而不能实现人的社会解放。在《论犹太人问题》中,马克思对资本主义的各项公民权利进行了深刻的批判。"所谓的人权,不同于 droits du citoyen[公民权]的 droits de l'homme[人权],无非是市民社会的成员的权利,就是说,无非是利己的人的权利、同其他人并同共同体分离开来的人的权利。"①"自由是可以做和可以从事任何不损害他人的事情的权利。每个人能够不损害他人而进行活动的界限是由法律规定的,正像两块田地之间的界限是由界桩确定的一样。这里所说的是人作为孤立的、自我封闭的单子的自由。"②"自由这一人权不是建立在人与人相结合的基础上,而是相反,建立在人与人相分隔的基础上。这一权利就是这种分隔的权利,是狭隘的、局限于自身的个人的权利。"③"私有财产这一人权是任意地(à son gré)、同他人无关地、不受社会影响地享用和处理自己的财产的权利;这一权利是自私自利的权利。"④"平等,在这里就其非政治意义来说,无非是上述自由的平等,就是说,每个人都同样被看成那种独立自在的单子。"⑤"安全是市民社会的最高社会概念,是警察的概念;按照这个概念,整个社会的存在只是为了保证维护自己每个成员的人身、权利和财产。……市民社会没有借助安全这一概念而超出自己的利己主义。相反,安全是它的利己主义的保障。"⑥"可见,任何一种所谓的人权都没有超出利己的人,没有超出作为市民社会成员的人,即没有超出封闭于自身、封闭于自己的私人利益和自己的私人任意行为、脱离共同体的个体。在这些权利中,人绝对不是类存在物,相反,类生活本身,即社会,显现为诸个体的外部框

---

① 《马克思恩格斯文集》1,人民出版社2009年版,第40页。
② 同上书,第40页。
③ 同上书,第41页。
④ 同上。
⑤ 同上。
⑥ 同上书,第42页。

架，显现为他们原有的独立性的限制。把他们连接起来的唯一纽带是自然的必然性，是需要和私人利益，是对他们的财产和他们的利己的人身的保护。"[1] 但是，市场经济以及以之为基础的各项公民权利恰恰是自16世纪发端的现代社会之现代性的基本特征。马克思所提出的共产主义社会——生产资料完全社会所有、生产关系高度计划性、生活中的普遍自主、每一个人的全面自由发展，在很大程度上所展现的并非一个以市场经济为基础的现代社会就可以大规模实现与操作的理想图景。这一图景建立在对现代社会之现代性的批判与扬弃之上，具有超现代性，是超越现代市场经济阶段的未来社会的状态景象。

将这样一种超现代性的图景应用于生产力落后的新中国，会怎么样呢？实际上，中国社会当时远非一个现代社会，甚至直至今天也不能完全说已经是一个现代社会，现代化仍是一项根本性的任务。就此而言，我们所需要的不是否弃现代性，而是拥抱现代性，尽管可能需要根据现代性已经暴露出来的问题对其进行纠偏。中国社会需要现代化，缺乏现代性，而作为指导思想的马克思主义所提供的理想图景又是超现代化，批判现代性的。这就是说，新中国成立后，我国的现代化实际是在一种超现代性的意识形态指导下进行的——当然，这一意识形态经历了苏联模式这一中介。这一事实本身就决定了中国现代化推进的艰难：即使在某一方面单维推进能够取得一定成绩，但总体而言的效果却是不理想的。在这种情况下，超现代性的理论与欲建构现代性的现实之间就产生了巨大的鸿沟。毛泽东所提出的马克思主义与中国具体实际的第二次结合之所遭受严重挫折，根本原因正在于此。也就是说，我们社会实际需要的理想图景与我们在理论上坚持的理想图景并不相符、并不一致，甚至相差甚远。当我们硬要按照这种超现代性的理想图景来改造现实时，尽可能地消灭商品、消灭市场，消灭私有制建立纯粹公有制就成为必然，但建立的公有制与实行的计划经济很大程度上存在问题也就成为必然。这样分析，并不是否定马克思主义基本原理与方法论的普遍指导意义，而是为了指出在原理与方法论指导下马克思恩格斯得出的未来理想图景与中国现实的这种内在张

---

[1] 《马克思恩格斯文集》1，人民出版社2009年版，第42页。

力。而在当时，这样一种张力总体而言主要领导人并未认识到。之所以强调总体而言，是因为党和国家领导人在不同场合、不同情况下也强调过不能急于过渡，也强调过商品经济的发展和对价值规律的遵循，但主导性的认识是，马克思对于共产主义基本经济制度的论述要尽可能、尽快地适用于中国现实。当然，新中国成立后高度集中的计划体制与公有模式的建立有着多方面的原因，但这种意识形态的考虑起着极大的作用。

与这种意识形态相适应，新中国成立后，经济方面，参照马克思恩格斯有关共产主义及其过渡时期各种制度措施之论述，社会主义的本质被归结为单纯公有制、计划经济与平均分配"三位一体"的制度结构或制度模式。当时认为，坚持了这一结构就是坚持了社会主义。撇开其他原因不论，这样一种结构式理解的一个深层原因就在于当时人们在思维的无意识中将马克思针对经济制度的理想规定等同于现实中生产力持久有效发展的可能性乃至必然性本身，等同于现实中人民的发展与幸福本身，也就是说，认为采用马克思恩格斯所讲的这种理想制度形态必然会促进生产力的发展与社会的进步，促进人民的幸福与发展。这是一种应然的认识逻辑。这种认识虽未明确，却一直隐含在人们的思维深处。"传统的社会主义观是一种结构主义的社会主义观。结构主义的社会主义观，倾向于把结构看作第一位的、神圣的、不可更改的；而社会主义的功能则是第二位的、派生的。只要有理想的结构，便会有理想的功能。这种社会主义观盲目地崇拜结构，而不是着眼于社会主义的功能，是一种颠倒目的与手段关系的社会主义观。"[1]

现在看来，这种思维逻辑是存在很大问题的。确实，按照马克思的理论预设，"共同使用全部生产工具和按照共同的协议来分配产品"[2] 是共产主义社会在生产关系方面的规定，而生产资料的社会所有与计划调节能够破除资本主义私有制对生产力发展的桎梏与束缚，能够极大地推动生产力的发展，生产出极大丰富的物质产品，而生产力的发达与产品的丰富又不断满足着人们日益增长的各种需要，使人们具有了愈益增多

---

[1] 欧健：《毛泽东邓小平社会主义观比较》，中国社会科学出版社2014年版，第115页。
[2] 《马克思恩格斯文集》1，人民出版社2009年版，第683页。

的自由时间，为每一个人的自由全面发展与社会关系的高度和谐奠定必要的物质基础。如果说生产资料的社会所有与高度的计划调节是共产主义在经济制度方面的规定，生产力的发达与各类产品的丰富就是共产主义在物质条件方面的规定，而人的自由发展与社会关系的和谐优化则是共产主义在根本价值方面的规定。依照马克思主义创始人的理论逻辑，在这三种规定中，经济制度的规定服务于物质条件的规定，而物质条件的规定又最终服务于根本价值的规定。换言之，就共产主义的理念而言，经济制度的规定、物质条件的规定与根本价值的规定三者是内在统一的，统一于每个人的发展幸福与整个社会的和谐共生。

那么，这种理论逻辑层面的贯通在现实层面能否有效实现呢？应该看到，理论推演针对未来，是一种抽象的逻辑分析和观念预设，而现实则针对当下，鲜活、生动而具体。理论与现实、未来与当下、抽象与具体、逻辑与经验、预设与实际，两者确有不同，毕竟不能合二为一。就此而言，尽管在共产主义的理念层面这三重规定可以内在贯通，但脱离这样一种逻辑上的理想语境，现实社会主义建设与发展到底该采用何种经济制度模式却并不是已然明了的，经典作家针对理想语境的论述是否能直接搬用于现实也并非不成问题，而是需要存疑与反思，因为具体历史语境已经变化了。

现在来看，现实社会主义国家建立之初在经济方面"三位一体"制度模式的确立虽有某种合理性，但实际上是将马克思恩格斯在理想语境下针对经济制度的论述作为确定不变的先验蓝图来看待了。"蓝图的意思是：社会主义究竟是什么和应该是什么样子，马恩的科学社会主义体系早就给我们设计好了，它科学、准确而完整，犹如摆在面前的一纸工程蓝图"。"当我们仅仅把马恩的结论当作蓝图的时候，无意中就使自己进入'施工队'的角色。'施工队'的任务只是按图施工，保证质量，不能按照自己的情况去增减图纸上的东西；……于是，在过于强化的'蓝图'意识下，社会主义实践者们反而失去了某些主动性和创造性。……有了图纸就有了具体详细的标准，什么合格什么不合格等都一清二楚。……在每一项工作和每一个环节中，哪个姓'社'哪个姓'资'、什么是什么非、该怎样不该怎样等，都得拿来对照检验，凡事可以问个清楚明白。"① 既然如此,对于事物就必然不讲功能而先定性。

这种对于社会主义的机械工程论理解将马克思主义创始人在特定条件下的论述绝对化了,由之所引出的"三位一体"的经济结构被放大、被教条化了。现在来看,当时我们搞社会主义建设,在很大程度上并没有从当下的实际与实践出发,尽管我们一直强调也希望如此,而是从先验的绝对化的原则理念出发。但是,对社会主义的这种结构式理解,这种从书本出发的制度模式在实际中并没有发挥出促进经济持续发展与社会普遍幸福的功能,社会成员多方面的权利需求无法得到有效满足,社会主义的优越性没有充分发挥出来。就像邓小平在评价毛泽东时指出的:"不是说他不想发展生产力,但方法不都是对头的,例如搞'大跃进'、人民公社,就没有按照社会经济发展的规律办事。"② 换言之,在共产主义理想中经济制度规定、物质条件规定与根本价值规定的内在统一在现实实践中不仅无法达到与实现,传统的社会主义意识形态理念与社会现实之间更是存在着一种紧张关系。这种紧张关系表现在:我们曾经极力宣传的意识形态的优越性在现实中迟迟没有得到充分证明,意识形态自身的合法性日益成为问题。现实的不发展特别是物质产品的匮乏无法证明意识形态所宣扬的优越性,自认为目标宏大、理想高远、无比优越的意识形态也解释不了现实的长期落后状况。这样,在意识形态与现实状况之间就存在着一种断裂,一种理想与现实对比非常鲜明的断裂。面对这种紧张与断裂,对于现实社会主义而言,要显示其社会主义本质,显示社会主义的优越性,是继续保持其僵化的经济结构模式呢?还是寻求新的经济结构模式以发展生产力并进而在此基础上推进社会成员的发展与幸福呢?也就是说,是选取共产主义的经济制度规定呢?还是选取共产主义的物质条件规定与根本价值规定呢?中国特色社会主义选取了后者。

---

① 李德顺:《"什么是"和"如何建"的统一——社会主义思维方式的跃迁》,《中国青年报》1998年10月1日。

② 《邓小平文选》第三卷,人民出版社1993年版,第16页。

第二节　社会主义本质：从"传统制度论"转向"现实功能论"

今天来看，这种新旧经济制度结构的抉择与更替是一个在自我批判基础上"摸着石头过河"的过程。它首先需要破旧，然后才能立新，而破旧就需要质疑、需要反思。1982年9月，邓小平在陪同朝鲜劳动党中央委员会总书记金日成到四川参观访问途中，曾经就"什么是社会主义、怎样建设社会主义"的问题一连提出了六个反问：一问"国家这么大，这么穷，不努力发展生产，日子怎么过"？二问"我们人民的生活如此困难，怎么能体现出社会主义的优越性"？三问"社会主义必须大力发展生产力，逐步消灭贫穷，不断提高人民的生活水平。否则，社会主义怎么能战胜资本主义"？四问"不努力搞生产，经济如何发展"？五问"社会主义、共产主义的优越性如何体现"？六问"我们干革命几十年，搞社会主义三十多年，截至一九七八年，工人的月平均工资只有四五十元，农村的大多数地区仍处于贫困状态。这叫什么社会主义优越性"[1]？就此而言，社会主义要体现自身优越性，就必须关注人们的现实生活，满足人们的现实诉求，解决人们的现实问题。这六个问题的提出表明以邓小平为代表的中国共产党人已经深深认识到传统的体制与做法必须改变，改革势在必行。

既然不能再从纯粹公有制与计划经济的教条化制度结构来理解社会主义本质，那么，现实社会主义的本质是什么呢？邓小平在1986年曾提出，"社会主义基本原则，第一是发展生产，第二是共同富裕"[2]。在1992年的"南巡讲话"中，邓小平进一步发展了这一认识，明确提出："社会主义本质，是解放生产力，发展生产力，消灭剥削，消除两极分化，最终达到共同富裕。"[3] 换言之，是社会主义应该具有的功能，应该实现的价值，应该从功能和价值的角度来理解现实社会主义的本质。相

---

[1] 《邓小平文选》第三卷，人民出版社1993年版，第10页。
[2] 同上书，第172页。
[3] 同上书，第373页。

比于传统"教条制度论"的社会主义本质观,这一观点可以称为"现实功能论"的社会主义本质观。邓小平著名的"猫论"不过是这一"现实功能论"本质观的形象说法而已。"生产关系究竟以什么形式为最好,恐怕要采取一种态度,就是哪种形式在哪个地方能够比较容易比较快地恢复和发展农业生产,就采取哪种形式;群众愿意采取哪种形式,就应该采取哪种形式,不合法的使它合法起来。……刘伯承同志经常讲一句四川话:'黄猫、黑猫,只要捉住老鼠就是好猫。'这是说的打仗。我们之所以打败蒋介石,就是不讲老规矩,不按老路子打,一切看情况,打赢算数。现在要恢复农业生产,也要看情况,就是在生产关系上不能完全采取一种固定不变的形式,要看哪种形式能够调动群众的积极性就采用哪种形式。"①

按照这种理解范式,凡是能够推动生产力发展、人的发展与社会和谐的,凡是符合"三个有利于"标准的,凡是能够实现社会主义功能与价值的制度结构我们都可以采用。不仅经济领域如此,其他领域亦是同理。要按照社会主义应该具有的功能来选择制度结构,改革制度结构。制度不是不能变的,制度结构归根结底服务于要实现的功能。这样,原先的制度规定被消解了,对社会主义本质的理解突破了具体制度结构的层面而深入到功能的层面,亦即不再纯粹从结构着眼,而是从功能着眼,不是先定性,而是先重实效。这种理解无疑更为深刻,也更具哲学意义。"功能主义的社会主义观认为,功能始终是第一位的,结构只有在具有社会主义的功能时,才是社会主义的结构。马克思和恩格斯虽然对理想社会结构进行过设想,但他们不主张把理想社会结构绝对化和神圣化。他们之所以设想这样的结构,完全是因为他们预期这种结构具有促进生产力发展,最终消灭剥削、消除两极分化的功能,至于这种结构究竟是否可行,最终还要接受实践的检验。……人类追求社会主义的最终目的正是为了人的自由全面发展。在唯物史观中,始终贯彻着的也是功能高于结构的基本思想。"② "马克思、恩格斯从不抽象地推崇任何结构性质的东西。在他们看来,人的各种需要及其满足,这才是最根本、最重要的事

---

① 《邓小平文选》第一卷,人民出版社1994年版,第323页。
② 欧健:《毛泽东邓小平社会主义观比较》,中国社会科学出版社2014年版,第115页。

情。……他们发现的历史规律也表明,生产关系、上层建筑中的制度性、规范性的东西,并不是最重要、最根本的东西。真正最重要、最根本的东西实际是人的需要及其满足,以及为满足这些需要所必需的各种物质、社会生活条件的创造。因此,一切属于制度性、规范性的东西都不是独立自在的和神圣不可侵犯的,归根到底,它们的去留取舍都要取决于它们的社会功能,即取决于它们能否适应为满足人的需要所必需的生产力和社会发展的实际需要,是否真正具有满足人的需要的实际功能。"①

邓小平"现实功能论"的社会主义本质观对于后来中国特色社会主义的发展影响极为深远,其对中国特色社会主义理论创新与实践创新的巨大指导意义是我们都能切实体会到的。不论是江泽民提出的"三个代表"重要思想,尤其是促进人的全面发展是社会主义本质要求的理念,还是胡锦涛提出的以"以人为本"为核心的科学发展观,尤其是社会和谐是中国特色社会主义本质属性的观点,还是习近平提出的"国家富强、民族振兴、人民幸福"的中国梦,尤其是以人民为中心的发展思想,所体现的实际都是这种功能论的思维方式。当然,邓小平对社会主义本质的认识还主要是经济层面的,后来者的认识则在总结实践经验教训的基础上进一步拓展,除了生产力的有效合理发展外,也愈益关注人本身的发展幸福、整个社会的公正和谐与改革成果的共享,以"人的尺度"统领与整合"物的尺度"。就整个中国特色社会主义的形成与发展来看,可以说,这样一种功能论的本质观更为侧重马克思共产主义理念的物质条件规定与根本价值规定,比单纯从经济制度的僵化规定来理解社会主义更接近马克思主义的真实精神,实现了对马克思主义创始人共产主义本质思想的正本清源与返本开新。

怎样理解"什么是社会主义",决定了"如何建设社会主义"。既然对社会主义本质的理解从"抽象制度"转向"现实功能",从"教条结构"转向"实际价值",那么,社会主义建设就不能再好高骛远,就必须在相当程度上放弃对原先高调、抽象理念的固守,放低姿态、与现实对接,真正"卷入平凡的日常生活"。当然,这样一种与现实的对接与卷入并不是说社会主义意识形态不应再具有理想性与目标图景,而是说社会

---

① 王占阳:《新民主主义与新社会主义》,中国社会科学出版社2004年版,第15—16页。

主义意识形态在其高远的共产主义理想之外，还必须有相对近景的目标蓝图，这种目标图景必须基于人们的现实生活而提出，必须以维护与保障人们的现实权益为基础，只有这样的意识形态蓝图才具有实践性与吸引力，才能得到广大民众的持久认同与支持。过于高远的意识形态信仰对于少部分精英可以，对于大部分社会成员来说毕竟不行。

改革开放的实践开启了社会主义意识形态回归现实生活世界的过程。以经济商品化与市场化为基础的这一过程有效激发了广大社会成员的权利意识与利益诉求，也正是在这一过程中，对公民现实权利的关注与保障逐步成为中国特色社会主义的实质性价值维度。因为不论是生产力的发展、社会的和谐还是人的发展，在现实中都必须具体落实在可明确、可操作、可维护、可救济的各项公民权利上。进而言之，这一过程实际上也是社会主义意识形态反思自身，重建自身合法性的过程。不管一种意识形态的最终目标多么高远，如果缺乏现实性的人文关怀，如果缺少世俗性的一面，其合法性总是大打折扣的。尤其是在以市场经济与民主政治为基础的现代社会，人们已经被利益和主体性价值观双重启蒙，意识形态必须具有强烈的现实关怀，为人们的权利声辩或代言，才能真正赢得自身的合法性。

第三节　意识形态关注公民权利的现实效应

社会主义意识形态由固守抽象制度转向关注现实功能，由更关注高远理想转向更关注公民权利，这种关注目标与价值理念的重大调整与转变必然引发系列的现实效应，引起中国社会主义建设整个任务目标、观念意识、思维取向、制度体制的巨大变化。对此可从以下四个方面予以把握。

其一，就党和国家的根本任务来讲，关注现实的公民权利意味着基本的政策取向必然要强调发展。

强调发展实际上是意识形态与现实对接，回归现实生活世界的必然结果。而着眼现实问题、破解现实挑战、关注现实需求的发展本身也成为证明意识形态合法性的一个有力因素。一般而言，人们对一个以发展为姿态的意识形态是不会拒斥而极易认可的。从邓小平"发展是硬道理"

的深刻总结，到江泽民"发展作为党执政兴国的第一要务"的著名论断，再到胡锦涛"科学发展观"的重大战略思想，直到今天习近平"创新、协调、绿色、开放、共享"的新发展理念，对发展的必要性认识愈益清醒，对发展的科学性认识愈益深入，对发展的阶段性认识愈益明确。在新的历史起点上，习近平总书记尤其强调发展的顶层设计与全面推进："我们要坚持发展是硬道理的战略思想，坚持以经济建设为中心，全面推进社会主义经济建设、政治建设、文化建设、社会建设、生态文明建设，深化改革开放，推动科学发展，不断夯实实现中国梦的物质文化基础。"[①]强调发展表明什么呢？表明社会主义的优越性不是一个理论演绎的问题，而是一个实践的问题。如果现实的发展取得了巨大成功，社会成员的利益需求得到有效满足、权利诉求得到有效实现，社会主义就会表明自身的优越性。反之，这种优越性是无法证明的。

在意识形态回归现实生活世界所引起的发展效应中，对科学技术的重视是一个极为重要的向度，尤其值得关注。一方面，科学技术凭借对生产力与社会发展的巨大功效为意识形态向生活世界的回归奠定现实基础，为解决新时期意识形态的合法性问题提供助力，因为新时期意识形态的合法性很大程度上依赖于实际的发展绩效。"第一位的生产力——国家掌管着的科技进步本身——已经成了〔统治的〕合法性的基础。"[②] 另一方面，科学技术本身内蕴的理智化、工具化、明确化、计算化的思维方式对传统意识形态的抽象性与超验性也具有巨大的祛魅作用。为传统意识形态祛魅，为意识形态的世俗化提供助力，这说明科学技术对于意识形态的调适与转换而言，具有破旧立新的巨大功效。在此意义上，中国改革开放以来对于科学技术的高度重视与不断强调也就可以理解了。

其二，就社会主义建设的推进而言，关注现实的公民权利意味着意识形态必然强调基于实践的各方面创新。

传统的意识形态侧重于未来的高远理想，社会成员的现实权益很大程度上被忽视了。而对现实生活世界的回归，则意味着意识形态再也不

[①] 《习近平谈治国理政》，外文出版社2014年版，第41页。

[②] 〔德〕哈贝马斯：《作为"意识形态"的技术与科学》，学林出版社1999年版，第69页。

能以传统封闭式的、长期固守的价值框架来获得认可,意味着其必须以当下的实践为关注点。理论是抽象的、灰色的,而实践则是生动的、具体的,现实的实践包含着民众的具体诉求、体现着大众的鲜活意愿。正因此,只要有足够的自主空间,能动的实践活动本身就会孕育创新变革的因素,因为这种创新变革可以更好、更有针对性地满足民众的利益诉求。而正如上文已经指出的,人的利益需要与权利诉求具有丰富性和递进性,是一个发展着的开放系统。就此而言,满足民众需要的实践活动本身也就具有了持续创新的内在动力。

相比于传统社会,实践的这一创新特征在以市场经济为基础的现代社会表现得尤为明显。可以说,现代生活恰恰是以急剧的变化和迅速的发展为其特点的。既如此,在不断变化的生活世界面前,关注公民现实权益的意识形态本身也必然要强调变革、调适与创新,不然就无法与迅速变化的社会实践对接。由之就可以明白,为什么创新成为现时代的一种基本精神。进一步讲,当一种意识形态以一种创新求变的姿态出现时,这种意识形态往往仅仅因为这种姿态本身就能够赢得人们一定的合法性认同,因为这种姿态至少在形式上意味着这种意识形态具有不甘封闭落后而与时俱进、追求先进、更好地向人们的生活实践靠拢的倾向。这时,创新就不仅仅是现代性意识形态本身的一个特征,而已经成为其内在部分了。正是通过不断创新、赋予自身新的时代性内涵,社会主义意识形态才有效增强了对社会现实问题的解释、解决与规约能力,才成为有生命力的意识形态,才较好地发挥了其合法化的论证与支持功能。

实际上,改革开放以来我国社会主义实践不断展开的过程就是社会主义意识形态不断创新以及以此为前提的各方面创新不断推进的过程。时至今日,我国社会主义意识形态的创新已经常态化,改革开放以来,邓小平理论、"三个代表"重要思想、科学发展观以及习近平新时代中国特色社会主义思想一脉相承又与时俱进。而在改革全面深化的今天,面对众多的问题与挑战、面对体制机制的桎梏、面对利益藩篱的束缚、面对宏大的目标愿景,可以看到,主流意识形态更是把创新放在极其重要的位置,高度重视、反复强调。"坚持创新发展,把创新摆在国家发展全局的核心位置,不断推进理论创新、制度创新、科技创新、文化创新等各方面创新,让创新贯穿党和国家一切工作,让创新在全社会蔚然成风。"① 确实,非如此不能有效攻坚克难,非如此不能有效破旧立新,非如此不能更好体现改革的人民性、公平性与共享性。在很大程度上可以说,中国特色社会主义的开创有赖于思想解放与制度创新,中国特色社会主义的推进与发展亦赖于此,而贯穿这一过程始终、作为推动力量的,正如上述,则是广大民众那真实的权利要求与内在的利益追求。

其三,就改革的各项工作而言,关注现实的公民权利意味着评判其成败得失的最根本标准必然是能否把现实的人作为尺度,真正以人民为中心。

改革作为一项系统工程,评判其各项工作成败得失的标准亦是多方面多维度的:经济的发展、制度的健全、秩序的稳定、社会的公正,等等。早在改革开放之初,邓小平就提出了判断改革的生产力标准。1992年,邓小平在"南巡讲话"中又提出了著名的"三个有利于"标准,即是否有利于发展社会主义社会的生产力,是否有利于增强社会主义国家的综合国力,是否有利于提高人民的生活水平。在改革大幕开启40年后的今天,中国的改革发展又到了一个新的瓶颈期和重要节点。全面深化改革的关键阶段,习近平总书记在2016年2月召开的中央全面深化改革领导小组第二十一次会议上,明确提出要把是否促进经济社会发展、是否给人民群众带来实实在在的获得感,作为改革成效的评价标准。在2016年12月5日召开的中央全面深化改革领导小组第三十次会议上,总书记进一步指出,要总结经验、完善思路、突出重点,提高改革整体效能,扩大改革受益面,发挥好改革先导性作用,多推有利于增添经济发展动力的改革,多推有利于促进社会公平正义的改革,多推有利于增强人民群众获得感的改革,多推有利于调动广大干部群众积极性的改革。习近平的"两个是否"与"四个有利于"与邓小平的"三个有利于"既一脉相承,又与时俱进、既指明了新起点、新阶段上改革的方向,又提供了新起点、新阶段上更为完善的改革评价标准。特别是获得感作为一个评判标准的提出尤其具有针对性。获得感是相对于不公平感与相对剥

---

① 《中国共产党第十八届中央委员会第五次全体会议公报》,"新华网"http://news.xinhuanet.com/politics/2015 - 10/29/c_1116983078.htm。

夺感而言的，这一新标准的提出超越了以往主要从经济方面评判改革成效的思维，体现了发展与公平的统一，突出了评判改革的大众心理维度。

确实，尽管改革的评价标准众多，但所有方面的改革绩效最终必须落实到公民的实际权益满足与真实感受上才是合理的。如前所述，按照马克思的理论逻辑，每个人的自由发展与普遍幸福、社会关系的高度和谐与全面优化是共产主义的价值追求，也是共产主义作为一种社会形态在价值规定上与以往社会的根本区别。对于共产主义理念而言，生产关系的制度规定与生产发展的物质条件规定都服从并服务于这一根本的价值规定。可以说，共产主义的价值规定奠定了科学社会主义思想的价值基调，也提供了判断现实社会主义改革与发展成效的根本价值尺度。现实的社会主义虽然无法企及共产主义的理想之境，但是，在历史情势所提供的可能性范围内，保障个体的权利与自由、推进个体的发展与幸福，努力实现社会关系结构的合理化，仍是其不可推卸的责任与使命。就此而言，社会成员的权利实现与否及其程度、自由发展与否及其程度，获得感及其程度、幸福感及其程度，社会关系结构的优化与否及其程度，应是衡量现实改革成效的核心尺度或元尺度。正如习近平总书记强调指出的："全面深化改革必须以促进社会公平正义、增进人民福祉为出发点和落脚点。"[①] "我们要顺应人民群众对美好生活的向往，坚持以人民为中心的发展思想，以保障和改善民生为重点，发展各项社会事业，加大收入分配调节力度，打赢脱贫攻坚战，保证人民平等参与、平等发展权利，使改革发展成果更多更公平惠及全体人民，朝着实现全体人民共同富裕的目标稳步迈进。"[②] "把以人民为中心的发展思想体现在经济社会发展各个环节，做到老百姓关心什么、期盼什么，改革就要抓住什么、推进什么，通过改革给人民群众带来更多获得感。"[③] 在改革的攻坚阶段与关键时刻，以现实的人作为尺度，关注公民权利，牢固确立以人民为中心的发展思想对于改革的深入推进无疑具有极为重要的价值定向意义！

---

① 《习近平谈治国理政》，外文出版社 2014 年版，第 96 页。
② 习近平：《在庆祝中国共产党成立 95 周年大会上的讲话》，"新华网" http：//news.xinhuanet.com/politics/2016－07/01/c_1119150660.htm。
③ 《习近平主持召开中央全面深化改革领导小组第二十三次会议》，"中国共产党新闻网" http：//cpc.people.com.cn/n1/2016/0419/c64094－28285555.html。

其四，就国家治理而言，关注现实的公民权利意味着在治理方式上必然愈益注重制度的健全与完善。

在传统意识形态强大的时候，人们对此是高度认同的。在这样一种具有高度思想共识的情况下，意识形态本身发挥着有效的整合与凝聚功能，一种高度理想的价值观念告诉人们在思想上应如何认识，现实中应如何行为。这时候，以明确权利义务、权力责任，以规范和惩诫为目的的完善制度系统是不可能发展起来的，也是不必要的。再一个，改革开放以前，领袖的高度个人权威也具有强大的凝聚与整合作用，权力的随意性、专断性也在根本上影响着制度的规范与完善。但是，当这样一种领袖个人权力高度集中、高共识的意识形态模式衰落以后，当世俗社会中的人们渐趋原子化以后，社会就需要对各个原子进行调节与整合。这种调节与整合尽管再也无法完全约束人们的内心，但可以有效约束人们的行为。再一个，市场经济本身作为契约经济以及以市场经济为基础的现代社会也有强烈的规则要求。因此，改革开放以来，具有一致性与普遍效力的规则与制度在愈益世俗化与复杂化的中国社会得到了高度重视与反复强调。

改革之初，针对历史的经验教训，邓小平就深刻认识到了制度建设的重要性，强调制度问题更带有根本性、全局性、稳定性和长期性。1992年"南巡讲话"中，他指出："恐怕再有三十年的时间，我们才会在各方面形成一整套更加成熟、更加定型的制度。在这个制度下的方针、政策，也将更加定型化。"① 在改革的全面深化阶段，党的十八届三中全会进一步提出，全面深化改革的总目标是完善和发展中国特色社会主义制度，推进国家治理体系和治理能力现代化。并且，全会根据邓小平对制度建设的顶层设计明确提出，到2020年，在重要领域和关键环节改革上取得决定性成果，形成系统完备、科学规范、运行有效的制度体系，使各方面制度更加成熟、更加定型。针对于此，习近平总书记也特别强调指出："今天，摆在我们面前的一项重大历史任务，就是推动中国特色社会主义制度更加成熟、更加定型，为党和国家事业发展、为人民幸福安康、为社会和谐稳定、为国家长治久安提供一整套更完备、更稳定、

---

① 《邓小平文选》第三卷，人民出版社1993年版，第372页。

更管用的制度体系。"① "国家治理体系和治理能力是一个国家制度和制度执行能力的集中体现。国家治理体系是在党领导下管理国家的制度体系,包括经济、政治、文化、社会、生态文明和党的建设等各领域体制机制、法律法规安排,也就是一整套紧密相连、相互协调的国家制度;国家治理能力则是运用国家制度管理社会各方面事务的能力,包括改革发展稳定、内政外交国防、治党治国治军等各个方面。"② "推进国家治理体系和治理能力现代化,就是要适应时代变化,既改革不适应实践发展要求的体制机制、法律法规,又不断构建新的体制机制、法律法规,使各方面制度更加科学、更加完善,实现党、国家、社会各项事务治理制度化、规范化、程序化。"③ 特别是全面依法治国作为"四个全面"战略布局之一,其推进对于公民权利的有效确认、保障与救济意义尤为重大。恰如习近平强调指出的:"我们要依法保障全体公民享有广泛的权利,保障公民的人身权、财产权、基本政治权利等各项权利不受侵犯,保证公民的经济、文化、社会等各方面权利得到落实,努力维护最广大人民根本利益,保障人民群众对美好生活的向往和追求。"④

可以说,改革开放迄今,对制度建设的愈益强调已经成为社会主义意识形态的实质性内容。确实,没有完善的规则制度,意识形态本身就缺乏回归现实生活世界的有效工具。制度的规范性、明确性、稳定性与系统性更有利于维护公民的权利与自由,更有利于社会利益的整合与矛盾的协调,更有利于意识形态世俗化目标的实现。就中国特色社会主义而言,国家治理现代化的推进,必将为新时期的意识形态建设提供更为有效的实现手段,奠定更为牢固的合法性基础。

当然,以上强调公民权利作为中国特色社会主义的价值目标,既不意味着公民的任何权利诉求都应得到满足与实现,因为"权利决不能超出社会的经济结构以及由经济结构制约的社会的文化发展"⑤,也不意味着公权力在任何情况下都能及时确认、有效保障公民的应然权益,因为

---

① 《习近平谈治国理政》,外文出版社2014年版,第104—105页。
② 同上书,第91页。
③ 同上书,第92页。
④ 同上书,第141页。
⑤ 《马克思恩格斯文集》3,人民出版社2009年版,第435页。

这在很大程度上取决于公权力对于公民权利诉求是否能够明确认知、取决于公权力基于其他治理目标的综合权衡、取决于公权力对于自身与公民权利之间对立统一关系的理解与把握。但是，作为以马克思主义为指导的、共产党执政的社会主义国家，随着现代化的不断推进，随着公民权利意识的启蒙，人民至上的立场应会得到进一步的体现，公民权利的确认、保障与救济作为中国特色社会主义的根本性价值目标也必将得到更好的实现。

第六章

公民权利与中国特色社会主义的价值认同

在公民权利与中国特色社会主义的多重价值维度中，除以上各节所论以外，公民权利的有效确认与实现有利于形成对中国特色社会主义的价值认同也是极为重要的一个方面。无论是公民权利的初步确认与实现推动中国特色社会主义的开创形成，还是公民权利的渐进确认与实现构成中国特色社会主义发展的内在动力，以及公民权利的切实确认与实现作为中国特色社会主义的价值目标，公民权利的及时确认与良好实现最终有助于塑造、形成民众对于中国特色社会主义广泛而深入的价值认同。

第一节 思想分化与价值认同的重建

价值认同，简单讲，就是价值主体在社会交往活动中对能够满足其需要、符合其标准的某种价值原则、价值理念、价值目标在认知理解基础上的判断评价、能动选择、自觉接受与行为践履。就一个共同体而言，价值认同则是指共同体成员对一定价值原则、价值理念、价值目标在认知上的共识、情感上的分享和行为上的一致体现，其有利于成员形成对共同体的情感依附与心理归属，对于维系共同体的内聚力、向心力、感召力至关重要。"从人的意识发展水平来看，认同的建构必须经过知、情、意、念等，而后外化为行。认同的第一个前提是对某种价值观认识上的'知'，口头认知，文字理解，包括切身体验。认知包含了人们对现实的物质与精神需要满足程度的感知、理解和评价，但仅停留在知的层面，还不构成认同。当人们的现实利益需要得到一定程度的满足时，人们通过理解、评价，就产生一定的认同倾向和情感，这就是情感上的'同情'、'共鸣'。真正的认同总是以情感接受为基础的，没有情感上的共鸣，认同难以持久，也不会真正践行。'意'是把价值观内化为主体行为的依据，……情感上的共鸣得到意志的肯定就上升为稳定的信念、信仰。'行'是主体在现实生活中对价值规则的践履，它是价值认同的出发点，也是归宿，没有行，很难说存在真正的价值认同。知、情、意、念与行，构成价值认同由低到高的层级结构，其中前四者是主体价值认同的内在尺度，行是主体价值认同的外在尺度。大体上说，价值认同的建构正是依照意识发展水平由低到高的层级结构来进行的，但各个阶段之间并非一种简单的线性递进关系，而是彼此互相制约、整体推进的。"[1]

社会成员的价值认同虽具稳定性，但也并非固定不变，改革开放以来中国社会的发展过程在很大程度上就是一个公民价值认同的重构过程。改革开放以前，政治权力高度一统，意识形态则以宏大美妙的理想前景来凝聚众意、汇集共识，领袖的超凡魅力也发挥着巨大甚至直指人心的影响力与感召作用。在这种情况下，社会成员更大程度上是作为政治客体被动员、被灌输去建构对传统社会主义模式的高度价值认同的。其很大程度上既缺乏构建认同的自主性，也缺乏相应的反思意识。然而，在现实的惨痛教训面前，在头脑逐渐冷静以后，伴随传统社会主义模式的严重挫败，以往高调的、单纯动员式的价值认同已无法维持。改革开放之后，随着中国社会从传统向现代、从封闭向开放、从同质向异质的转型，新的时代条件下的中国社会面临重建价值共识与价值认同的迫切挑战。换言之，以改革开放为根本特征的中国特色社会主义很大程度上必须要重构社会成员对自己的价值共识以及在此基础上的价值认同。

由经济市场化所催生的社会分化是新的时代条件下重构中国特色社会主义价值共识与价值认同的实践语境。改革开放以来，原来封闭的同质性社会趋于解体、社会的分化愈益明显。就社会运行机制而言，社会分化并不仅仅是指社会分工，而是至少包括社会分工、社会分层和系统

---

[1] 朱继胜、谭培文：《社会主义核心价值的建构——科学的利益机制视角》，《理论导刊》2011年第2期。

功能分化等三个重要维度,具有多重含义。社会分工是社会分化的横向维度,是社会分化的基础与前提,分工越精细,分化就越复杂;社会分层是社会分化的纵向维度,是资源占有的分化标识,它由社会分工所推进,并被生产资料占有方式及市场交换机会、身份权力声望、文化教育及自我意识所规定;系统功能分化是社会分化的深化维度,是现代化发展的重要形态。"系统功能分化是指随着社会变迁和社会进化,社会中原有的位置相对确定的一个单元或子系统分离成多个单位或子系统,它们对于更大的母系统而言,在结构和功能的意义上都彼此不同,各个子系统之间只有功能性差别而没有等级性差别。分化的结果,促成新的系统、新的功能及新的角色和更专门化。在现代社会,系统功能分化已成为社会分化的核心问题,在社会分工基础上形成的系统功能分化,产生了政治与经济、国家与社会等的分化。"① 与这种社会分工、社会分层与系统功能分化相伴随的必然是普遍的利益分化与思想分化。

这种多维度的社会分化尤其是社会成员的利益分化与思想分化凸显了重建价值共识的必要性,而社会成员的价值认同也只能以这种重建的价值共识为其对象与内容。换言之,改革开放后的中国特色社会主义要在重塑价值共识的过程中重建社会成员对自己的价值认同。"所谓价值共识,是指不同价值主体之间通过相互沟通而就某种价值或某类价值及其合理性达到一致意见。"② 只有价值共识得以有效重建并切实体现于实践,社会成员对此共识具有高度的价值认同,分化的社会才能够保持其秩序与和谐,才不致解体,才能够健康有效发展。在此,价值共识是基础,价值认同是结果。"共识先于认同,这是因为作为认同内容的社会价值观念,其形成是共识的结果。"③ 只要社会成员自身有效参与了价值共识的塑造或对公权力提出的新的价值理念赞成支持,价值共识的塑造过程在某种意义上自然就是价值认同的建立过程,价值共识由之也就会获得社会成员的普遍认同。在此意义上,对于中国特色社会主义而言,价值共

---

① 杨建华:《论社会分化的三个维度》,《浙江学刊》2010年第1期。
② 汪信砚:《普世价值·价值认同·价值共识——当前我国价值论研究的三个重要概念辨析》,《学术研究》2009年第11期。
③ 陈新汉:《认同、共识及其相互转化——关于社会价值观念与国民结合的哲学思考》,《江西社会科学》2014年第7期。

识的塑造与价值认同的建立很大程度上是一体两面的内在关系。

必须认识到,中国特色社会主义价值共识与价值认同的塑造是一个系统工程,需要在多个领域有效展开。首先,这种价值共识需要在意识形态领域通过政党、国家、社会与公民的互动及交往予以达成。也就是说,改革开放语境下的价值共识不可能再像以往那样靠伦理化的高调理念与政治权力的强力压抑来实现,不然只能形成一种被动认同与表面共识的假象,而应是逐渐现代化的社会中多方力量共同参与、交流碰撞、对话妥协的产物。借用恩格斯的术语,共识是"无数个力的平行四边形"产生出的一个总的结果。只有如此,价值共识才有获得广泛认同的前提和基础,才便于宣传与教化,才能让大众更好地入脑入心。其次,这种价值共识不应该仅仅停留在意识形态领域,而是应该进一步体现与落实在政策特别是制度上,从而获得有效的实现载体。这就要求整个制度体系按照这种价值共识的原则与理念不断改革、健全与完善,提升正义性、推进合理化。意识形态领域的价值共识即使再美好,如果不能落实于制度与政策领域,也只是一种虚幻而不真实的口头支票,最终将会耗尽社会成员最初对这一共识所抱有的热情与信念,并进而转化为对负有落实之责的公权力机关或部门的反感、厌恶与抵触。在这种情况下,对于中国特色社会主义的整体价值认同也不能有效建立起来。最后,在意识形态领域达成的价值共识通过政策与制度的载体还必须有效实现于现实生活之中,取得客观的实际效果,社会成员的价值认同才能最终建构起来。在实践中,公民个体权利要得以保障、公共利益要得以实现、社会秩序要得以维护,等等。换言之,价值认同的建构归根结底还要用价值效用说话,理念应与效果一致、理论应与实践相符。按照以上三个层次的分析,社会成员对于中国特色社会主义的价值认同始自意识形态领域的价值共识,首先是一种共识性的理念认同。这种共识性的理念进一步落实到政策特别是制度领域,共识性的理念认同就表现为社会成员对整个制度体系的认同。而制度建设的实际效果体现了包括执政党与政府在内的整个公权力的治理能力,满足了公民的各方面权利诉求,中介性的制度认同最终就表现为社会成员事实性的治理绩效认同。理念认同、制度认同与绩效认同这三个层面内在相关,层层递进,共同构成了公民对于中国特色社会主义的价值认同系统。

第二节　构建确认公民权利的理念认同

社会成员对于中国特色社会主义的价值认同首先表现为对在意识形态领域通过多方交往博弈达成的，以公民权利确认保障为主要内容的共识性价值理念的认可与接受。正如上文已指出的，在改革开放的现代化语境下，传统自上而下、权力灌输、高度理想化的价值共识已难以为继，与之相伴随的，是对这种价值共识的高强度价值认同的急遽消退。在这种情况下，社会稳定与正常发展所必需的价值共识如何重新建构呢？换言之，现代化语境下的价值共识何以可能呢？而这正是美国政治哲学家罗尔斯《政治自由主义》一书的研究主题。罗尔斯认为，现代社会存在理性多元论的事实，即存在诸多皆能够在理性上自证其说，系统而完备的哲学、宗教与道德学说，这些学说中的任何一种都不能得到社会成员的普遍认肯。而且现代民主的立宪政体也保障公民这种思想的自由与价值观选择的自由。既然如此，在这种情况下，"一个因各种尽管互不相容但合乎理性的宗教学说、哲学学说和道德学说而产生深刻分化的自由平等公民之稳定而公正的社会如何可能长期存在"[1]？"政治自由主义设定，最错综复杂的斗争显然是由那些具有最高意义的观念所引发的，即由宗教、哲学世界观和不同的善观念所引发的。我们会惊异地发现，尽管在这些方面有着如此深刻的对立，自由而平等的公民之间依旧有可能进行公平合作。"[2] 那么，这种合作的价值基础何在？这个带有普遍意义的现代性问题确实需要我们的深入思考。

具体到转型的中国，由社会分化与利益分化所催生，改革开放以来的意识形态领域也已经有所分化：原来大一统的政党意识形态逐步收缩调适，其他各种思潮与价值观则获得了不同程度的发育与生长空间，整个社会的意识形态状况日益复杂化。具体来讲，就今日中国的意识形态而言，主要是以下三个方面的意识形态交错碰撞、博弈整合：一是作为执政党的中国共产党的意识形态与价值体系；二是作为政权载体的国家

---

[1] [美] 罗尔斯：《政治自由主义》（增订版），译林出版社2011年版，第5页。
[2] 同上书，第4页。

的意识形态与价值体系；三是文化领域五花八门的各种社会思潮与价值体系。在此意义上，应有效区分政党、国家和社会等不同意识形态形式，并明确其发挥作用的各自领域。

在这三个方面的意识形态中，执政党的意识形态长期以来人们谈论得比较多，实践中受到高度重视，文化领域的其他各种社会思潮近年来也被广泛关注，对国家意识形态则研究的相对较少，重视也相对不够。实际上，国家意识形态在现代意识形态中的地位与作用都是极为重要的。在中国的政治文化语境下，由于中国共产党是唯一的执政党，长期以来人们习惯于党国不分，把党的意识形态简单等同于国家意识形态，认为两者毫无区分，并无二致。实际上，这种观点并不准确。政党意识形态的主体是政党及其所代表的阶级，其涉及的是政党的性质宗旨、价值追求、组织原则、执政方略等，这些体现在政党的建党理念、治党理念、治国理念以及相关制度、政策设计中，反映的是一个政党及其所属阶级的世界观、历史观、社会观与价值观，具有很大程度的阶级性，就其根本而言是政党党员需要理解认同的学说体系，尽管它也需要面对党外群众尽可能地大众化。而国家不等同于政党，公民的身份定位也不等同于阶级成员的身份定位，就此而言，国家意识形态自然不等同于政党意识形态。如果说在一党长期执政特别是像中国这样共产党作为唯一执政党的情况下还容易发生相关混淆的话，在两党制或多党制国家，政党意识形态与国家意识形态的区别就很明显了，单独某个政党的意识形态无法代表整个国家的意识形态。"西方国家，尽管存在多党制并且各政党都有自己的意识形态，但都拥有各政党和各社会群体都认同的国家意识形态。没有这样一种国家意识形态，就很难整合国家政治。"[1] 比之于各个阶级阶层、政党群体，国家相对而言更为超脱、更具有中立的外观。国家意识形态的主体是国家与全体公民，其涉及的是整个国家的性质结构、制度设计、功能作用，公民的权利义务等，就其根本而言是全体公民需要认同理解的学说体系。国家层面的意识形态往往会努力在各种政党意识形态中求取中道，在各种社会思潮之中吸收合理成分，从而构建反映各方利益的普遍性稳固共识，其阶级性弱化而包容性明显。政党意识形态

---

[1] 郑永年：《再塑意识形态》，东方出版社2016年版，第149页。

除了有关国家建构与治理的内容外,主要涉及政党自身的理念、学说与规定。现代国家意识形态当然也会涉及政党的理论与规定,但其更多是涉及国家的权力责任、公民的权利义务、宪政制度的安排等,这是主要部分。也就是说,在现代社会,政党意识形态与国家意识形态既有交错,也有区别,侧重点并不一样,不能完全合二为一。党的意识形态与国家意识形态合一恰恰是导致我们意识形态领域诸多问题的重要根源之一。今天绝不能再持这种简单化、无反思的认识。

对于这一问题,相关学者在研究中也有所涉及。知名中国研究专家郑永年认为,执政党意识形态是一种精英意识形态,国家意识形态则表现为大众意识形态。"执政党在意识形态上的困局在于没有把执政党的意识形态和国家意识形态区分开来,并且简单地想把执政党的意识形态加于整个社会之上。"[①] "在简单地把执政党意识形态视为国家意识形态的情况下,国家意识形态的建设很自然被忽视。……执政党要把自己的意识形态加于整个社会之上,这必然促使其去阻止社会层面的意识形态上升为具有国家意识形态性质的东西。……因为没有这种区分,执政党更是不知道在自己的意识形态和国家意识形态之间作怎样的分工、两者各自如何生存和发展、两者又如何协调等问题。"[②] "要再塑意识形态,就首先要意识到党的意识形态和国家意识形态是两个不同的领域,尽管两者之间有重合的地方。"[③] "执政党的意识形态必须建立在国家意识形态之上。政党是社会的一部分,如果政党的意识形态和各社会群体所接受的意识形态(即国家意识形态)没有任何共同性,那么该政党的生存和发展就会成为大问题。……一个政党的意识形态离国家意识形态越近,那么这个政党就越具有生命力。"[④] "在接受国家意识形态的基础之上,执政党再进一步提升其意识形态,表现其先进性和进步性。接受国家意识形态是执政党生存和发展的第一步,但如果仅仅是这一步,就很难表现出执政党的领导作用。要发挥领导作用,执政党还必须在国家意识形态的基础

---

① 郑永年:《再塑意识形态》,东方出版社2016年版,第128页。
② 同上书,第10页。
③ 同上书,第159页。
④ 同上书,第12页。

第六章　公民权利与中国特色社会主义的价值认同　　97

上再往前走几步。简单地说，接受国家意识形态是执政党治理社会的基础，而往前走几步则是执政党领导社会的前提。"① 今日之中国，"不仅需要执政党意识形态的再塑，而且也需要社会意识形态的再塑。……社会意识形态再塑的主题就是建设一个各社会群体都能认同的国家意识形态。"②

政治学者任剑涛将这样一种与执政党意识形态相区别的国家意识形态称之为国家哲学。他认为，国家哲学源自现代国家的兴起，它是对国家的一般理念、基本制度以及日常政治秩序做出的整体规划，也即关于怎么提供一个总体政治组织的理论和一个总体的社会理论，简单地说，就是我们想建立一个怎样的政治社会。国家哲学首先要解决的问题是，国家需要什么样的基本理念作为国家运作的共同精神基础。"国家哲学注重建构的国家基本价值理念，可以简称为'国家理念'。国家理念的形式性特点是强烈的中立性，它一般是超越意识形态、超越阶级，而为不同意识形态流派、阶级集团所共同接受的基本价值观念、制度框架和生活方式，强调公民在价值观念上最广泛的认同。这一认同，建立在公民的自我、理性判断基础上。这样，就会使国家的精神基础有整合的可能，在精神上不会是一盘散沙。"③ "在某种意义上，我们应该学习现代国家的相应经验，尽量弱化意识形态特点，让秉持不同立场的公民，可以接受一个共同的国家哲学阐释的基本价值，从而最大限度地保证国家认同。"④

当然，对于以上学者的某个具体观点或表述，可能会有不尽相同的看法，但他们都共同揭示了政党意识形态与国家意识形态的区别。按照以上逻辑，尽管有所交错，但是中国特色的政党意识形态不能等同于中国特色的国家意识形态。针对执政党的党员而言，需要建构对中国特色政党意识形态的共识性认同。针对包括所有党派、组织、公民在内的全体社会成员而言，则需要建构对中国特色国家意识形态的共识性认同。

---

① 郑永年：《再塑意识形态》，东方出版社2016年版，第130页。
② 同上书，第129页。
③ 任剑涛：《静对喧嚣：任剑涛访谈对话录》，浙江人民出版社2016年版，第99—100页。
④ 同上书，第100页。

今日之中国社会，不仅有作为执政党的中国共产党，还有其他民主党派，社会上还有愈益多元化的各种思潮。在这样一种形势下，中国特色社会主义的价值共识只能建立在由执政党意识形态主导引领，各种思潮对话交流、吸收借鉴而形成，作为"最大公约数"的国家意识形态之上。换言之，价值共识既然称为共识，今天就必须在社会分化、利益分化、思想分化，公民权利意识启蒙的基础上由各种社会力量通过交往博弈而形成，即使价值原则、理念与目标由某一方面提出，也必须得到其他各方自主自觉的认可与接受才行。在现代社会，"对于公民自由的强调必然带来文化、价值的多元取向，以及公民个体之间的多样性差异，而公民身份本身则要求所有社会成员能够坚持对于社会的忠诚，能够共同遵循社会的法律和规则。公民自由蕴含的多样性与公民身份本质吁求的统一性之间形成现代社会的内在矛盾，解决这一矛盾，需要公民能够以平等的身份进入公共生活，彼此之间就社会制度、框架和道德秩序等公共问题进行协商、辩谈并且谋求共识"[①]。这样一种由各方交往而达成，具有感召力、凝聚力的国家意识形态不局限于政党意识形态的领域，涵括其部分内容而更具世俗性、广泛性、包容性与中立性，因而能够得到全体社会成员的认同，是中国特色社会主义价值共识的最适宜内容，是中国特色社会主义价值认同的最适宜对象。那么，这种作为价值共识的国家意识形态的内容是什么呢？毫无疑问，作为现代的价值体系，国家意识形态必然包括立宪民主的制度安排、国家机构、央地关系的理念设计，有限政府、有效政府、责任政府的理念规划，国家与政党、市场、社会的领域划分与功能设定，公民权利与义务的认定，国家发展的价值愿景与思路谋划，国际交往的理念战略，等等。当然，在以上某些方面达成相对明确的价值共识也并非易事，需要各种力量反复地碰撞博弈以及实践的渐进探索。

进而言之，在这繁杂多样的内容中，对于公民权利义务的理念认知与制度规定应该是国家意识形态的核心内容，特别是在现代社会个体思想启蒙与权利凸显的背景下。在国家意识形态的宏大内容体系中，其他

---

① 李建华：《公民认同：核心价值构建的现代政治伦理基础》，《南昌大学学报》（人文社会科学版）2014年第3期。

方面都是围绕公民权利义务特别是公民权利而展开的,在价值渊源上最终服务于公民的权利、自由与发展,这是现代人民主权的根本要求与必然体现。就此而言,对于公民权利义务特别是公民权利确认与保障的价值共识应该是国家意识形态的核心内容。这也正是罗尔斯在《政治自由主义》中表达的核心观点:各种合乎理性的宗教、哲学与道德学说通过对话、沟通、博弈达成稳定的重叠共识。重叠共识不是无所不包的完备性价值体系,它仅仅是一种政治的正义观念,其具体内容就是旨在确认公民权利与自由的公平正义两原则。"甲、每一个人对平等的基本权利和基本自由之完全充分的图式都有一种平等的要求。该图式与所有人同样的图式相容;在这一图式中,平等的政治自由能——且只有这些自由才能——使其公平价值得到保证。乙、社会的和经济的不平等要满足两个条件:第一,它们所从属的各种岗位和职位应在机会公平均等条件下对所有人开放;第二,它们要最有利于那些处境最不利的社会成员。"[①] 第一个原则可称之为平等自由原则,应用于政治领域,第二个原则可称之为机会的公正平等和差别原则,应用于社会和经济利益分配领域。"这两个原则各自都在一特殊领域里规导各种制度,不仅规导着基本权利、自由和机会,也规导着平等的要求。"[②] 总之,都是围绕公民自由、平等的基本权利而设计。按照罗尔斯的意思,以公民基本权利为内容的正义两原则作为一种共识性的政治理念为各方在交流博弈基础上所共同承认、真心接受并自觉遵照践行,多元社会之价值共识由此而形成,多元社会之长期稳定性由此得到保证。在此基础上,公民自由地展开自己的生活,各有追求、各有信仰,整个社会和而不同。当然,对于罗尔斯正义两原则的具体内容特别是差别原则,在研究领域与实际政策方面并非没有争议,但从规范意义上讲,对于公民权利的确认、实现与保障作为现代社会根本性的价值理念这一点,在现代政治理念以及学术研究中还是有一致共识的。这种价值共识作为规范理念一般呈现在作为国家意识形态集中表述的宪法之中。在这个意义上,正如列宁指出的,宪法就是一张写满人民权利的纸。具体到日益现代化的中国,国家意识形态要获得社会

---

① [美] 罗尔斯:《政治自由主义》(增订版),译林出版社 2011 年版,第 5 页。
② 同上。

成员发自内心的价值认同，就必须在内容理念上实现对公民各领域应然权利要求的及时充分确认与明确系统阐述，并在宪法与法律之中予以集中体现。

进而言之，在现代社会，在国家意识形态所确认的各领域权利中，公民的经济权利、社会权利、文化权利与生态权利固然极为重要，但公民民主参与权利的重要性正愈益凸显。这是因为，在现代社会，大量的公民诉求需要在民主参与中呈现，众多的问题矛盾需要在民主参与中明确，歧异多样的观点需要通过民主程序交流碰撞以求取最大公约数。正是通过这种民主的程序机制，公民之间方能展开相互的表达、交流与博弈，正确决策之达成也才有可能。问题众多、诉求多样、追求各异，唯民主程序可包容之！只要民主程序是健全合理的，通过这一程序得出的结论或决策一般而言就具有为相关者一致认同的效力。"我们的世界已变得越来越错综复杂，价值体系五花八门，常常很难就实体上某一点达成一致。一个问题的正确答案因人而异，因组织而异。程序是他们唯一能达成一致的地方，而且他们能达成一致的唯一程序是保证程序公正的程序，因为他们一旦同意了程序，则无论是何结果，都必须接受所同意的程序带来的结果。"[①] "首先就程序问题达成合意，再通过程序以及在程序竞技场上展开的说服力比赛来逐步寻求实体问题的合意；在实体问题无法达成合意时，程序问题的合意就成为决定和强制的正统性基础。"[②] 在此意义上，对于中国特色的国家意识形态而言，不仅要在内容理念上对公民其他各领域权利要求予以充分确认，尤其要把握现代社会治理规律对公民民主权利予以切实规定。这一方面的价值共识能否达成并有效呈现在制度机制之中，将会对中国特色社会主义的理念认同产生尤为重要的影响。

第三节 构建保障公民权利的制度认同

国家意识形态关于公民权利的价值共识还必须落实于中国特色社会

---

① 参见［日］谷口安平著《程序公正》，宋冰编《程序、正义与现代化》，中国政法大学出版社1998年版，第376页。

② 季卫东：《法律程序的形式性与实质性》，《北京大学学报》（哲学社会科学版）2006年第1期。

主义制度建设之中，从而获得有效的实现载体。这样，公民关于意识形态的理念认同就会进一步转化为对保障民权的制度的认同，制度认同是公民对于中国特色社会主义价值认同的一个重要维度。

这种制度认同以制度对公民权利的有效确认与保障为前提。就此而言，一种制度的质量决定着其塑造公民价值认同的能力。既然制度的质量深刻影响着公民的价值认同，中国特色社会主义制度本身就必须针对于此进行合理而适时的变革、健全与完善。宏观而言，这种变革与完善可以从内容、形式、程序等三个方面推动展开。

在内容上，中国特色社会主义制度应具有正义性。这一点上，罗尔斯关于正义观念与社会制度之间关系的观点颇富启发性。在其名著《正义论》中，罗尔斯认为："正义是社会制度的首要德性，正像真理是思想体系的首要德性一样。一种理论，无论它多么精致和简洁，只要它不真实，就必须加以拒绝或修正；同样，某些法律和制度，不管它们如何有效率和安排有序，只要它们不正义，就必须加以改造或废除。……所以，在一个正义的社会里，平等公民的各种自由是确定不移的，由正义所保障的权利决不受制于政治的交易或社会利益的权衡。允许我们默认一种有错误的理论的唯一前提是尚无一种较好的理论，同样，使我们忍受一种不正义只能是在需要用它来避免另一种更大的不正义的情况下才有可能。作为人类活动的首要德性，真理和正义是决不妥协的。"[①] "对我们来说，正义在此的首要主题是社会的基本结构（the basic structure），或者更准确地说，是社会主要制度分配基本权利和义务，决定由社会合作产生的利益之划分的方式。所谓主要制度，我的理解是政治宪法和主要的经济和社会安排。"[②] 他认为，如果公平正义的制度能够有效运作，这一制度体系下的公民就能够生成一种正义感，按照正义原则而行为，并产生对这一制度的认同及相互间的信任，这是社会稳定的道德心理基础。他将之称为公民的"理性的道德心理学"。"（1）……公民还有一种获得正义与公平观念的能力，和一种按照这些观念而行动的欲望；（2）当他们相信制度或社会实际是正义的或公平的（如同这些观念所具体规定的

---

① ［美］罗尔斯：《正义论》（修订版），中国社会科学出版社2009年版，第3—4页。
② 同上书，第6页。

那样）时，他们便准备并愿意履行他们在这些安排中所负的责任——假如他们有理由确信其他人也将履行他们自己的责任的话；（3）如果其他人有明确的意图去努力履行他们在正义的或公平的安排中所负的责任，那么，公民就容易发展相互间的信任和信心；（4）合作性安排的成功保持得愈长久，这种信任和信心便变得愈强烈愈完善；（5）同样真实的是，随着确保我们根本利益（基本的权利和自由）的基本制度更稳固、更能为公民乐意承认，这种信任和信心也将变得更加强烈和完善。"[1]

具体而言，这种制度内容的正义可以从公民个体权利与社会关系整合这两个维度来把握。就公民个体的权利而言，制度正义表现在：其设计应尽可能及时全面地确认基于社会实践发展要求的应然权利理念；建构与运作应努力维护与保障每一位公民的正当权益，当其受到侵害时，能给予及时有效的救济；制度对于权利应采取"法不禁止即自由"的推定原则，公民拥有法律之下的广阔自由空间；制度运行成本不能太高，公民必须能够承受；制度必须对公共权力的运行予以明确规定与规范，通过权力的分立以及各种监督来使之真正具有保障权利与服务社会的公共性质，遏制其异化和膨胀。就社会关系的整合而言，制度正义表现在：其设计、建构与运作应尽可能有效协调社会的利益关系，合理配置各阶层、各团体、各成员的权利与义务，实现各阶层、各团体、各成员间公正的利益均衡，使每个阶层、每个团体、每个社会成员得其所应得，尤其是要努力改变、尽力消除社会不公现象，树立合作、平等、共享的公共理念，对在社会发展进程中正当利益受损者要及时适当地予以补偿。归根结底，不论是公民个体层面还是社会关系层面，制度的建设与现代化都要真正体现国家意识形态领域的价值共识，兑现国家意识形态领域的民权承诺。

在形式上，中国特色社会主义制度应通过变革完善进一步推进其自治性、普适性、公开性与明确性。自治性是指制度在内容结构方面无论纵向与横向均不应存在自相矛盾与逻辑混乱，而应呈现为一个从一般规则到具体规则的合理的层级结构，各项制度之间能够实现良好的功能耦合。这一点对于中国特色社会主义制度而言尤为重要。因为中国特色社

---

[1] [美] 罗尔斯：《政治自由主义》（增订版），译林出版社2011年版，第79—80页。

会主义制度是包括根本制度、基本制度以及建立在根本制度、基本制度基础上的各项具体制度组成的制度体系，只有优化其结构，增强其有序性和自洽性，才能更好地发挥其功能。普适性是指作为公共规则体系的现代制度应当是社会成员一体遵循的一般性规则。其在表达上应使用一般性陈述，即通过一般性词句或普遍词汇将制度的内容表达出来，以概括复杂的社会事态和多样的社会行为。这样的制度在它所涉及的领域内不应在无确切理由的情况下对个人和情境实施差别对待，而是平等适用于具有不同利益与价值的主体，具有普遍的约束力。公开性是相对于潜规则与"暗箱操作"而言。一般而言，制度必须是公开的，因为只有如此社会成员方能对制度有所认知与了解，方能事先知道制度对他们提出了什么要求？他们的权利是什么？义务是什么？才有可能明白按照制度如何行为。制度的公开性，还提供了一种可能性，使人们有机会检讨和批评制度的各种缺陷和弊端，从而进一步推进制度的科学化与合理化。进而言之，公开的制度还应是规定明确的。一种制度虽然公开却不明确，比之制度的缺失或无知，其效果也好不到哪里，在这种情况下，公民同样会不知所措。制度具有过大的弹性空间，往往无法有效防止公共权力机关行为的随意性与擅断性，必然导致公共权力的私化。而某些社会集团或群体也有可能利用这一模糊性谋取不正当利益。制度的不确定性，如果没有有效的矫正手段，最终受到侵害的还是普通公民的权利。只有制度明白而确定，公民才能有效预测自己未来活动的方向、界限及后果，以合理合法地选择和安排这种行为。具有确定性的制度还可以有效地引导、约束国家和政府的行为，使其自由裁量权受到一定的制约，无法任意而为。

在程序上，中国特色社会主义制度要进一步增强设计的合理性，尽可能做到完整严密，使制度具有程序、步骤与环节上的可操作性，既能够切实落到实处，又避免个别意志的任意干预。具体而言，制度运作的具体程序与步骤的设计是否公正、严密、完善？各方相关者的参与是否真实而充分？程序运作的结果与预期相较如何，是否最终有利于维护公民权益与实现社会公益？当然，任何既定的制度体系本身都包含某种程序，但是，只是在以市场经济为基础的现代社会中，程序的价值与重要性才充分显现出来，程序建设才日益受到人们的重视。在传统的共同体社会中，共享的伦理规则作为大一统的意识形态为人们所尊奉，社会成员之间尚未形成充分而明显的利益分化与交往关系，人们的独立意识与自我意识尚未普遍启蒙，在这种情况下，以解决价值纠纷、调整利益关系、整合社会交往，达成各方共识为己任的程序性制度是不可能真正发展起来的。"当某一社会存在着强有力的合意或统一的意识形态时，程序的重要性尚不了然。因为自明的价值前提往往不需要论证和选择性解释。当价值一元的状态不复存在时，程序就一跃而成为价值的原点。"① 只有在充满种种不确定性的现代社会中，"选择才会成为生活的主题，从而怎样进行选择的程序的重要性才会突出出来"②。正处于现代化进程中的中国特色社会主义制度无疑也要体现这一规律。

综合以上分析，中国特色社会主义制度涵括内容、形式与程序等三个方面。这三个方面中，形式与程序当然最终服务于内容的实现。这三者既相互区别，又内在协调，其优化完善共同构成国家治理体系（制度体系）现代化的完整内涵。

第四节 构建实现公民权利的绩效认同

要想对中国特色社会主义形成更为系统的价值认同，公民的价值认同就不能止于国家意识形态的共识理念层面与作为其落实载体的制度层面，还必须最终落实到对中国特色社会主义治理绩效的认同上。绩效认同也可称为利益认同，强调的是公民认同的经验性、事实性维度。"利益机制与价值认同的关系，本质上是一种利益与思想、存在与意识的关系。由于价值认同总要受到一定的利益需求、情感和信仰等问题的影响，利益机制对思想价值认同具有基础性的动力作用。"③ 如果长久无法取得良好的治理绩效特别是对公民权利的有效维护与保障，公民对于中国特色

---

① 季卫东：《法律程序的意义》，中国法制出版社2004年版，第90页。
② 同上书，第63页。
③ 谭培文：《以改善民生为利益机制推进社会主义核心价值认同》，《马克思主义研究》2010年第5期。

社会主义的理念认同与制度认同也将受到严重影响。正如邓小平明确指出的："人民是看实际的。"① "一定要使人民得到实惠，得到看得见的物质利益，从切身经验中感到社会主义制度的确值得爱。"② "人民，是看实践。人民一看，还是社会主义好，还是改革开放好，我们的事业就会万古长青！"③ 在此意义上，共产主义的远大理想固然很重要，社会主义现实的治理绩效同样也很重要，甚至在某种意义上更为重要。如果无法有效确认与保障公民的现实权益，无法有效解决现实的问题与挑战，无法有效推动人的现实发展，如何让社会成员长久地认同未来呢？确实，作为一种理念、作为一种制度、作为一种运动，社会主义只有从现实出发，关心现实公民的权利与自由、存在与发展，其才具有吸引力，才具有现实性。当然，中国特色社会主义的建设成果与治理绩效包括多个方面，比如增长、福利、民主、自由、安全、稳定、效率、公平、秩序、和谐，等等，但核心要旨在于在一定历史条件下、在经济发展基础上对公民各种权利与自由的合理确认、切实实现与有效救济，其他绩效标准皆应服务于此！

综合以上第六章整个分析，围绕公民权利的理念认同、制度认同与绩效认同构成了公民对于中国特色社会主义价值认同自上而下的三个层次。理念侧重应然，绩效侧重实然，制度则构成从应然到实现的中介。理念认同是价值认同的核心，制度认同是价值认同的关键，绩效认同是价值认同的基础。理念认同最为稳固，绩效认同最为脆弱，制度认同居于其间。基于以上分析，中国特色社会主义要赢获公民进一步的价值认同，在理念层面就必须对公民权利进行更好的确认与阐述，在制度层面就必须对公民权利予以更好的规定与保障，在绩效层面就必须使公民权利得到更好的实现与追求。在此意义上，公民价值认同建构的过程，也就是中国特色社会主义进一步发展完善的过程，也就是国家治理现代化进一步推进的过程。而中国特色社会主义的进一步发展完善，国家治理

---

① 《邓小平文选》第三卷，人民出版社1993年版，第296页。
② 中央文献研究室：《邓小平思想年编》（一九七五——一九九七），中央文献出版社2011年版，第336页。
③ 《邓小平文选》第三卷，人民出版社1993年版，第381页。

现代化的进一步推进,也必将塑造公民更为广泛深入的价值认同,中国特色社会主义自身的合法性也将不断提升。由之,公民的价值认同与中国特色社会主义的发展之间就呈现为一个良性的相互推动、塑造过程!这一特点将会表现的越来越明显。

第三编

国家治理现代化视野中公民权利的有效确认、维护与救济

——实践层面的阐释

自党的十八届三中全会提出完善和发展中国特色社会主义制度，推进国家治理体系和治理能力现代化的全面深化改革总目标以来，国家治理现代化成为学界与社会关注的热点问题。所谓国家治理体系和治理能力的现代化，就是使国家制度体系科学化、民主化、法制化、规范化、程序化，使国家治理者善于运用现代治理思维和现代制度体系治理国家，从而把一个国家的制度优势转化为国家治理的效能。

国家治理现代化所呈现的是一个国家现代化的特定维度或者说特定方面，即治理的维度或方面。"现代化被认为是一个客观发展过程或趋势，它引发或决定了人们生活价值和理念的变化（文化变迁），从而进一步要求制度变迁和治理体系及能力的重新建构。"[①] 只有通过制度的健全完善来推进治理能力的有效提高，一个国家才能实现治理现代化。如果一个国家虽然具有现代民族国家的外观，但存在严重的甚至系统性的制度匮乏与供给不足，治理效能低下，这个国家的治理就没有实现现代化，而这样一个国家也不能说是一个合格的现代国家。换言之，现代国家的"现代"实际上包含两层含义：一是作为国际政治基本单元的领土和治权相统一的现代国家外观；二是在民族国家范围内现代治理体系的构建、现代治理方式的运用、现代治理能力的形成。"从国际政治的角度说，具有固定疆域、行使独立治权、相互平等、共同遵守国际协定，这是现代国家的重要标志。但从国内政治的角度看，现代国家还应该是运用现代治理方式进行统治的社会共同体。这也就是说，现代国家采用与传统家族统治、世袭统治不完全相同的方式来治理。"[②] 当然，治理现代化的实现也是一个长期的过程，对于中国这样历史传统极其厚重的发展中大国来说尤其如此。"中国作为一个发展中国

---

① 燕继荣：《国家治理及其改革》，北京大学出版社2015年版，第12页。
② 同上书，第202页。

家，依然处于现代化转型的过程之中，现代国家建设任务尚未完成。国家治理现代化就是要以现代化国家治理经验（现代国家的组织原则和治理方式）为参照，完成现代国家建设任务。"① 也正如习近平总书记指出的："推进国家治理体系和治理能力现代化，就是要适应时代变化，既改革不适应实践发展要求的体制机制、法律法规，又不断构建新的体制机制、法律法规，使各方面制度更加科学、更加完善，实现党、国家、社会各项事务治理制度化、规范化、程序化。"②

既然中国特色社会主义制度的完善和发展，国家治理体系和治理能力的现代化是全面深化改革的总目标，是中国现代化进程至关重要的一个维度与方面，那么，国家治理现代化所要解决的核心问题是什么呢？国家治理现代化涉及的内容十分广泛，关涉现代生活的许多重要方面。但是从现代化的逻辑以及中国全面深化改革的实际来看，中国国家治理现代化所要解决的最核心问题是在经济、政治、文化、社会、生态等各领域调整公共权力（党权与政权）与公民权利的关系，约束、规范公共权力，维护、保障公民权利，推动形成公共权力与公民权利的合理关系结构，使得公共权力既边界明确又运行有效，公民权利既普遍确认又切实落实。这一问题带有根本性和全局性。"权力与权利的关系问题是国家治理的根本问题"③，当前中国改革中的各种问题不是包含在这一核心问题之中，就是与之密切相关，最终服务于这一核心问题的解决。这是基于中国国情理解治理体系与治理能力现代化的关键。党的十八届四中全会通过的《中共中央关于全面推进依法治国若干重大问题的决定》所强调的就是通过法治来依法治理公共权力，依法保障公民权

---

① 燕继荣：《国家治理及其改革》，北京大学出版社2015年版，第8—9页。
② 《习近平谈治国理政》，外文出版社2014年版，第93页。
③ 燕继荣：《国家治理及其改革》，北京大学出版社2015年版，第172页。

利，推动形成两者的良性关系架构。就此而言，现代化视野中的治理是一个以公民权利为基础的概念。也只有通过这一核心问题的解决，中国社会才能完成从权力主导的传统形态向以权利保障为基础的现代形态转变的关键一步。

当前，合理定位公共权力的功能角色，努力解决公民权利相对贫困问题，进一步还权于民，在各领域各系统调整公共权力与公民权利的关系结构，更好推进公民权利的有效确认、维护与救济，已成为中国改革的重中之重，国家治理现代化应着力于此的解决。这也是新世纪以来我们党强调的"以人为本"与"以人民为中心发展"的一个重要内涵！本篇以下五章就分别从公民权利视野中党的执政模式现代化（党建）、中国经济发展的动力转变：从权力主导转向公民权利驱动（经济）、民主法治的健全完善与公民权利的有效实现（政治）、公民权利与当代中国公民文化的培育（文化）、公民权利视野中的培育社会与保卫社会（社会）等五个方面针对当代中国治理现代化视野中公民权利的确认、维护与救济问题进行系统的分析与梳理。

第 七 章

公民权利视野中党的
执政模式现代化

在改革的攻坚与全面深化阶段，要更好保障、维护公民权利，推进、实现公民幸福，执政党执政模式的进一步现代化转型极为重要。在当代中国，做好一切事情的关键在党！执政模式包括执政理念以及实现理念的执政方式，相应地，执政模式的现代化包括执政理念的现代化与执政方式的现代化。执政理念的现代化是指执政党打破事无巨细管控一切、干预一切的传统思维方式，在深入理解现代政治文明趋势，深刻把握政党现代化规律的基础上，总结历史经验教训，根据中国改革发展实际合理调整自身的功能定位，形成、确立与现代市场经济、民主政治及社会自治的发展要求相适应的执政理念。执政方式的现代化则是指以已确立的现代执政理念为指导，不断推进相关领域的改革，着力构建规范、有效、稳定的执政制度架构与体制机制。审视新中国成立以来特别是十一届三中全会以来的执政实践可以看到，改革开放以来，执政党努力适应中国社会的发展要求，自觉体认现代政治文明发展趋势，认真思考、积极探索，不断推进执政模式的现代化。不论就理论认识还是实践发展而言，传统的执政模式正在被逐渐打破，现代执政模式正在不断确立。可以说，40年的一部改革开放史很大程度上就是一部中国共产党执政模式的探索与变革史。对于这种执政模式的转变，党的十六届四中全会通过的《中共中央关于加强党的执政能力建设的决定》进行了明确而精辟的归纳概括：必须坚持科学执政、民主执政、依法执政，不断完善党的领导方式和执政方式。党的十八大修改通过的《中国共产党章程》也明确强调:党要适应改革开放和社会主义现代化建设的要求,坚持科学执政、民主执政、依法执政,加强和改革党的领导。十八届三中全会通过的《中共中央关于全面深化改革若干重大问题的决定》同样强调指出,要紧紧围绕提高科学执政、民主执政、依法执政水平深化党的领导制度建设,加强民主集中制,完善党的领导体制和执政方式,保持党的先进性和纯洁性,为改革开放和社会主义现代化建设提供坚强政治保证。可以说,科学执政、民主执政与依法执政的提出是执政党在总结历史经验教训基础上执政理念的升华,是执政党对于执政模式现代化的明确定位。"科学执政强调执政的科学性,是民主执政和依法执政的基础和前提;民主执政强调执政的人民性,是科学执政、依法执政的本质要求;依法执政强调执政的合法性,是科学执政和民主执政的基本实现形式。三者有机结合在一起,系统完整地勾画出党的执政方式的框架。"[1]

正如上述,党的执政模式现代化是一个在不断探索基础上逐步破旧立新的过程。其既是中国整体现代化的重要内容、关键与保证,中国现代化的整体发展与不断推进又对其提出了进一步的要求。就此而言,在整个改革进程中,党的执政模式现代化与中国现代化的整体推进构成了一个互动的反馈循环,呈现为一个双向作用过程。今天,两者的这种双向互动,这种反馈循环又达到了一个新的关键节点。这一节点的关键性是由中国改革渐进特点所导致的改革攻坚形势所决定的。攻坚时期的中国改革面临着方方面面的矛盾、问题与挑战,而且很多是长期积累下的、结构性的复杂矛盾与棘手问题。特别是我们现在进入了全面建成小康社会的决胜阶段,党对于人民的承诺不能落空。改革可谓时间紧、任务重、问题多、挑战大、阻力强。这种紧迫形势说明中国改革正面临着自 1978 年三中全会改革大幕拉启、1992 年社会主义市场经济体制建立以来的第三个关键节点。中国改革能否再创辉煌,中国现代化能否实现再一次质的跃迁,公民权利的保障与救济问题能否在持续发展中得到进一步的有效解决,很大程度上就决定于能否突破这一关键节点。紧迫的改革形势与执政党的关键地位要求我们党必须按照科学执政、民主执政与依法执

---

[1] 杨绍华:《科学执政 民主执政 依法执政——中国共产党执政方式问题研究》,人民出版社 2008 年版,第 11 页。

政的理念加快变革与各方面任务要求不相适应的传统执政模式。现阶段，围绕科学执政、民主执政与依法执政理念深化党的建设制度改革，进一步推进党的执政模式现代化，是完善和发展中国特色社会主义制度，推进国家治理体系和治理能力现代化的极为关键环节，是在改革发展中更好维护保障公民权利、推进实现公民福祉的必然要求。

第一节　科学执政与现代治理结构的形成

科学执政要求执政党深入探究与遵循人类社会现代化的规律、现代化进程中中国特色社会主义的建设与发展规律、中国特色社会主义建设与发展过程中党的执政规律，以不断深化的对各层次规律的认识指导执政实践。就当前改革而言，执政党科学执政极为重要的一点就是按照现代化发展一般规律，结合中国具体实际，在明确并有效发挥自身总揽全局、协调各方领导核心作用的前提下，正确认识、处理党权与国家政权的关系、政府与市场的关系、国家与社会的关系，推动形成各领域之间的合理关系结构。从国家治理现代化的角度而言，这种合理的关系结构即是一种规范化的现代治理结构。后面的分析将会逐步表明，这种现代治理结构形成的强大动力在于公民不断生成与增强的权利意识与权利需求，而这种现代治理结构的形成又有利于公民权利的进一步确认、维护与保障。

在改革开放以前的传统执政模式下，党权渗透于中国社会的方方面面，权力高度集中，党政不分，政治生活几乎完全主导经济生活与社会生活。改革开放以来，随着经济商品化与市场化的推进，原来权力高度集中、诸领域不分的状况逐渐被打破，党权和国家政权之间、政府与市场之间、国家与社会之间的功能区别日益明显，经济资源的配置权逐步向市场转移，社会事务的自治权开始向社会回归，政府机关的职责也愈益明确，经济领域、社会领域逐渐从政治领域中相对独立出来并不断发展。改革开放以来这种种变化实际上是现代化本身演进逻辑在中国社会的体现。当前，执政党要更为有效地推动执政模式的现代转变，就必须在认真总结以往经验教训的基础上，进一步深化对现代化本身演进逻辑的认识，并将之切实体现于自身执政实践之中。

一　推进党政关系的进一步科学化

就党权和国家政权（主要指行政，另外也包括立法与司法机关）的关系而言，遵循现代政党政治的一般规律，改革开放以来两者关系逐步走向科学化，但党权直接过分干预政权机关的问题仍需进一步有效解决。

党政分开[①]曾是20世纪80年代政治体制改革的"重头戏"。改革开放之初，邓小平对这一问题曾多次强调。在1980年《党和国家领导制度的改革》重要讲话中，他就指出要着手解决党政不分、以党代政问题。1986年6月在《在全体人民中树立法制观念》的讲话中，他强调："党管政府怎么管法，也需要总结经验。党政分开，从十一届三中全会以后就提出了这个问题。我们坚持党的领导，问题是党善于不善于领导。党要善于领导，不能干预太多，应该从中央开始。这样提不会削弱党的领导。干预太多，搞不好倒会削弱党的领导，恐怕是这样一个道理。"[②] 1986年9月至11月关于政治体制改革的几次谈话中，他又强调："要通过改革，处理好法治和人治的关系，处理好党和政府的关系。党的领导是不能动摇的，但党要善于领导，党政需要分开，这个问题要提上议事日程。""改革的内容，首先是党政要分开，解决党如何善于领导的问题。这是关键，要放在第一位。""效率不高同机构臃肿、人浮于事、作风拖拉有关，但更主要的是涉及党政不分，在很多事情上党代替了政府工作，党和政府很多机构重复。我们要坚持党的领导，不能放弃这一条，但是党要善于领导。"[③]

实际上，邓小平的这些看法很大程度上代表了当时党中央的集体认识。比如党的十二大报告就明确指出："党不是向群众发号施令的权力组织，也不是行政组织和生产组织。……党的领导……不应当等同于政府和企业的行政工作和生产指挥。党不应当包办代替它们的工作。只有这

[①] 对于党政关系，学界与政界有"党政分开"和"党政分工"两种不同说法。实际上，不必过于夸大这两种说法的差异，其都是针对现实问题，针对党政关系的规范化、科学化目标而言。分开就包括分工的意思，分工也是一种分开。由于邓小平和我们党的正式文件中使用的是"党政分开"的说法，我们在此也使用这一说法。

[②] 《邓小平文选》第三卷，人民出版社1993年版，第163—164页。

[③] 同上书，第177—179页。

样,党才能保证政府和企业独立地、有效地进行工作,自己也才能集中精力研究制定重要的政策,检查政策的执行,加强对党内外干部和群众的思想政治工作。"[1] 党的十三大报告也强调指出:"党政不分实际上降低了党的领导地位,削弱了党的领导作用,党政分开才能更好地实现党的领导作用,提高党的领导水平;党政不分使党顾不上抓自身的建设,党政分开才能保证做到'党要管党';党政不分使党处于行政工作第一线,容易成为矛盾的一个方面甚至处在矛盾的焦点上,党政分开才能使党驾驭矛盾,总揽全局,真正发挥协调各方的作用;党政不分使党处在直接执行者的地位,党政分开才能使党组织较好地行使监督职能,有效地防止和克服官僚主义。"[2] "党和国家政权机关的性质不同,职能不同,组织形式和工作方式不同。应当改革党的领导制度,划清党组织和国家政权的职能,理顺党组织与人民代表大会、政府、司法机关、群众团体、企事业单位和其他各种社会组织之间的关系,做到各司其职,并且逐步走向制度化。"[3]

在改革开放以来不断实践探索与经验总结的基础上,党的十五大与十六大对党的领导方式和执政方式的认识愈益深化,提出党要发挥总揽全局、协调各方的领导核心作用,党的领导主要是政治、思想和组织领导。这实际上是对党的职能与角色的进一步规范化与明确定位。至此,相关认识与提法在党的文件中开始相对固定下来。党的十五大报告指出,"党始终发挥总揽全局、协调各方的领导核心作用"[4]。江泽民在《在庆祝中国共产党成立八十周年大会上的讲话》中继而明确指出:"要按照总揽全局、协调各方的原则,进一步加强和完善党的领导体制,改进党的领导方式和执政方式,既保证党委的领导核心作用,又充分发挥人大、政府、政协以及人民团体和其他方面的职能作用。"[5] 党的十六大报告也强调:"党的领导主要是政治、思想和组织领导,通过制定大政方针,提

---

[1] 参见中共中央党校教务部编《十一届三中全会以来党和国家重要文献选编》,中共中央党校出版社2008年版,第153页。
[2] 同上书,第211页。
[3] 同上书,第210页。
[4] 同上书,第357页。
[5] 同上书,第411页。

出立法建议，推荐重要干部，进行思想宣传，发挥党组织和党员的作用，坚持依法执政，实施党对国家和社会的领导。党委在同级各种组织中发挥领导核心作用，集中精力抓好大事，支持各方独立负责、步调一致地开展工作。进一步改革和完善党的工作机构和工作机制。按照党纵览全局、协调各方的原则，规范党委和人大、政府、政协以及人民团体的关系，支持人大依法履行国家权力机关的职能，经过法定程序，使党的主张成为国家意志，使党组织推荐的人选成为国家政权机关的领导人员，并对他们进行监督；支持政府履行法定职能，依法行政；支持政协围绕团结和民主两大主题履行职能。加强对工会、共青团和妇联等人民团体的领导，支持他们依照法律和各自章程开展工作，更好地成为党联系广大人民群众的桥梁和纽带。"[1] 这样，在改革开放以来不断探索与经验总结的基础上，执政党对于党政关系的认识逐步深化。在党政关系问题上，既强调党的领导核心地位和作用，又强调党政关系的规范化尤其是功能区分。应该说，通过持续的改革，党的权力过于集中的问题在实践中不断推进解决，党政关系开始逐步理顺并不断科学化。

然而必须看到，党政关系问题的解决有其实践惰性，尽管改革开放以来相关认识愈益明确，实践发展也有所突破，但现实中党政不分问题依然在较大程度上存在。最主要表现是在很多情况下，党的组织、党的干部对于国家政权机构事务的直接干预，管得过宽、过细、过多。党组织和国家政权机构本来是两种性质与职能不同的组织系统，它们在组织上不具有领导与被领导的关系，或者说，不具有上下级隶属关系。但实际上，党组织的行政化现象较为严重。这种现实，与执政党一直强调的党对国家政权的领导必须通过国家权力机关，而不能直接干预国家政权机关的工作，不能行使政权机关的职权的理念是相违背的，与我国宪法关于人民代表大会地位的论述也是不相符合的。

这种与已有执政理念的违背表明现实中的党政关系依然存在扭曲与错位，党政分开的工作仍需进一步深入推进。在当前及以后的执政实践中，执政党应注意通过国家权力机关经法定程序将以民意为基础的自身

---

[1] 参见中共中央党校教务部编《十一届三中全会以来党和国家重要文献选编》，中共中央党校出版社 2008 年版，第 461 页。

意志转化为国家意志，切实避免将自身行政化，直接以政策或指令的形式去干预国家政权系统的工作。必须明确，中国共产党作为执政党，党政完全分开不可能，但其与国家政权系统的对接口应是国家权力机关即各级人民代表大会，而不是国家行政机关或司法机关。最高人民法院副院长江必新曾撰文对此作过透彻分析。他认为，执政党应当与行政机关和司法机关分开，而与国家权力机关保持高度的融合。"党与具有执行性质的行政机关和司法机关应当适当分离，因为行政机关必须依法行政，司法机关应当依法独立行使司法权，党在其中不仅发挥作用的空间不大，而且党的过分融入容易扭曲领导者的角色定位。实际上，只要行政机关真正依法行政、司法机关真正依法独立公正地行使司法权，实际上就已经实现了党的意志和党的领导，因为法律本身必须体现党的政策，而且法律本身就是党领导人民通过权力机关制定的。"① 确实，既然执政党的决定和主张通过国家权力机关变为了国家意志，变为了国家的宪法与法律，国家政权系统与民众遵守国家宪法与法律实际上也就实现了党的领导。而党政融合的主要平台或场所则是各级权力机关。"主要理由是：权力机关（亦是立法或规则制定机关）就其性质和功能而言，适合政党活动；政党作为吸纳、整合、表达民意的工具应当主要在权力机关活动；人民代表大会制度为中国的根本政治制度，全国人民代表大会是中国的最高权力机关，赢得这一'政治高地'，才有可能实现对国家的领导权；在国家立法、行政、司法、军事诸种权力中，只有立法或权力机关适合于政党活动；各个政党在权力机关（或议会）进行活动或博弈是政党政治的主要特征。"② 党通过权力机关的四种权力，即立法或制定政策权、人事选举任免权、重大事项决策权、监督权和罢免权"就足以实现对行政、司法（审判、检察）、军事诸权的控制和对国家其他公共权力机关的领导，完全没有必要由党的组织直接干预行政机关和司法机关的具体事务"③。他还进一步提出，"为了使这种统一和融合切实有效，中央和各级党委的部委主要负责人应当通过民主选举程序成为各级权力机关相应委

---

① 江必新：《法治国家的制度逻辑与理性建构》，中国法制出版社 2014 年版，第 36 页。
② 同上书，第 36—37 页。
③ 同上书，第 37 页。

员会的负责人，以便各级权力机关的委员会切实贯彻党的路线、方针、政策"。"党的各部委的主要工作阵地应当是权力机关的相应对的委员会。"①

综合以上分析，党政关系的改革还有待进一步深化。可以预见，随着中国现代化的不断推进，社会自身的自主性、活力与能力将会不断增强，公民的权利意识与权利需求也将不断增强。而社会的不断发育生长、公民权利意识与权利需求的增强一方面会进一步呼唤一个有效、负责的公共服务型政府以及一个有效保障公民权利、依法独立公正行使职权的司法机关，另一方面也会进一步唤起公民的民主意识与民主诉求。在这种情况下，作为体制内参与主渠道的人民代表大会的作用将会进一步强化，执政党在代表人民利益的同时应更为注重公民利益的自我表达、注重社会本身的意愿与追求，应更为重视发挥作为体制内参与主渠道的人民代表大会的功能与作用，更为重视与各级人民代表大会的平台对接与有机融合。就此而言，社会本身的发展与公民权利需求的增强必将推动党政关系在进一步的探索与磨合中愈益规范化。

二 推进政府与市场关系的进一步规范化

就政府与市场的关系而言，改革开放以来，在实践探索与认识深化的基础上，两者关系的合理化程度大为提升。在改革的全面深化阶段，坚持社会主义市场经济的大方向，转变权力直接干预经济的传统发展方式，深化经济体制改革，进一步规范两者关系，仍是改革的重点所在。

党的十一届三中全会以来，我国的经济体制从原来政治权力完全支配经济资源的计划经济到计划经济为主、市场调节为辅，到有计划的商品经济，再到建立与不断完善社会主义市场经济体制，改革颇具力度与深度。中国经济社会发展的巨大成就正源于对传统理念与体制机制的这种不断突破与改革。然而必须看到，社会主义市场经济体制的健全与完善具有长期性。随着改革的推进，整个经济领域虽然获得了愈益增多的自主性与自由权利，但是基于意识形态的考虑，基于 GDP 增长的考虑，

---

① 江必新：《法治国家的制度逻辑与理性建构》，中国法制出版社 2014 年版，第 38 页。

基于财政收入增加的考虑，基于政绩观的考虑甚至个人私利的考虑，政治权力支配巨量经济资源，直接干预微观经济活动的问题直至今天依然较为普遍存在。这种权力对经济的直接普遍干预虽然动机不同于过去的计划经济，机制也有很大差别，但权力主导的特点具有极大相似性。由于这种干预与支配使得市场本身的应有机制与规律无法有效发挥作用，经济发展必然问题重重，而以其为主要特点的经济发展方式的转变也就在所难免。

党的十八届三中全会对这种权力主导与支配的经济发展方式，对于政府与市场关系提出了明确而系统的改革思路。"经济体制改革是全面深化改革的重点，核心问题是处理好政府与市场的关系，使市场在资源配置中起决定性作用和更好发挥政府作用。""紧紧围绕使市场在资源配置中起决定性作用深化经济体制改革，坚持和完善基本经济制度，加快完善现代市场体系、宏观调控体系、开放型经济体系，加快转变经济发展方式，加快建设创新型国家，推动经济更有效率、更加公平、更可持续发展。""必须积极稳妥从广度和深度上推进市场化改革，大幅度减少政府对资源的直接配置，推动资源配置依据市场规则、市场价格、市场竞争实现效益最大化和效率最优化。政府的职责和作用主要是保持宏观经济稳定，加强和优化公共服务，保障公平竞争，加强市场监管，维护市场秩序，推动可持续发展，促进共同富裕，弥补市场失灵。"[①] 按照以上思路深化改革，政府和市场关系的规范化程度无疑将大为提升。至于改革的各项具体措施，党的十八届三中全会已有较为全面的论述，学界也多有研究，兹不赘述。在此只着重强调一个问题，即要想更为深入地推进市场化改革，就必须要在什么是公有制问题上进一步解放思想。必也正名乎！如果不进一步在公有、私有问题上解放思想，所谓"非公"或民营经济的发展就缺乏一个真正理想的理论语境与思想基础，而中国的市场化进程就会受到有意无意、或明或暗的意识形态阻力。只要囿于传统意识形态，对公有与所谓"非公"采取区别对待的政策与做法就难以完全避免，统一市场体系

---

① 《中共中央关于全面深化改革若干重大问题的决定》，"中国经济网" http：//www. ce. cn/xwzx/gnsz/szyw/201311/18/t20131118_1767104. shtml。

与公平市场秩序的形成、政府与市场关系的进一步规范化就会始终面临特定的障碍。

回顾整个经济改革历程，就思想认识而言，我们在姓公姓私、姓社姓资的问题上持续推进思想解放，深化了对公有制的理解，明确公有制经济不仅包括国有经济和集体经济，而且包括混合所有制经济中的国有成分和集体成分。可以说，持续的思想解放极大地推动了中国经济社会的发展。然而，立足今天加以审视，经济方面的思想解放似乎又不尽彻底。这种思想认识方面的不彻底集中表现为：将公有制经济形式单纯理解为国有经济、集体经济以及混合所有制经济中的国有成分和集体成分，好像只有与公权力有关的经济形式才有资格称为"公"，而民间与社会的只能称为"非公"。实际上，将公有经济由单纯的国有经济和集体经济拓展到混合所有制经济中的国有成分和集体成分，只是一种范围的拓宽，但传统的公有观念，即国有和集体所有才属于公有的观念并未真正突破。而这一观念恰恰是传统斯大林模式在经济制度方面的核心理念。这种仅将国有与集体所有视为公有的传统理念，实际上自觉不自觉地反映了这样一种认识：只有直接掌控大量经济资源、直接干预经济，执政党执政的经济基础才会稳固，在意识形态上才是安全的。国有经济、集体经济以及相关成分都被视为在政治上可控而可信的，而所谓"非公经济"则由于不能直接控制，因而不能完全可信。换言之，这种传统公有理念暗含着一种或明或暗的经济上的对立思维与未曾言明的阶级思维。

实际上，按照马克思的理论，未来理想社会所要实行的生产关系模式是"在协作和对土地及靠劳动本身生产的生产资料的共同占有的基础上，重新建立个人所有制"[①]。所谓重新建立个人所有制，一方面是指劳动者个体可以实现与生产资料的自由结合以及对劳动成果的切实掌握享有，从而避免由于生产资料的丧失而被奴役、剥削的可能性；另一方面是指劳动者对生产资料的个人所有是以自由联合的劳动者对生产资料的共同占有为实现形式的，这种共同占有可以避免资本主义私有制所导致的各种问题，是生产力发展的必然要求。在此意义上，共产主义的生产

---

① 《马克思恩格斯文集》5，人民出版社 2009 年版，第 874 页。

关系模式又可以称为一种社会所有制，共产主义生产关系模式实际上就是劳动者个体所有的一种自由联合，是一种以全体劳动者个体所有为实质的社会所有制，而不是现实中的国家和集体占有。按照马克思主义创始人的设想，只是在无产阶级专政向共产主义社会的过渡阶段，才暂时实行国家所有制。并且，国家所有制的实行还有一个前提条件，即国家政权切实为人民所掌握与控制。民主是保障生产资料集中在国家手中但人民又可以切实占有的政治前提。正是由于这个原因，《共产党宣言》才强调，无产阶级首先要上升为统治阶级，争得民主，然后再把一切生产工具集中在国家手中。在这个意义上，以劳动者个人所有为实质、由社会成员共同占有、社会个体切实享有劳动成果的社会所有制实际上比国家所有和集体所有的公有制形式更符合马克思主义公有制的本来含义。

按以上理解，改革开放以来，我国在经济发展中出现的股份制、合作制、各种基金以及社团经济、社区经济等也都属于具有一定公有性质的经济形式。这些公有制经济形式的特点在于：一方面，资本或生产资料作为一个整体由公共占有而不是私人占有，因而不是单纯的个体私有制。另一方面，资本或生产资料的最终所有权属于劳动者个人而不是属于国家或集体等共同体，因而也不是传统公有制。它们是公共占有与个人所有相统一，产权主体多元化、管理社会化、分配方式多样化的新型公有制形式。其比传统公有制更强调生产资料的社会共同占有，更强调这种共同占有与个人所有的统一，更符合社会主义公有制的本来要求。当然，这些新型公有制形式不是马克思意义上完全理想的社会所有制形式，因为其还要服从于资本的逻辑，但是，当前的这些公有制形式是那种理想的社会所有制形式在市场经济条件下的征兆与探索，是社会成员小范围的财产自由联合。从单纯的个体私有到完全的社会公有之历史进程中，必然存在生产关系上的中间形态与过渡样态，这种中间形态与过渡样态的主体就是大量既公又私、既非纯公又非纯私的经济组织与经济关系模式。只有通过社会成员小范围的财产自由联合，才能最终实现大范围的社会所有。认为存在着纯粹的公与纯粹的私，两者可以截然分开，并且将公与权力直接对应，将私与民间社会直接对应，在市场经济的现阶段，这种观点在很大程度上是一种形而上学的僵化认识。

　　由于与个人利益直接相关，这些新型公有制形式更能有效激发生产要素所有者的积极性、主动性与创造性，更有利于经济资源配置效率的提高，从而更易于与市场经济相结合。在这些更好体现公民经济权利的公有制形式中，每个社会成员都能够利用自身所掌握的分散的个体性知识与信息来从事微观经济活动，而产权主体多元化、管理社会化、决策民主化又能够较为有效地对个体的知识进行整合与集成，经济活动由此可以不断注入新的知识增量。在一定意义上，这些新型公有制形式的发展，实际上是公民个体经济权利确认、保障与实现的自然结果。

　　国内理论界在此问题的认识上也早已实现突破。何伟在《股份制与社会所有制》一书中认为，社会主义经济基础准确的、科学的定位不应是国有经济，而是社会所有制。社会所有制是公有制，但不同于一般公有制，它是适应社会化大生产要求的一种公有制。其具体实现形式有国有制、集体所有制、合作制、股份制、各种基金以及社团所有制等。[1] 王祖强在《社会主义所有制理论的创新与发展》一书中提出，社会所有制是社会主义所有制的本质。社会所有制是建立在社会化生产基础上的联合起来的劳动者个人所有制，其主体（所有者）是联合起来的劳动者，其客体是高度社会化的生产资料；其本质是自由劳动力与自由资本在全社会范围内自由、平等的联合或结合。社会所有制的具体形式包括劳动者股份所有制、国家所有制、集体所有制、基金所有制和社团所有制等。其中，劳动者股份所有制是社会所有制的主要形式。[2] 厉以宁在《论新公有制企业》一文中提出，在从计划经济体制转入市场经济体制后，传统公有制企业应当转变为同市场经济相适应的新公有制企业。新公有制企业有四种表现形式：第一种形式是经过改制的新的国家所有制；第二种形式是国家控股或国家参股的股份制企业；第三种形式是大量存在的没有国家投资的公众持股企业；第四种形式是公益性基金所有制所办

---

[1] 何伟：《股份制与社会所有制》，经济科学出版社2008年版，第116页。
[2] 王祖强：《社会主义所有制理论的创新与发展》，中国经济出版社2005年版，第44—45页，第66页。

的企业。① 以上各家观点尽管并不完全一致，但都突出了社会所有这一社会主义公有制的本质内涵。所以，在公有制的内涵方面，有必要继续打破僵化认识，进一步解放思想，真正把社会所有这一维度包括进来。

将社会所有视为现代公有制的本质内涵，不仅有利于在实践中解除一直戴在"非公经济"头上的意识形态偏见帽子，从根本上讲，也有利于实现中国经济的结构优化与可持续发展。

就前者而言，尽管现在党和国家的文件明确提出"非公经济"是社会主义市场经济的重要组成部分，主张各种所有制平等竞争，十八届三中全会甚至提出公有制经济与非公有制经济都是我国经济社会发展的重要基础，但实际上，不论在思想认识还是在政策待遇方面，对于所谓"非公经济"的歧视一直存在。按照中国的文化传统，名不正则言不顺，言不顺则事不成，强调进一步的思想解放实际上就是要给所谓"非公"经济一个合理合法的名分。如果思想能够进一步解放，我们就不应再担心、忧惧随"非公经济"的发展，公有制主体地位会受影响、社会主义经济基础会被削弱的问题。因为按照对公有制内涵的新认识，现在所谓"非公经济"很大一部分都属于公有制经济的新形式。它们的不断发展说明中国社会的公有制经济基础不但没有被削弱，反而更加稳固。而与之相反，将社会主义经济基础仅仅界定为全民所有制和集体所有制，既不符合马克思主义原本的理论旨趣，更不符合经济生活中"非公经济"迅速发展的实际。

就后者而言，如果仅仅将国有和集体所有视为公有并在制度、政策上过度倾斜扶持，中国经济在发展中势必遭遇重大危机与挫折。除了众所周知的行政性垄断对于市场经济秩序造成的不利影响以及低的创新效率外，中国庞大国有企业所面临的真正风险在于，在全球性的产业转换升级中，很多国有企业所涉及的产业都将不可避免地沦为夕阳产业，届时其生存本身都将成为问题，必然会成为整个国家与社会的沉重负担。具体而言，目前，国家大力支持的垄断企业相当一部分铆定在资源产业、重化工业与传统制造业。这些产业如果一直由垄断企业铆定，如果这些垄断企业在全球性的产业结构调整中丧失优势，或需重组，那时的改革

---

① 厉以宁：《论新公有制企业》，《经济学动态》2004年第1期。

成本将更为高昂，引发的社会利益矛盾亦有可能十分剧烈。现在这一问题已经开始显现。因为，倾注了国家大量资源，牵扯众多重大利益关系，规模巨大乃至"大到不能倒"的垄断企业往往很难像其他类型企业那样灵活地根据市场需求进行结构调整与产业升级。它的改革受到政治、经济、社会、意识形态等多方面因素的制约。而政府投入越多、各方面制约越大、调整越慢，代价就越高。历次的国企改革都证明了这一点。"一旦国家向特定的企业或部门承诺了资源和特权，那么当这些企业显然需要进行重组或者其他国家的竞争者超过了它们的时候，政府就很难'拔掉插头'停止给它们输送资源和特权。政府或是不愿丢面子，或者更为普遍的情况是，政治上强有力的利益集团使得初衷良好的政府失去干预能力，最终放弃干预。"① 考虑到极其巨大的经济风险以及由此带来的整体社会风险，在什么是社会主义公有制的问题上进一步解放思想，切实推进各种经济形式的平等竞争尤其是社会所有制经济的有效发展，是制约政府不当经济行为，规范政府与市场关系，推进市场化改革的必然要求，也是中国经济健康发展的长久之计。当然，按照改革开放以来经济领域思想解放的先例，进一步的思想解放可能要先以"非公"经济进一步的持续发展为前提。当"非公"经济不断持续发展，其在中国经济总量中所占比重进一步提升、重要性进一步增强，经济现实引发对原有公有制理解的深入反思时，进一步思想解放的时机可能就到来了。

三　推进国家与社会关系的合理化

改革开放以来，社会领域逐渐摆脱了原来高度集中的政治权力的束缚，作为一个相对独立的领域不断发展。在这一领域内，广大社会成员具有了越来越多的私人自由与公共交往自由，自主决定着自己的生存方式，享有自己的生活空间。并且，自组织性与自主性日益增强的社会领域在维护公民权利、制衡国家权力、实现社会公益等方面发挥着愈益重要的协同治理功能。当前，在改革的全面深化阶段，要推动形成更为合

---

① ［美］威廉·鲍莫尔、罗伯特·利坦、卡尔·施拉姆：《好的资本主义，坏的资本主义》，中信出版社 2008 年版，第 63 页。

理的国家与社会关系架构，就必须积极稳妥地进一步向社会领域赋权与放权。①这种放权与赋权一方面是为了保护社会免遭权力与资本的过分侵蚀与破坏，更好地保障与实现广大公民的社会权利，体现社会公平正义，使发展成果更多更公平地惠及全体人民，而这就要求积极推进各项社会事业的改革创新。另一方面是为了进一步激发社会活力与动力，更好发挥其协同治理功能。而其重点就是要支持、帮助、引导、规范社会组织的发展。

当前，要想切实推进社会组织的发展，对社会组织性质与特点的科学认识至关重要。只有认识科学化，才可能以正确的态度形成合理的改革思路与举措。所谓科学的认识，一方面是指应深刻认识社会组织的不断发展是现代社会的必然趋势，其在现代治理中发挥着重要功能。基于此，在推动形成国家与社会合理关系架构的过程中，对于各种正当社会组织的成长，党政部门与党员干部应改变对立、警惕的态度，积极加强规范、引导与合作。可以说，在当代中国，要想推动社会组织成长首先必须解决观念上的问题。我国学者俞可平研究认为，由于对社会组织的认识和判断发生了偏差，现阶段在部分党政干部中间，对于社会组织存在着四种不友好或不恰当的态度：其一，轻视和漠视民间组织，认为民间组织在中国的社会政治生活中无足轻重，成不了气候；其二，对民间组织不信任，认为民间组织不是正式机构，不可靠；其三，害怕民间组织，认为其一旦变得强大，就会脱离政府的监管，政府对社会的控制力就会下降；其四，敌视民间组织，认为民间组织总是跟政府不合作，甚至跟政府唱对台戏，要坚决予以遏制。就此而言，要"为民间组织提供一个更加有利的制度环境，首先需要政府官员端正对民间组织的态度。要正确对待各种民间组织，从总体上说，既不要敌视它，也不要忽视它；既不要惧怕它，也不要溺爱它；既不要放任它，也不要封堵它。有远见的党政干部应当主动与各种合法的、健康的民间组织建立信任关系和伙伴关系，积极培育各种与政府合作、有利于促进社会公共利益、基层民主和公民自治的民间组织，充分发挥它们在社会管理、公民参与和建设

---

① 这一问题在第十一章"公民权利视野中的培育社会与保卫社会"中还有更进一步的论述。

和谐社会中的作用"①。

　　科学认识的另一方面内涵是指，应明确认识到社会组织性质的复杂性与功能的局限性，不能将其理想化，更不能将问题解决的希望过分寄托于社会组织的发展。之所以强调这一点，是因为在当前关于社会组织的理解方面，除上述消极的认识以外，还存在一种与之相反的脱离实际的理想化倾向。按照当前这种比较流行的理想化认识，社会组织具有民间性、非营利性、自治性、志愿性以及公益性等特点，在现代社会中弥补政府与市场之不足，似乎发挥的完全是正向的积极功能。其实这种单向度的思维方式既不符合辩证法，与现实情况也有所出入。实际情况是，现代社会中确实存在一个相对独立于国家及市场并发挥着一定治理功能的社会领域，但这一领域却绝不像理念中所认为的那么规范与美好，其在现实中也同样具有假丑恶的一面。针对于此，我国学者王绍光曾明确提出要打破有关非营利、非政府组织的四个神话，而之所以称之为神话，就是因为它们缺乏事实基础。这四个神话是：新现象神话，实际上非营利、非政府组织古已有之；志愿的神话，实际上在相当多的国家，非营利、非政府组织最大的收入来源是政府而不是志愿捐款；独立的神话，实际上第三部门与政府以及企业之间的界限并不清楚，第三部门往往受到其他外在因素的影响与控制，完全独立的非营利、非政府组织打着灯笼也很难找到；圣洁的神话，有些卷入非营利活动的人动机并不纯洁，非营利组织也未必是社会变革的生力军，其效率也不能高估。② 王绍光引述国外学者 John Hawks 的研究列举了非营利组织发展中的九大问题：滥用减免特权、名不副实，高工资，行政费用过高，花钱筹款、谁人得利，贪污屡禁不绝，不公平竞争，涉足党派政治、变成特殊利益集团，设置骗局、引君入瓮，监督与改进第三部门绝非易事等。③

　　基于对社会组织性质与特点的这种全面分析与科学认识，对于当前

---

　　① 参见唐晋主编《大国策：通向大国之路的中国民主 公民社会》，人民日报出版社2009年版，第268—269页。

　　② 王绍光：《多元与统一——第三部门国际比较研究》，浙江人民出版社1999年版，第423—427页。

　　③ 同上书，第107—124页。

改革进程中社会组织的发展而言，一方面，要"加快实施政社分开，推进社会组织明确权责、依法自治、发挥作用。适合由社会组织提供的公共服务和解决的事项，交由社会组织承担。支持和发展志愿服务组织。限期实现行业协会商会与行政机关真正脱钩，重点培育和优先发展行业协会商会类、科技类、公益慈善类、城乡社区服务类社会组织，成立时直接依法申请登记"①。另一方面，要加强管理和规范，视时、视情赋权放权，避免赋权放权过快、过度而社会组织又无力承担。而无论是支持、帮助、推动，还是引导、规范与管理，都必须进一步改革、健全与完善相关的制度规范，包括法律法规与政策等，保证其在制度化特别是法治化的轨道上进行。

按照以上分析，在当代中国，中国共产党科学执政根本之点就是要在明确并切实发挥自身领导核心作用的前提下，正确认识、处理党权与政权、政府与市场、国家与社会的关系，并推动形成各方之间的合理关系架构。在这样一种关系架构下，执政党总揽全局、协调各方，政府有能力、市场有活力、社会有动力。当然，这种关系架构的具体形态既应体现现代化的一般规律，也要基于中国自身实际。同时，各方面之间的关系也并非完全固定，而是动态调整的。就这种关系结构的形成而言，执政党要注意在合理范围内向政府系统放权，以让政府有足够权能承担责任、履行义务；政府则要按照改革要求合理定位并努力转变自身职能，特别是要积极稳妥地深化市场化改革，简政并向市场放权；而公权力包括执政党与政府也要积极稳妥地向社会赋权放权。当然，各个层面的放权与赋权都不能一放了之，而是必须放准、放稳、放到位，实现各项权能的有效衔接，避免乱放、错放、空放。

第二节 民主执政与党执政合法性、有效性的提升

民主执政要求执政党对内通过党内民主，对外通过进一步加强、密

---

① 《中共中央关于全面深化改革若干重大问题的决定》，"中国经济网"（http://www.ce.cn/xwzx/gnsz/szyw/201311/18/t20131118_1767104.shtml）。

切同广大人民群众的联系，来巩固与夯实自身执政基础，提升自身执政的合法性与有效性。

　　始终根植于人民，努力保持与广大民众的血肉联系，是中国共产党不同历史时期各项事业成功的关键与奥秘所在。对于人民群众作为自身力量源泉的这种极端重要性，执政党也具有十分清醒的自觉意识，群众路线的提出及不断强调就是极好的证明。今天，中国的改革已经进入攻坚克难的关键时期与全面深化阶段，要有效应对各种风险挑战，解决各种复杂问题，实现既定宏伟目标，执政党就更需要紧紧依靠广大人民群众。只有有效实现与保持自身的人民性，广泛听取民众意见、切实集中群众智慧、有效汇集民众力量，执政党才能够披荆斩棘、将改革进一步推向深入。然而，相较于严峻的改革形势，相比于紧迫的发展要求，当前的党群、干群关系仍然存在较为严重、较为普遍的问题，脱离群众的危险作为党执政后面临的最大危险仍尖锐地摆在全党面前。此外，利益主体多样化、生活方式多样化、思维方式多样化、价值趋向多样化、社会组织多样化的时代条件也对党的民主执政提出了新的挑战与要求。如果说在革命战争年代，严酷的环境与条件迫使共产党不得不密切联系群众，植根于民众之中，那么，在和平环境下，在新的时代条件下，如何加强执政党与人民群众的联系，使过去的雨水关系、血肉关系不致异化为水油关系乃至水火关系，切实巩固党执政的社会基础就成为执政党必须面对与解决的历史性课题。

　　要有效地解决党群、干群关系的疏离问题，保障与实现执政党的人民性，执政党当前必须注重做好三方面的工作：在执政思维上打破单纯替民作主的意识，进一步树立由民作主的理念；依据政党政治基本原理深刻认识党在人民群众与国家政权之间的桥梁角色和中介定位；在合理认识基础之上推进党的机构改革，加强相关制度机制建设。

一　进一步树立由民作主的理念

　　没有民主就没有社会主义，就没有社会主义现代化。民主是社会主义的生命。这些理念的提出表明民主对于社会主义的价值已经成为一种普遍共识。改革开放以来，中国民主政治建设的成就亦是有目共睹。但观诸现实，不得不承认，过分强调执政党本身的代表性，过分强调替人民当家作主，在某种程度上忽视公民主体地位与具体利益诉求的思维与现象仍是较为普遍的。执政党应该而且必须代表人民，但不应认为执政党只能单纯地替民作主。强调人民民主与有意无意地总想替人民当家作主，两种不同思维反映出当前一些党员干部头脑中实际存在的矛盾与不一致。这种实际存在的矛盾与不一致表明在相关问题上仍需进一步廓清有关错误认识，树立现代民主理念。

单纯替民作主这种错误执政思维与现象之存在，原因是多方面的。其一是中国传统政治文化的影响。中国几千年来积淀的官本位思想以及政治就是"牧民"的观念在某些党员干部头脑中还是印记深深，作为潜意识而难以拔除，这与近现代以来中国社会缺乏有效的现代价值启蒙有很大关系。其二是传统执政模式惯性的使然。在革命战争时期就已形成，在社会主义建设时期得以延续甚至强化的高度管制的执政模式在改革开放以后虽渐有改变但并未被彻底打破。按照这种执政思维，在某些人看来，似乎只有作为人民的代表直接出面掌握各种权力，才叫作执政，才能保证执政地位不受影响，而一旦强调人民的民主权利，似乎就会冲击和影响党的执政地位。现在要打破这种思维，难度不小。其三是现实利益因素的影响。思维最终不可能脱离利益。替民作主和由民作主，两种不同的执政思维，最终必然体现为不同的利益结果。过分强调代表性，有意无意地总是想替民作主，在很大程度上更便于某些党员干部不规范地追求自身或部门、地区的特殊利益。当前征地拆迁过程中某些地方党组织和党员干部对于利益冲突的直接卷入，赤裸裸地与民争利，很多都是在促进本地经济社会发展、有利于百姓的名义下做出的。基于利益的考虑，总想替民作主也就不难理解了。

中国改革推进到今天，这种过分强调为民作主、有意无意弱化公民自主权利的执政理念与方式已经暴露出巨大的问题。其一，随着中国社会的发展特别是社会结构、成分的愈益复杂化，民众的利益诉求愈益多样化。执政党所能代表的只是全体民众的根本利益、整体利益和长远利益。执政党只能以正确的方式来协调各种不同的利益关系，不应该、也不可能直接作为这些千差万别具体利益的代表者。而大量具体的利益诉求只能由民众自己表达与维护。其二，在现阶段的利益矛盾与冲突中，相当一部分是干群的矛盾与冲突问题，民众对抗党委机关和党员干部的行为时有发生，好像党和人民成为了不同的利益主体。这种情况不能不迫使我们反思传统执政模式之弊。其三，现实中公民政治参与机制不健全不完善，民众尚较为缺乏有效的利益表达与维护渠道，从而导致社会矛盾大量积压，群体性事件不断，严重影响党群、干群关系。其四，没有有效的民众参与与监督制约，党员干部的贪腐行为触目惊心。党内的贪腐迅速消耗着多少年来共产党在民众中辛辛苦苦建立起来的信任与认同，这种情况如果长期持续，党的执政基础将遭到极大破坏与严重削弱。要想从根本上解决贪腐问题，党内体系化的监督固然重要，党外的监督更是不可或缺。以上四个方面的问题都说明随着改革推进，在思想上切实转变认识，牢固树立现代民主理念，在实践中切实保障与维护公民政治权利，极为必要且迫在眉睫。

其实，关于人民民主与党的执政的关系问题，长期以来一直为我们党所关注探索。例如，1945年毛泽东与黄炎培关于历史兴亡周期率的著名对话，其实质就是人民民主与党的执政的关系问题。针对黄炎培提出的一人、一家、一团体、一地方、乃至一国"其兴也勃焉"、"其亡也忽焉"的历史兴亡周期率，毛泽东回答：我们已经找到了新路，我们能跳出这周期率。这条新路，就是民主。只有让人民起来监督政府，政府才不敢松懈。只有人人起来负责，才不会人亡政息。正是因为认为自己已经找到了一条新路，1949年3月从西柏坡进京前，毛泽东才充满信心地说：我们进京赶考去，我们绝不做李自成。"从二人的上述对话来看，民主是跳出历史周期率的唯一出路；而毛泽东所说的'进京赶考'，实际上考的就是中国共产党能否通过民主考试这一关：通过考试意味着建立新型官民关系，将中国带入现代国家行列，实现国家长治久安；不能通过考试意味着未能突破旧日统治者和被统治者的关系框架，未能结束王朝兴衰更替、国家治乱循环的路径。"[①] "共产党是否通过了执政考验，能否终结革命，终止王朝更替的周期率，目前还不能给出肯定答案。中国共产党人尤其是中国共产党的领导人，必须有此清醒认识，并用勇气担当起历史重任：将中国带入现代国家行列，建立现代官民关系，终结革命，

---

① 燕继荣：《国家治理及其改革》，北京大学出版社2015年版，第171页。

终止王朝更替,实现中国长治久安。"① 就此而言,毛泽东与黄炎培的"窑洞对"距今已70余年,但所涉及的问题直到今天依然是我们需要认真思考与解决的。

二 切实避免执政党的过度行政化

当前执政党与人民群众关系方面存在的另一个重要问题就是执政党在广大人民群众与国家权力之间的中介功能与桥梁角色还需更好发挥。就政党政治的基本原理而言,掌握政治权力是任何政党的当然目的,但在现代政治文明的视野中,一个政党之所以可能成为执政党,是因为代表了范围尽可能广泛的民众的利益,能够获得广大民众的支持,具有人民性。就此而言,政党要想具有牢固的执政基础,最大程度地保持自身的生机与活力,就必须始终注意扎根于最广大民众之中,而不能脱离于人民之外。政党应该在人民与国家权力之间发挥一种桥梁与中介作用,多渠道、多方式汇集民意,代表、整合民众的利益诉求,进而在此基础上形成自己的施政纲领与方针政策以作用于国家权力。这既是近现代以来政党政治的通则,也是马克思主义政党应该秉持的执政理念。如果执政党没有有效发挥自身的应有功能,而是在很大程度上直接代替国家权力,越俎代庖地去发挥政府的作用,那么,其本身应有的功能定位在实际中就会发生偏差,必然会导致人民性逐步弱化而行政性逐渐增强。

如果执政党过分行政化,既会因烦琐行政事务之累而难有充分时间密切与人民之联系,思考关乎全局之大事,也会因行政化、官僚化所掌握的巨大权力与利益之腐蚀而难保为民之初衷。其时,脱离民众、官僚主义、文牍主义、形式主义、贪污腐化、与民争利等问题就会难以遏制。在这种情况下,党群、干群关系就会出现问题,政党执政的群众基础就会逐渐弱化。而且由于党的工作事无巨细,社会出现任何问题都往往要归咎于执政党。以上所论,兹事体大,不能不虑。著名中国问题研究专家郑永年在分析中国政治时,也指出了这一问题。他认为,在执政党所面临的诸种困难中,最重要的是党本身的定位问题。定位问题是指党是

---

① 燕继荣:《国家治理及其改革》,北京大学出版社2015年版,第173—174页。

把自己当作政党还是政府来使用的问题。"从理想层面来说，党政应当分野：党管政治，政府管行政。政党应当履行政治责任，而政府的焦点则是行政效率问题。就是说，党权应当是政治权，不是行政权。一旦党权演变或者扩展成为行政权，党就演变成了直接行政组织。如果党只管政治，管重大问题的决策，而不涉及政策的执行，那么作为政策执行机构的政府仍可以有所作为。一旦党权演变为行政权，那么政府基本上只是一个辅助机构。这样就不可避免地产生诸多负面效果，包括政党政治功能的衰落、行政成本的增加、行政效率的低下和党政冲突的增加等。"[①]"共产党应当是政府和社会之间的中介。党的一面应当是人民，而另一面则应当是政府。人民—政党—政府应当是个有机体。""但现在共产党的定位是：党—政府—人民。党和政府在人民之上，党又在政府之上。党甚至把自己当成一级政府来使用，而把政府当作二级政府。"[②] 我国学者燕继荣也指出："政治学的常识告诉我们，'执政'与'行政'有所不同，'执政党'不应该蜕变为'行政党'。但是，现实当中，人们发现，我们的制度安排让执政者既操持政治事务，又深陷行政事务，既要'掌舵'又要'划桨'，既要制定规则又要实施规则。"[③] 当然，郑永年与燕继荣等所指出的问题随着我们改革的推进也在逐步解决，但迄至今日，并未得到彻底有效的解决，特别是在地方层面尤甚。针对于此，要推进党的执政模式现代化，就必须深化对政党政治基本规律的认识，按照政党政治的规律行为。

三　加强相关的组织与制度机制建设

按照上述分析，就执政党而言，要有效解决党群、干群关系问题，充分实现自身的人民性，在执政思维上就必须切实破除单纯替民作主的意识，树立由民作主的理念，必须充分认识到自己与公共权力特别是政府的区别，明确自身在人民与政府之间的这种中介功能，把密切与人民的联系作为基础性的工作。在以上认识基础之上，要想保持同人民群众

---

① 郑永年：《改革及其敌人》，浙江人民出版社2011年版，第189—190页。
② 同上书，第218页。
③ 燕继荣：《国家治理及其改革》，北京大学出版社2015年版，第41页。

的密切联系，党还必须围绕这一基础工作推进相关党内机构的改革，加强相关制度机制建设。

改革开放以来，相比于国家的行政体制改革与政府机构改革，党内机构改革的速度相对滞后，力度不够。这一点，在加强与密切同广大人民群众的联系这一党的基础性工作方面体现得尤为明显。具体而言，现在党的各种组织机构中，并无专门负责研究、规划、协调、指导、组织群众工作的部门与机构。党内现有组织部、宣传部、统战部等部门，但专门负责研究、规划、协调、指导、组织群众工作的部门是什么呢？党的组织部门具有一定的协调、指导与组织功能，但其主要功能并不在此，精力也无法有效集中于此。现在一些地方党委建有党群工作部，但有的党群工作部的职能是原有信访职能的拓展，其虽有一定民意表达与采集功能，但侧重于各类矛盾的协调与纠纷的化解，汇民情、集民智、专门联系民众并非其主要职能。有的党群工作部的职能更是无所不包。综合起来看，当前，党内许多部门机构好像都发挥着一定的民众联系功能，但却没有哪一个具体部门与机构能够有效承担对此的专门研究、规划、协调、指导、组织功能。这种组织状况导致政党的人民性无法充分实现。当然，为了努力保持与实现自身的人民性，改革开放以来执政党也不定期地开展各种政治教育活动，比如以"讲学习、讲政治、讲正气"为主要内容的"三讲"教育活动；以实践"三个代表"重要思想为主要内容的保持共产党员先进性教育活动；党的群众路线教育实践活动以及"三严三实"专题教育活动等。但是自上而下的政治教育活动即使能够在一定程度上解决一些具体问题，但无法解决根本问题，无法保障长期效果。就此而言，要切实解决执政党的人民性问题，各种活动固然必要，但不能代替机构的建设与制度的完善。依照上述分析，按照政党政治的基本原理，要充分实现自身人民性，党就必须改革自身组织架构。可以考虑适度整合现有机构的相关功能，设立专门负责研究、规划、协调、指导、组织群众工作的机构或部门，并且这一部门或机构应在党的组织设置中处于极为重要位置，属于强力机构。这种党的机构的改革可为执政党人民性的充分实现提供必要的组织载体。

除了加强组织建设外，要想充分实现自身人民性，执政党还必须注意加强相关制度机制建设。在我党历史上,主要强调通过自上而下的群众路线去联系群众,应看到形成于革命战争年代的群众路线虽也发挥着汇民情、集民智的一定民主功能,今天也依然有存在之必要,但这种过于依赖领导干部自身能动性的作风建设已无法完全适应情况愈益复杂的当代社会实际。一方面,群众路线强调领导干部本身要"从群众中来,到群众中去",依靠的是领导干部本身的积极性与主观能动性。既然如此,其贯彻执行就面临一个领导干部想不想、能不能、愿不愿的问题,领导干部个人的素质、能力、态度与作风就起着决定性的作用。在这种情况下,如果缺乏有效的制度依托,主导性完全在领导干部一方,群众路线的运作无疑具有极大的偶然性与很强的随意性。即使领导干部没有有效贯彻执行群众路线,也被认为顶多是作风问题而非原则问题与法律问题。由于缺乏强有力的民众参与机制与惩戒机制,领导干部贯彻落实群众路线的压力与动力就会成为问题。特别是在缺乏有效监督制约的情况下,某些领导干部本身就问题多多,又怎么能够依靠他们去体恤民情、发扬群众路线呢?在这种情况下,即使有调查研究,恐怕也会沦为主观主义、形式主义与官僚主义。现实中存在的诸多官民矛盾表明,仅仅停留于对待群众的作风、态度与方法层面,对于问题的实际解决是远远不够的。另一方面,随着现代化进程的推进,中国社会愈益分化,作为一个有机体的复杂程度愈益增大,利益与价值观日益多样化。在这种情况下,由于领导干部本身能力与时间的限制,由于现实情况的全面性与复杂性,仅仅依赖领导干部本身"从群众中来,到群众中去"的调查研究往往难以达到对问题与情况的全面、深刻与准确把握。领导干部掌握的信息再多,代表性再强,也无法完全代表方方面面的具体利益诉求。就此而言,群众路线具有"自上而下有余"而"自下而上不足"的局限。针对于此,在新的时代形势下,执政党要想有效保持与广大民众的密切联系,就不能仅仅强调群众路线,而必须推进与加强相关制度机制建设,使执政党与广大民众的联系具有制度化的渠道。应看到,这些年来,很多地方与基层在此方面都有所探索,并且积累了不少的经验,但迄今为止就执政党整体而言并未形成一个完备有效的相应制度体系。当前,就群众工作的制度化而言,一方面仍需在实践中"摸着石头过河",不断探索;另一方面,执政党应在全面及时总结各地经验教训的基础上进行相应的顶层设计。在新的时代条件下,这种顶层设计至少应包括以下几个维度:在官员选任、政绩评价与监督制约等方面推进公民实质性的有序参与,切实调动各级官员对下负责的动力与积极性;适应利益主体与社会组织多元化的实际,更好发挥工会、共青团、妇联等群团组织的作用,同时加强与各种新型社会组织的交流与互动,构建相应的沟通机制,引导多元化的治理主体共同参与公共治理。特别是要注重发挥社会组织中党组织的沟通责任;基础不牢,地动山摇,不断优化基层党组织的民众联系与沟通作用至关重要。要"把基层党组织的沟通职能纳入基层党建任务之中,使其制度化、规范化,形成基层党组织与社会直接沟通的常规机制"①;适应互联网与信息技术飞速发展的形势,必须加快推进网络沟通的载体建设,健全网络沟通平台,完善网络沟通机制,优化政党联系民众的方式与手段。

第三节 依法执政作为党执政的基本方式

依法执政要求通过法制逐步有效地明确执政党的权力运行内容、边界、程序、机制、责任等,使执政党各方面行为有明确规范可循,把中国共产党的执政进一步纳入法治轨道,切实保障其在宪法和法律范围内活动,推进与实现党的执政模式的法制化、规范化、程序化与理性化。只有如此,党的执政才能与保障、维护公民权利更好地适应与一致。

就推进党的依法执政而言,当前应注重做好两个方面的工作。

一 科学执政理念的有效法制化

在当前全面深化改革阶段,执政党要想依法执政,首先要把前文已作分析的科学执政的相关理念以有效的法制化形式予以进一步明确和体现。依法执政首先是科学执政理念的法制化。只有通过法治的规

---

① 员栋、王建华:《社会治理视域下执政党与社会的沟通及其改善》,《中共浙江省委党校学报》2016年第4期。

范和约束,才能避免传统执政模式的重复出现。党的十八届四中全会对于这一科学执政理念进行了比较集中的表述:"必须坚持党领导立法、保证执法、支持司法、带头守法,把依法治国基本方略同依法执政基本方式统一起来,把党总揽全局、协调各方同人大、政府、政协、审判机关、检察机关依法依章程履行职能、开展工作统一起来,把党领导人民制定和实施宪法法律同党坚持在宪法法律范围内活动统一起来,善于使党的主张通过法定程序成为国家意志,善于使党组织推荐的人选通过法定程序成为国家政权机关的领导人员,善于通过国家政权机关实施党对国家和社会的领导。善于运用民主集中制原则维护中央权威、维护全党全国团结统一。"① 在此提出的"三个统一""四个善于"无疑是党依法执政所应依据的政治理念与价值原则。究其实质,这"三个统一""四个善于"就是要在执政过程中实现中国共产党与人民群众、党组织与国家政权机关、党的领导与人民主权的有机结合与内在协调。而要把这些政治理念与价值原则真正落实,就必须通过法制的建立健全来明确"三个统一""四个善于"到底应如何实现,实现的具体程序机制、方式途径等。这方面的法律法规,既不像党内法规一样单纯规范党自身,也不像宪法和法律一样普遍作用于整个国家与社会,而是专门解决执政党作为一个党的组织如何进入政府与社会进行执政活动的。换言之,就是要对执政党与政府、社会如何对接进行法律规范与明确。如果这方面的法律法规不健全完善,执政党就很容易成为超越国家与社会之上的难以控制的力量。所谓党必须在宪法法律范围内活动,一个非常重要的方面就是针对这方面的立法而言的。

当然,对于这些政治理念与价值原则的落实,改革开放以来党在执政过程中也在不断探索,在实践中也形成了一些可行的制度化惯例,但我国宪法法律对执政党的职权、职责以及执政的具体程序、方式等并没有作出全面而详细的规定,现实执政活动仍需要进一步提升规范性。对此,我国学者柯华庆从两个方面举例给予了说明。其一,《中共中央关于农业和农村工作若干重大问题的决定》《中共中央关

---

① 《〈中共中央关于全面推进依法治国若干重大问题的决定〉辅导读本》,人民出版社2014年版,第5—6页。

于国有企业改革和发展若干重大问题的决定》、《中共中央关于全面深化改革若干重大问题的决定》《中共中央关于全面推进依法治国若干重大问题的决定》《党政领导干部选拔任用工作条例》《关于领导干部报告个人有关事项的规定》《关于实行党政领导干部问责制的暂行规定》《关于严格禁止利用职务上的便利谋取不正当利益的若干规定》等法规是中国共产党制定的，现在都以党内法规形式存在，但其关涉国家政权。党内法规应该仅仅关涉中国共产党党内事务，由党内民主程序确立，仅仅适用于党组织和党员。而由于这些决定或法规涉及国家事务，应该由中国共产党起草、党内民主通过，最终由人民民主确立，也就是说，需要由全国人民代表大会或常务委员会通过才具有法定效力。其二，党执政遵循了较多的非正式规则。对于现有大量的非正式规则我们需要分门别类处理，有些成功的潜规则应该上升为明规则，有些对党或国家有害的必须以明规则来抑制，有些不宜上升为刚性规则的可以继续以惯例方式保留。更为重要的是，我们需要制定大量新的相关法规来保证党对国家的领导，保证党和国家的长治久安。[①]

我国学者杨绍华也认为，党的执政方式存在的各种问题，归根结底主要是党的执政方式缺乏法制规范。比如，党执政的职责权限缺乏明确的法律规定。作为执政党掌握、控制国家政权，自然要拥有对国家重大问题的决策权、对重大立法的提案权、对重要人事的推荐权，以及对国家权力运行的监督权等。然而，这些基本执政职能大都缺乏明确的法律规定。比如，党的执政活动和工作机制缺乏严格的法律规范。作为执政党，党的主张如何变为国家意志？党的建议如何向政权机关传达？党组织如何向人大推荐国家机关的主要领导人选？行政、司法机关向人大负责的同时，如何接受党组织的领导？人大、行政、司法机关和党组织产生意见分歧时怎样协调？这些问题的解决，目前缺乏明确的法律依据。比如，一些地方党组织在执政手段上依然主要依靠政策而不是法律。[②]

[①] 柯华庆、刘荣：《论立宪党导制》，"好酷网"（http：//www.haokoo.com/learnit/7507979.html）。

[②] 杨绍华：《科学执政 民主执政 依法执政——中国共产党执政方式问题研究》，人民出版社2008年版，第141—142页。

综合以上分析,党科学执政必然涉及对执政党权力运行内容、边界、程序、责任、监督等的明确,涉及执政党与国家权力机关、行政机关、司法机关、社会组织的权限划分与关系调适,涉及对党在执政活动中与政府、社会进行对接的具体制度机制、程序步骤等的明确,而以上这些方面都需要法律规范的有效规定与确认。习近平总书记也曾指出:"执政党对资源的支配权力很大,应该有一个权力清单。"① 而这样一个权力清单就应该通过法制的方式予以明晰。"坚持依法执政,必须依法明确执政权力的范围及其运作程序。应当从实体法上,对执政党手中的执政权力进行界定,明确规定执政权力的范围;从程序法上,对执政权力的运作程序进行必要的规范。否则,党必须在宪法法律范围内活动原则,便失去了实体上和程序上的法律依据。"② 确实,只有相关的法制建设进一步推进,党在宪法和法律范围内活动才有切实保证,才不会仅仅是宪法与党章中规定的一个抽象理念。

要明确的是,这种法制的推进既可以通过成文法的形式在宪法或党章中专列一部分内容予以体现,也可以习惯法——规范化的做法系统化、惯例化——的形式来实现。考虑到长期以来的执政惯性与中国的政治现状,执政党未必习惯明文的外在普遍约束,后一种可能性,即以习惯法或实践惯例来推进相关法制完备还是切实存在的。当然,这种法制的推进也有可能是部分成文法、部分惯例法的混合形式。而不论通过哪一种形式将党的执政活动法制化,都需要一个不断摸索甚至试错的过程。这是因为,现在中国还处于现代化的途中,社会还在迅速发展,党的执政方式也将处于不断调试的过程中,高度的规范化不可能一蹴而就。

二 加强党内法规体系的建设

共产党依法执政所依据的法不仅仅包括国家宪法和法律,也包括党内的法规体系。党的十八届四中全会提出的中国特色社会主义法治体系,

---

① 《习近平关于党风廉政建设和反腐败斗争论述摘编》,中国方正出版社、中央文献出版社2015年版,第129页。

② 杨绍华:《科学执政 民主执政 依法执政——中国共产党执政方式问题研究》,人民出版社2008年版,第10页。

其中就包括完善的党内法规体系。确实，中国共产党作为中国唯一的执政党，党员将近九千万，在宪法和法律对党的执政方式缺乏明确规定的情况下，包括党章在内的党内法规对党执政的规范作用就显得尤其重要。在此意义上，有的学者甚至认为《中国共产党章程》是我国实质宪法的一个至关重要的组成部分，中国是一种"宪法+党章"的复合宪制。① 审视新中国成立以来立宪政治的发展历程，我们也可以看到，伴随着党章对党的领导或执政方式的修改，宪法也总是在不断地修改。"特别是改革开放以来，党的路线、方针和政策的调整带动的党章修改，不仅伴随着对宪法序言及宪法'总纲'内容的修改，也同样伴随着在国家宪法之下大规模的立法活动和法律修改运动。而目前我们的宪法之所以相对保持稳定，很大程度上是由于党章以及党的政治哲学相对保持稳定。"② 鉴于党章的这种引领作用及其在中国政治发展中的极端重要地位，将其视为宪法性文献也不是没有道理。近年来，执政党也高度重视党内法规体系建设。党的十八届四中全会明确强调："党内法规既是管党治党的重要依据，也是建设社会主义法治国家的有力保障。党章是最根本的党内法规，全党必须一体严格遵行。完善党内法规制定体制机制，加大党内法规备案审查和解释力度，形成配套完备的党内法规制度体系。注重党内法规同国家法律的衔接和协调，提高党内法规执行力，运用党内法规把党要管党、从严治党落到实处，促进党员、干部带头遵守国家法律法规。"③ 2013年5月，《中国共产党党内法规制定条例》《中国共产党党内法规和规范性文件备案规定》颁布实施。2013年11月，《中央党内法规制定工作五年规划纲要（2013—2017年）》颁布实施，提出要在对现有党内法规进行全面清理的基础上，抓紧制定和修订一批重要党内法规，力争经过5年努力，基本形成涵盖党的建设和党的工作主要领域、适应管党治党需要的党内法规制度体系框架，使党内生活更加规范化、程序化，使

---

① 陈云良、蒋清华：《中国共产党领导权法理分析论纲》，《法制与社会发展》2015年第3期。

② 强世功：《党章与宪法：多元一体法治共和国的建构》，"好酷网"（http://www.haokoo.com/else/6373590.html）。

③ 《〈中共中央关于全面推进执法治国若干重大问题的决定〉辅导读本》，人民出版社2014年版，第36页。

党内民主制度体系更加完善，使权力运行受到更加有效的制约和监督，使党执政的制度基础更加巩固，为到建党 100 周年时全面建成内容科学、程序严密、配套完备、运行有效的党内法规制度体系打下坚实基础。从党内法规制度体系框架的基本形成到全面建成，从制度到实效，党内法规建设的扎实推进必将有效提高党依法执政的水平。

第 八 章

中国经济发展的动力转变：从权力主导转向公民权利驱动

权力主导是改革开放以来中国经济发展的根本特点。这种主导既体现在公权力通过顶层设计制定经济发展的总体思路、战略与规划，也体现在公权力掌握大量经济政策与经济制度的制定权；既体现在公权力占有巨量经济资源，往往通过直接干预对具体经济行为实施决定性影响，也体现在公权力在很大程度上决定着经济运行的机制、经济结构的变迁与经济成果的分配。

权力主导发展方式的形成有其特定的背景及原因。其一，历史的惯性。中国历史上公权力一直惯于垄断与支配重要经济资源，新中国成立后的计划体制与纯粹公有模式更是将这种主导与支配作用几乎发挥到了极致。就此而言，改革开放后经济活动的权力主导带有很大的路径依赖特征，因为历史是难以骤然隔断的。其二，权力主导有其现实必要性。后发现代化国家由于在现代化起步阶段市场机制与市场力量一般均不健全，需要国家在很大程度上代替市场进行资源配置。国家权力的这种直接配置可以有效发挥落后国家的后发优势，集中稀缺资源实现国家的赶超目标。其三，经济体制的破旧立新并非易事，往往既有思想理论的障碍又有现实利益的阻力。特别是在改革之初的一段时间，新的市场因素力量弱小，尚无法积聚起冲破旧事物的足够势能，社会力量也因发育不足尚不能在经济发展中发挥自身的有效动力作用，在这种情况下，权力的主导可以开启改革进程并不断推进其深化。纵观中国的改革历程，社会的自由流动资源与自由流动空间、公民的已有经济权利与经济自由确确实实很大程度是公权力让渡出来的，市场因素也是在权力的支持下不断形成发展的。权力主导的这种历史合理性与积极功能不能否定。改革开放以来，正是基于公权力"以经济建设为中心"的发展思路、基于公权力在经济发展方面所采取的一系列政策与制度措施，基于公权力对于公民经济权利与自由的逐步确认与保障，中国社会的生产力才获得极大解放与迅速发展，不但有效解决了社会成员的温饱问题，提升了公民的生活水平，也为中国社会走向进一步的全面小康奠定了必要基础。

然而，随着改革推进，我们愈益清楚地认识到，这种权力主导的经济发展方式尽管有其历史的惯性、特定阶段的合理性以及巨大的积极作用，但也隐含着影响、阻碍经济持续健康发展与发展方式顺利有效转型的因素。这种因素非别，恰恰就是掌握经济权力的公权力本身对市场经济自主运行的过多不当干预。特别是随着市场化的推进，市场经济日益要求按照其内在规律与机制运行，在这种情况下，权力主导与市场逻辑之间很多方面的不兼容愈益明显。"一个强有力的政府权力中心的存在，在某些特定阶段，能够推动经济产生意想不到的高速增长，但是，它不能从根本上解决经济发展的动力和协调问题，不可能创造出一个生机勃勃、充满活力和创造性的现代社会。随着转轨进程的深化，政府权力直接作用的效果具有递减规律。一是随着市场化改革的深化，社会资源分配格局发生了重大变化，居民和非国有企业在国民经济中的地位显著提高，国民经济必然面临从'政府需求依赖型'经济向'市场需求依赖型'的转变，市场和企业家要理所当然地取代政府成为经济发展的主要推动力。……二是在转轨过程中，由于政府对市场的干预具有垄断性，容易使政府缺乏降低运作成本、提高效率的内在动力，使得政府对市场的替代容易造成大政府小市场的格局；三是由于政府和民间力量之间存在着挤出效应，发展中国家政府对企业家的替代往往使得政府对企业的控制强化，形成强政府弱企业的状态。"[①] 概言之，转型阶段政治权力直接干预经济的作用将会呈现为一个"倒U型"的变化曲线。今天，公权力对于经济直接干预与控制的种种消极影响已经十分明显。

针对权力主导所存在的问题，就下一步的中国经济发展而言，从公

[①] 汪彤：《政府权力悖论与中国经济转轨》，中国发展出版社2010年版，第66—67页。

民权利的角度审视，必须要进一步实现双重转变：在发展目标上，由国富优先转向民富优先，由效率优先转向更为关注社会公平，由物本转向人本，切实增进国民福利，将发展成果惠及全体人民。在发展动力上，由国家权力主导转向公民经济权利驱动。只有注重公民权利与自由的经济，才是合格的社会主义市场经济，才是可持续的人本经济。当前，就经济发展目标的转变而言，社会既有共识，政策也有所规定，兹不赘述。以下就经济发展的动力转变进行集中分析。

第一节　权力直接干预经济的总病根

中国经济发展之所以要实现动力转变，根本原因就在于正是权力直接干预经济的总病根在很大程度上导致了长时间内中国经济的不平衡不协调、经济结构的不合理、市场的不规范以及最终发展的不可持续。具体而言，这一总病根的阻碍作用表现在诸多方面。

一　所有制结构的不合理

公共权力对各种类型所有制的区别对待与选择性支持，导致长期以来各种所有制成分责、权、利不对等，发展不平衡，所有制结构不尽合理。由于市场经济在很大程度上是各种所有制成分之间的竞争，所有制结构的不合理说明市场经济的宏观主体之间竞争的失衡。这一点通过对外资、国有资本与民营资本境遇的具体分析就可以看得非常清楚。

对于所有制结构中的外资而言，由于改革开放初期经济建设的资金、技术与管理经验不足，我们希望外资能有效发挥这方面的补缺作用，因此对于外资张开双臂欢迎，甚至是有些盲目地欢迎。而为了能顺利引进外资，在政策方面提供了各种有利条件，给予它们税收、土地、劳动力等方面的各种超国民待遇。实际上，那时候的开放主要就是"引进来"。而地方的招商引资竞赛更是令外资得到的优惠不断加码。对外开放40年，中国引进外资数量巨大，外资确实也在中国经济发展中发挥了重要作用。但是现在回过头来反思，公共权力对于外资的这种选择性支持也并非没有代价，甚至可以说代价颇高。比如改革之初我们引进外资的重要目的之一是以市场换技术，然而随着外资的不断引进，除国有垄断及没有放开的领域外，外资在其他大部分市场领域都占据了主导与支配地位，但技术却没换来多少，很多外资都集中在劳动密集型与资本密集型产业，技术的溢出效应并不明显。为什么理想与现实有如此大的出入呢？现在我们认识到，以市场换技术是有条件的，只有在充分竞争的国内市场条件下，外来投资才会产生技术溢出效应。"外资能否促进经济增长和技术进步，取决于一些先决条件。其中最重要的条件是，接受外资的国家是否有一个充分竞争和良好的制度环境。"① 可惜，长期以来，我们有意无意压制民营经济的发展，导致除国企垄断外的很多市场领域外资往往并无多大竞争压力，在这种情况下，它们也就没有足够动力去提高技术或使用新技术。换言之，竞争的缺乏实际上压制了外资的技术含量。"符合市场经济规律的口号应该是'以竞争换技术'。……用政策工具人为地加大外资企业和内资民营企业的差距，恰恰会降低外资的技术含量。这是中国 20 多年来施行外资政策最大的经验和教训。"② 在较长时间里，"中国的法律体系明显是二元性的。某些法律适用于外国公司，而其他法律和规则却只适用于国内公司。这种法律的二元性甚至涉及公司注册、公司管理、合同以及税收等问题"③。长期的超国民待遇不仅帮助外资占据了很多行业和领域的主导与支配地位，也养成了它们恃宠自大的坏脾气。这从逐步取消其土地、税收等方面的超国民待遇与进行反垄断检查时外资企业的激烈反应就可以看出。尤其应该注意的是，尽管中国政府 2010 年宣布对外资在华企业实行国民待遇，但是不少地方政府为了吸引外资，仍在或明或暗地为外企提供各种超国民待遇与庇护，而不少外资企业也试图利用自身实力、地位不正当地影响政府相关部门的决策，从而追求自身利益的最大化。就此而言，真正消除外资的"超国民待遇"，打破这一思维惯性，尚需时日。

对于所有制结构中的国有资本而言，公共权力是将其作为自己执政的经济基础来看待的，就此而言，公共权力对于国企的偏爱是其政策与制度的本能取向。基于巩固执政基础的考虑，基于国有资本保值增值的

---

① 黄亚生：《"中国模式"到底有多独特？》，中信出版社 2011 年版，第 98 页。
② 同上书，第 102 页。
③ 同上书，第 131—132 页。

第八章 中国经济发展的动力……转向公民权利驱动

考虑,基于实现国家发展目标的考虑,国有企业在改革中被定位于关系国计民生、国家安全、国民经济命脉以及重要前瞻性战略性的产业、行业与领域,服务于国家战略目标。鉴于拉美国家外资主导经济命脉的经验教训,强调要发挥国有企业作用无可厚非;鉴于国有资本的国有性质,将其作为国家的有力调控工具也属自然;鉴于国有资本的庞大规模,选择其作为做大做强民族企业的主要力量也可理解。但是这些原因都不是赋予某些国有企业以行政性垄断地位与各种特权待遇的充分理由。当然,对国有企业自身功能与定位的认识是一个不断深化的过程,在改革伊始就有一个清晰的蓝图目标也不现实,但无论如何,国有企业的行政性垄断明显违背市场经济的基本游戏规则是没有疑问的。行政性垄断一是意味着企业背后具有强大的权力支撑,意味着基于权力的大量特殊政策与资源、能源、税收、信贷与财政补贴方面的优惠待遇。这说明,国有企业并非独立自主的合格市场主体,在很大程度上属于国家权力系统的一个组成部分,因此不能用纯粹的市场眼光来看待国有企业。二是意味着相对的整体低效率与创新不足。比如,近年来跻身《财富》世界500强的绝大多数国企主要市场都在国内,利润主要依靠垄断,基于创新的国际竞争力不够。但是,"就像那些必须逐渐地让自己的孩子离家独自谋生的家长一样,政府也迟早必须让那些在政府支持或帮助下成长的企业在全球市场上为自己找到生路"①。同时,国有企业大而不强的问题也很严重。新华网的评论文章指出:"近日,有媒体统计,'世界500强'榜单中一共有50家公司在2013年出现亏损,其中中国独占16席,且全被内地国企所包揽,'遥遥领先'美国4席。16家公司亏损总额高达人民币377亿元。16家营业收入方面的'巨人',却成为利润和效益方面的'矮子'。其实,以企业总资产规模来排座次的'500强',本身就不能证明上榜企业是真的'强','盘子大'可能是建立在巨额亏损和债台高筑的基础上。……财政部数据显示,今年1月至7月,国有企业累计实现利润总额虽然达到1.43万亿元,但国企成本增幅依然高于收入增幅,负债增幅高于资产增幅。……规模的壮大既不意味着中国经济的活力在增强,更

---

① [美]威廉·鲍莫尔、罗伯·特利坦、卡尔·施拉姆:《好的资本主义,坏的资本主义,以及增长与繁荣的经济学》,中信出版社2008年版,第137页。

不意味着中国经济最缺乏的创新能力上了一个台阶。"① 实际上，在缺乏有效竞争的条件下，在经营机制不是完全由市场而是带有很大权力决定色彩的情况下，相当部分国有企业是没有足够动力、压力或自主性来提高管理水平，加大创新力度的，由此必然带来经营的低效率甚至巨大的资源浪费。当然，这是就整体而言的，并不排除在某些领域、某些行业、某些产业存在各种创新甚至是重大创新，特别是一些国家重点攻关的项目。三是意味着很难实现对国有企业经营与管理的有效监管。既然国有企业很大程度上属于国家权力系统的组成部分，而我国现阶段对于权力的监督制约机制又尚待进一步健全完善，对于国有企业经营管理活动的监督制约同样也会是不健全不完善的，特别是国有企业的经济活动又带有很强的专业性质，社会力量更难以对之有效监督制约。在这种情况下，内部人控制、滥用职权、玩忽职守、弄虚作假、贪污腐败等问题将难以避免地大量存在。当然，指出国有企业的以上问题并非否认其在中国经济发展中的重要地位与作用，而是说应基于中国国情准确定位国有资本的功能、领域，并在此基础上按照市场规律寻求其与公共权力在当代中国的最佳关系模式，改变当前这种权力干预过于直接、过于频繁的状况。在此方面必须未雨绸缪！

对于所有制结构中的民营资本而言，由于其既不像外资，一方面确有引进的需要，另一方面作用又被理想化，因而长时间内得享各种超国民待遇，也不像规模巨大、地位显要的国有资本一样与权力具有天生的血缘关系，能够直接用来实现国家的战略目标，服务于权力的治理需要，所以其较长时间内在政策制度特别是实际待遇方面不受待见也就在所难免。就中国改革的实际历程来讲，民营经济是在原有体制的裂缝中与边缘处生长出来的，并且在较长时间内其发展受到传统社会主义意识形态的制约，既要不断突破各种政策制度与现实障碍，又要为自身在意识形态领域正名，民营经济的发展之路注定是不平坦的。在权力主导的发展模式下，在面临各种现实障碍的情况下，民营资本一方面通过自身实力与影响的不断增强来寻求各种政策与制度支持以及意识形态的认可，另

---

① 徐曼曼：《16家国企现身"500强亏损榜"大而不强该如何反思?》，"新华网"（http://news.xinhuanet.com/finance/2014-09/03/c_126947068.htm）。

一方面也通过各种非规范的途径谋求与公权及其掌握者的直接结合，这在地方层面表现得尤其明显。政府需要资本的支持，贪官需要满足自己的私欲，资本需要权力的庇护，不同方面各取所需。权力的庇护决定了民营资本整体而言对于权力的依附性及非自主性，而这种庇护的前提往往是对于权力及其掌握者的非规范性利益输送。通常讲的权钱交易很大程度上即是对此而言。这种非规范性的利益输送实际上是一种企业家才能与资源的逆向配置机制，它将一个社会中的企业家才能及其他稀缺资源不是有效地引导与配置到正常的生产性活动包括创新性活动中，而是引导与配置到寻租等非生产性活动中。由于政策、制度特别是现实的各种障碍，由于对权力的高度依附及非自主性，中国的民营经济整体而言缺乏做大做强并切实提高自己竞争力的有利制度环境与市场条件。可以说，长期以来的中国经济发展中，民营资本的发展面临着国企挤压与外资挤压的双重不利境遇。实际上，对于快速发展而又面临各种困境的民营经济来说，当前国家应该进一步出台各种有力的支持政策与制度，并使各项支持措施切实落地，退一步讲，即使支持不到位，公平竞争的正常市场环境最起码是应该保障的。

这种长期以来各种所有制成分责、权、利的不对等以及由此导致的所有制结构的不合理，归根结底是对公民权利的侵害。公民自由创业的权利、公平竞争的权利在一定程度上被压制。

二　创新驱动的缺乏

就支撑经济发展的要素结构而言，由于权力直接干预的经济发展方式具有迷恋经济增长速度与数量的癖好，因而更倾向于通过短期内的大量资源与资本投入、通过保持劳动力的低廉价格等方式来尽可能快地实现与保持经济的高速增长。尽管这种发展方式确实促进了经济的快速发展与蛋糕的迅速做大，但长久而言使得经济发展难以持续，尤其容易造成人才资源的缺失与创新驱动的缺乏。

改革开放以来的发展战略强调"以经济建设为中心"，而对经济建设的理解长期以来就是经济数量与速度的增长。这适应于改革开放初期甚至直至今天我们的一种赶超心态。尽管当下我们可以反思经济增长与经济发展的区别，但在改革开放之初的20世纪80年代，对于经济增长与经济发展的区别并没有十分清楚的认识，而且当时的经济增长确实带来了成果共享的良好效应，在这种情况下，追求经济增长的速度与数量就成为了一种相当自然的政策与制度选择。而 1992 年社会主义市场经济体制的开始建立更是极大地调动起了政府、企业与社会的生产积极性与创富热情，各个方面都首先是把市场经济作为一种做大蛋糕的有效制度体制。换言之，在改革开放以来的较长一段时间中，通过经济增长把"蛋糕"做大几乎成了政策的单一导向。按照这样一种效率优先、尽快做大"蛋糕"的政策导向，公共权力更有积极性通过直接干预经济，通过自然资源、资金的大量投入，通过尽可能压低劳动力价格的方式来达到短期内经济迅速增长的"靓丽"效果。由于政策强调的是"蛋糕"做大的结果取向，所以自然资源与资金使用的低效率与其他后果比如污染等较长一段时间内并不是政府所关注的核心问题，除非"蛋糕"的做法已经严重影响到"蛋糕"的做大甚至使经济发展本身不可持续。由于大量资金与自然资源的投入具有迅速拉动经济增长的即期效应，所以政府对于在短期内不仅难以取用，反而需要不断投入资金与精力的人力资源特别是人才资源培养，自主创新能力提高往往缺乏足够的兴趣。尽管长期来看，不论是人力资源培养还是自主创新能力提高都是经济发展可持续与具有国际竞争力的关键。就此而言，以往过分强调做大蛋糕的经济模式本身很大程度上就具有排斥各种促进经济发展可持续因素的特点。劳动力长期的低廉价格促进了劳动密集型产业的发展。廉价劳动力一方面能够吸引大量投资，提升资本收益与政府财政收入；另一方面也能通过压低出口产品的价格从而获得大量外贸收入，而这两方面都有利于 GDP 的迅速增长与经济总量的迅速做大。但缺乏创新是劳动密集型产业本身的一大问题。当然，这并不是说党和政府一直以来就没有人才培养与提高创新能力这一方面的理念、政策与制度，但这一方面的理念、政策与制度与经济方面其他的理念、政策与制度之间往往并不自洽甚至内在冲突，导致现实的效果并不似原先预期的理想。由于地方财政收入的巨大压力以及经济增长的政绩观，地方政府更为追求经济增长的短期效应，因此，传统经济发展方式的以上弊端在地方层面得到了进一步强化，往往表现得更为明显。

如果说以上分析侧重于政府本身的行为取向的话，那么作为市场主体的企业在传统经济发展方式下也往往缺乏足够的创新压力与动力。就市场的宏观主体进行分析，外资企业由于在许多领域缺乏有效竞争从而难以产生我们期待的技术溢出效应，国有企业由于处于垄断地位也不存在广泛持续的整体性创新驱动，而众多民营资本一方面缺乏足够资金，另一方面由于有大量低廉的劳动力成本可以利用，也缺乏进行创新的条件与意愿。当然，这样分析并非是否定某些国家攻关项目所取得的科技创新，也不是否定在一些行业与领域中国企业的创新性成就，但就整体而言，中国经济的创新力度与程度均有较大不足，经济活动中体现技术进步的全要素生产率亟待提高。"我国科技进步贡献率只有40%左右（远低于西方发达国家普遍70%以上的水平），对外技术依存度高达50%，科技对经济和社会发展的支撑和引领作用不足。"[1] 实际上，一个国家、一个社会，其经济的创新活力并不主要体现在国家巨资攻关的项目或国家重点支持的行业领域，而是体现在市场本身与社会本身的创新活力上，正是在这一方面，由于体制机制的原因，我们与西方发达国家相比还有较大差距。

在中国经济持续高速增长30多年以后，随着刘易斯拐点的到来，中国劳动力过度供给的状况开始改变，劳动力价格开始普遍大幅上涨，同时土地价格也不断上升，而经济发展中高投入、高消耗、高污染、低效益这"三高一低"的问题也愈益明显，已经到了中国经济发展可承受的临界点。在这种情况下，效率优先、做大"蛋糕"式的发展模式已经不可持续，必须把经济发展真正转到依靠科技进步和提高劳动者素质的轨道上来。换言之，中国经济发展必须要转向以人才培育与制度变迁为基础的创新驱动，在发挥现有比较优势的基础上努力塑造竞争优势。这是实现经济发展方式转变、增强经济国家竞争力的关键所在。

三　需求结构的不平衡

就经济的需求结构来看，权力直接干预经济的发展模式倾向于主要通过投资与出口而非最终消费来拉动经济增长。经济活动最终是为了满足需求，在开放经济条件下，一国经济总需求是由投资、出口与消费三

---

[1] 刘军民：《莫让制度成为创新的障碍》，《改革内参》2013年第30期。

部分组成的,通常称之为拉动经济增长的"三驾马车"。需求结构的不平衡将会严重影响经济发展的可持续性,阻碍经济发展方式的转变。

正如上文多次强调的,改革开放以来相当长的一个时期内,公共权力的主导性目标取向是经济速度与数量优先,把"蛋糕"迅速做大。基于这一主导性目标取向,公共权力在经济政策与经济制度的设计方面必然存在极强的投资驱动与出口驱动。由于公共权力直接占有土地、国有资本、矿产等巨量资源,牢牢掌握各种政策制定权,具有极大的自由裁量权,直接干预具体经济活动、决定各类资源配置,在这种情况下,投资是迅速做大"蛋糕"最为见效的方式。而外向型经济条件下基于比较优势的扩大出口也是积累财富、实现经济增长快捷而有效的途径。由于在整个国民财富分配中政府财政收入与资本利润的快速增长以及各种不规范收入的大量存在,正常居民收入占比被较大压缩,相应居民消费能力与欲望也被较大压缩,所以其在拉动经济增长方面效果并不理想。而从法治的角度来看,居民正常收入的被压缩与居民消费率的降低,实际上是对公民基本经济权利的一种侵害。"包括投资在内的经济活动归根结底是为了改善人的生活,消费率的持续下降当然直接影响经济主体的选择;同时,也因为对人本身的投资相对下降,人与其他经济要素的配置结构不协调,更为一般地说,人与物的关系结构不协调,所以经济向更高水平的发展不可避免地将遇到瓶颈。"[1]

实际上,过度依靠投资与出口来拉动经济增长是存在极大风险且不可持续的。高投资意味着宽松的货币政策,而货币量的过快增长意味着通货膨胀的风险加大。高投资尽管可以带来经济需求,但这种需求主要是中间需求而不是居民的最终消费需求。"城市化建设强劲的投资需求主要是带动了相关的中间需求,会引起生产资料价格、燃料价格等上游产品价格的迅速上升,却难以传递到最终消费需求上去。而生产发展最终取决于消费需求,如果这个条件不能满足,整个经济的自生能力就非常微弱,政府权力推动和投资驱动的结果可能使整个经济结构走向扭曲。"[2]由于失去最终消费的支持,持续的高投资必然造成供求失衡,大量的生

---

[1] 段培君:《中国结构性大战略》,上海远东出版社2012年版,第11页。
[2] 汪彤:《政府权力悖论与中国经济转轨》,中国发展出版社2010年版,第50—51页。

产能力过剩，投资回报率下降，而这又将会导致银行呆坏账和金融风险的增加。今天"去产能、去库存、去杠杆"的供给侧改革很大程度上正是针对于以上问题的。依赖投资的增长模式在现行制度与政策的激励机制下也容易造成各地产业结构的趋同化。此外，公共权力占据国民总财富中的过多份额，并将之过度地用于投资必然会较大程度地影响居民收入的增长与消费的增加，使绝大部分社会公众无法更好地共享改革发展成果，政府也无法更好地提供相应的公共服务产品。在这种情况下，政府投资与居民消费的失衡，政府财政支出中经济建设支出与公共服务支出的失衡，经济与社会发展的失衡等就难以避免。而在这种种失衡的情况下，政府主导型的投资增长模式往往会自我强化：公共权力占据的财富份额越多，越是将公共资源的更大份额用于投资，就会越影响居民收入，居民最终消费也即内需拉动经济增长的作用就越不明显，而居民消费对经济增长的带动作用越不明显，经济增长越乏力，就越凸显出投资的重要性与必要性，投资倾向往往就会越来越强化。这实际上是一个脆弱的恶性循环。如不从根本上进行调整，这种投资的自我强化必将带来极大的经济风险。至于对出口的过度依赖，对于中国的经济发展来说也是不可持续的，因为太高的经济对外依存度会严重影响自身经济安全，使经济发展很大程度上受制于人，受制于外部的不可测因素。对于具有10多亿人极广阔市场的中国经济来说，应当以内需为本。

当前，对于中国经济发展而言，如果继续采用权力主导、依赖投资的传统模式，经济的硬着陆就是不可避免的。中央对此也有清醒认识，提出要调结构、转方式、防风险、惠民生，强调坚持稳健的货币政策。但是，调结构、转方式不会很快见效，因为问题积重难返，不是一时之功可以化解的。在这种情况下，面对出口与内需乏力、经济增速回落的状况，要稳增长或保增长似乎还要依赖投资这一条路。前一段时间，对于微刺激变成强刺激的担忧所针对的正是这一问题，而现在货币量超发的强刺激一定程度上已经成为现实。再过度依赖投资必然导致某种程度的经济硬着陆，但要保增长目前似乎还要依赖投资，而这又必然导致货币超发与通货膨胀，这正是当前中国经济的症结所在。是要深化改革，还是要保增长，确实成了一个有些两难的抉择。在这种情况下，政府在经济发展方面就不应强求维持某一速度，而应在明确稳定就业、避免大范围债务违约等可承受底线的前提下优先推进改革尤其是结构性调整。改革当然不可能完全平稳、没一点风险，但是，只要经济发展可承受的底线不被突破，对于调结构、转方式所带来的一定风险也不必有太大忧惧。换言之，对中国经济而言，应该在明确底线的基础上抓住关键问题解决矛盾主要方面。

四 经济部门结构的不合理

就经济的各具体部门或各具体领域而言，由于权力的主导与干预，在发展中往往也缺乏应有的平衡性与协调性，相互之间关系结构不合理。这种发展的不平衡、不协调与结构的不合理表现在经济生活的方方面面，已成为现阶段中国经济的一个根本特征。其中，产品市场与要素市场发育的不平衡、城乡二元经济的不平衡这两个方面可谓典型。

产品市场与要素市场是市场体系的主要组成部分。经过30多年的改革，尽管在某些行业与领域由经济垄断、政府管制等原因造成的市场价格参数扭曲现象依然较为严重，但整体而言，产品市场已在相当程度上放开，市场在价格形成中发挥着更为主导的作用。相比之下，金融市场、土地市场等要素市场的发育则严重滞后，我国现在的要素市场呈现出明显的市场、权力双轨运行的特点。这种双轨制阻碍了生产要素在不同地区、不同部门、不同行业之间的自由流动与充分竞争，规范市场经济所要求的市场体系的统一性、开放性、竞争性与有序性尚未有效实现。这样，要素市场的供求机制、价格机制与竞争机制就无法充分发挥作用，每种生产要素及其主体之间的机会平等与权利公平就无法得到保证，真正意义上的按要素贡献大小进行公平分配自然无法充分实现。要素市场的健全完善是市场经济成熟的重要标志，权力对于要素市场的过度干预充分说明了向市场经济转轨之难。

相对于城乡发展一体化的目标而言，当前中国经济表现出严重的城乡不平衡问题。长期以来，城乡二元分割的体制造成了巨大的经济社会鸿沟。整体而言，由于户籍制度、国家资源配置以及城乡性质差别等原因，城乡居民在资源占有、生活水平、公共服务、社会保障、机会获得等方面差距明显。这实际上是一种公民权利的明显不平等：制度规定的不平等与实际享有的不平等。这种公民权利规定与享有的不平等在改革开放以前就是在公共权力直接干预下形成并固定下来的,改革开放以后也未得到有效解决。比如工农业产品的"剪刀差"问题在改革开放前后很长一段时间内就一直存在。尽管 21 世纪以来,国家加大了对"三农问题"的解决力度,资源开始逐步向三农倾斜,城乡二元结构也在逐步打破,但冰冻三尺非一日之寒,长期的积弊非短时间可以有效解决,中央提出的以工促农、以城带乡、工农互惠、城乡一体的新型工农城乡关系的实现并非易事,乡村振兴的实现也并非易事。特别是较长时期以来,在公共权力直接干预经济的情况下,基于个人政绩观的考虑、基于增加地方财政收入的考虑,为了追求经济增长的数量与速度,大量农村中的资源被逆向配置到城市之中。诸如土地财政、农村基层财政金融机构对于农村资金的吸纳转移等都是这种资源逆向配置的具体形式。当前颇受指责的所谓"物的城市化"很大程度上就是一个资源的逆向调节过程,取农村以建城市,抽不足以补有余。当然,城乡二元结构的打破与新兴工农城乡关系的建构也需要公共权力的干预,但那是在尊重经济规律基础上,赋权于农民的一种引导、扶持与调整,而非长时期这种公平明显缺失的剥夺与占有。

五 发展成果共享问题的凸显

就经济发展的最终社会效应看,基于特定的激励与约束,权力直接干预经济的发展方式在把"蛋糕"迅速做大的同时无法保障公平地分好"蛋糕",经济发展成果难以实现普遍的有效合理共享。

经济发展本身不是目的,经济发展的成果最终要落实为社会的和谐、发展与每一个公民的权利、发展与幸福。然而,在增长主义的理念指导下,公共权力不能不把主要精力与资源放在做大"蛋糕"方面。长期以来,公共权力以做大"蛋糕"为目标推进经济体制的调整与变革,这种情况下的经济体制就会形成一种奇怪的混合体,那就是公共权力直接渗入与嫁接到市场的某些环节与因素上,有利于实现公共权力政策目标的市场因素受到重视、培育乃至放大利用,而无助于实现公共权力政策目标的市场因素则可能受到忽视甚至压制。公共权力的政策目标通过这种混合性的经济体制得以最大化地实现。就此而言,在社会主义市场经济体制建立伊始,经济的建设与改革就不是以规范的市场经济理念来操作的，市场的逻辑与权力的逻辑并行其中，相互交错，权力对于市场既有利用，两者又有巨大的张力。所谓不规范的市场经济，一个重要方面即是指此。

由于把重心放在做大"蛋糕"方面，那么，与短时间内做大"蛋糕"关系不大的问题、由于分流资源从而影响"蛋糕"做大的问题、甚至是作为做大"蛋糕"代价出现的问题等都会被政策或制度有意无意地忽视。以上所举的这三类问题包括通常所讲的教育、医疗、住房、食品安全、安全生产、污染、欠薪等，而分配不公更是其典型表现。

在收入分配方面，改革开放以来，国家实际的政策与制度长期对于"蛋糕"的公平分割缺乏足够的重视与强调。等到 20 世纪末 21 世纪初国家意识到问题的严重性，对于分配问题不断重申、反复强调时，既有的政策惯性、制度惯性与利益阻力又使得问题的解决难度加大。而对于公共权力系统中的诸多地方与部门而言，由于其自身作为利益相关方已经参与到对经济成果的瓜分与占有中来，对于做大"蛋糕"感兴趣，而对于公平地分好"蛋糕"则往往无心为之或动力不足。在科学的政绩观切实形成并有效落实之前，在国家的财税体制得到科学调整与改革之前，在持续感受到自上而下或自下而上的强大压力之前，公共权力系统中的诸多地方与部门可能更倾向于维持甚至扩大自身所分割的利益，甚至对相关的改革举措阳奉阴违、表里不一、暗中抵触，表现出某种程度的保守取向。在这种情况下，这些地方与部门对于企业或社会创富的活动会采取一种选择性支持的态度。所谓选择性支持，是说如果无碍于自身既得利益的获取甚至可能增加自身实际利益时，地方与部门就会放任或者支持企业与社会的经济活动，为其提供各种政策与制度支持。比如长期以来地方层面对外资企业、私营企业的庇护等。而如果企业与社会的经济行为无益于、甚至阻碍、影响了自身既得利益的获取与增加，或者具有这种可能性，地方与部门往往就不会在政策与制度方面对于此类创富活动给予迅速有力的支持，反而有可能功能缺位甚至或明或暗地施以障碍。比如较长一段时间内在三农的资金投入问题上就存在此类现象。三农问题的解决需要向农村的大量资源投入，但如果这种投入对于地方权力机关或部门自身的政治效益与经济效益均不明显的话，即使这种投入有利于农民的创业致富与农业农村的繁荣发展，其也没有足够的动力与激情去作为，甚至可能发生支农惠农资金被截留的情况。就此而言，尽管将公共权力系统笼统地视为理性的"经济人"并不科学，但当前很多地方政府或政府部门的行为确实具有明显"经济人"的特点。

进而言之，对于社会公平的缺失而言，相比于国家政策与制度的较长期忽视，相比于公共权力系统中地方与部门层面公平分割"蛋糕"的动力不足，更为严重的是在改革进程中形成了一批依托于权力，不规范占有、攫取与垄断大量资源的强势分利性利益集团。国家政策与制度的较长期忽视反映的是政策与制度的滞后性，而并非执政党与国家有意为之。地方与部门层面公平分割"蛋糕"的动力不足有其政绩观与财政收入的硬性约束，也非地方与部门刻意为之。但这种在转轨进程中形成的分利性集团不同，它们不是通过正当合法途径获得生产性收益，而是通过不合理不合法的方式直接参与分割各种财富与利益资源，它们只是攫取与占有而不从事生产性创利行为，有时甚至为一己之私从事对生产的破坏性活动。美国学者奥尔森在分析国家兴衰时对这种分利性集团做过精辟分析。"在一个社会中进行集体行动的典型组织，如果只代表非常少的一部分人的利益，将很少或不会为了社会利益做出巨大的牺牲；它们会通过获取产品的更大份额服务于成员利益。而且，即使分配改变造成的社会成本超过再分配的数量很多倍，这样做也是有利的。这样的组织在获取社会产品的更大份额时，不会考虑强加这种再分配可能给全社会造成的任何数量的损失。……因此，我们讨论的社会中的集体行动组织都极力偏向于收入或财富的分配而不是生产更多的产品，它们是'分配联盟'（在一些有重要价值的文献中，称作致力于'寻租'的组织）。"[①] 而其之所以能够不规范地疯狂牟利，很大程度上所依靠的正是缺乏有效监督制约同时又掌握大量资源、能够直接干预经济的公共权力。党的十八大以前泛滥的权钱交易与贪污腐败现象、一系列"打老虎"甚至"拍苍蝇"行为中揭示和暴露出来的各种盘根错节的复杂关系网络与巨大的涉案数额，都说明了问题的严重性。对于这种利益集团而言，维持这种半市场半管制的状态是最为有利的。这种分利性利益集团的存在实际上

[①] [美]曼瑟·奥尔森：《国家的兴衰——经济增长、停滞和社会僵化》，上海世纪出版集团上海人民出版社2007年版，第44页。

从一个相反的方面说明了当前中国公民经济权利与自由的保障与落实存在较大的问题。尤其需要注意的是，在目前的改革阶段，分利性集团牟利的不规范与公共权力系统中地方、部门层面公平分割"蛋糕"的惰性在实践中往往相互交错、相互作用，无疑加大了社会公平问题解决的难度。

六 无意识干预习惯的积弊

权力长期直接干预经济的发展模式还有一个极为消极但却易于忽视的负面作用，那就是容易养成公共权力一种不自觉、无意识的经济干预习惯。这种习惯使得公共权力在自认为是尊重经济规律办事时实际上依然在违背经济规律，在自认为是按照市场机制行为时实际上依然在破坏市场机制。换言之，这种习惯使得权力往往无法有效分清权力不当干预与依循市场规律的区别，从而想当然地甚至理直气壮地去对经济进行各种不当干预。

通过对中国的经济发展认真观察、细致分析，可以发现，这种权力干预习惯在我们经济结构调整与产业结构规划中某种程度上有所体现。当然，对于一个发展中的经济体，经济结构的自觉调整与产业结构的合理规划都是必要的，但前提是充分尊重市场经济的规律与逻辑，公共权力有为但不越位。然而在我国近年来调整经济结构、规划产业布局的种种做法中，公共权力在多大程度上是在依循经济规律办事却并不好说。一个基本的问题是，战略产业与新兴产业如何确定？仅仅依靠公共权力的知识与判断能否正确地做到这一点？当然，基于对世界经济形势发展前沿的分析，某些领域的战略产业与新兴产业是可以较为容易确定的。但这种确定是以特定的目标参照为前提，以赶超为目标的。实际上，除了这种事后性的确定途径以外，新兴产业与创新性行业领域的出现在绝大多数情况下是无法事先规划、确定与预测的，其产生是基于经济发展的内在驱动与自发创造性。如果任何的创新都能够预先规划，那就不是市场经济了。就此而言，对于经济结构的调整与产业结构的升级而言，一方面要根据世界经济发展趋势确定赶超的目标对象，另一方面，也是更为重要的，是在制度与政策方面保障市场经济的公平性、开放性与竞争性，为创新提供充分有利的市场环境与条件。在一定意义上，良好市场环境与市场条件的创造、维持对于结构调整与产业升级、对于经济创新更为根本也更为重要，因为只要具有这样一种环境和条件，市场自身的创新活力不仅可以被充分调动激发,它基于资本的敏感性实际上在某些领域也可以替代政府作出第一方面的选择。

忽视市场本身的自发创新潜能,主要由公共权力来确定战略产业与创新领域的做法则是具有较大风险的。这一风险,用美国著名经济学家鲍莫尔的说法,就是容易挑选错误的赢家和输家,而一旦选错,也很难"拔掉插头"和重新配置政府资源。"政府而不是私人投资者决定哪些行业甚至哪些企业应当增长。政府经济政策的主旨是执行这些决策,采用各种政策工具去帮助那些被选中的'赢家'。……对于那些在国家导向型制度下曾取得快速增长的国家(人们会特别想到很多亚洲经济体),人民很容易得出结论说,无限期地继续使用同样的办法将带来长期的增长。……但是,一旦经济处于前沿、成功不再容易发生时——因为没有清楚的领先者可以复制或追随——错误就容易出现了。"[1] "国家导向并不像某些倡导者认为的那样,是加速增长的既快又好的武器。……一个理由在于,对经济进行导向并试图挑选'胜者'(企业或行业)的政府在这个过程中经常出错,……那些可能在一个时期中成功驾驭了其经济的国家并不能对所有事情都进行导向。有些部门和行业不需要政府的直接支持也可以发展,而且这样的部门越多,它们获得的成功越大,任何经济的增长都会越迅速——甚至那些国家导向发挥着很大作用的经济体也是如此。"[2] 而"一旦国家向特定的企业或部门承诺了资源和特权,那么当这些企业显然需要进程重组或者其他国家的竞争者超过了它们的时候,政府就很难'拔掉插头'停止向它们输送资源和特权。政府或是不愿丢面子,或者更为普遍的情况是,政治上强有力的利益集团使得初衷良好的政府失去干预能力,最终放弃干预"。[3] 鲍莫尔以计算机、生物技术以及纳米技术的出现为例强调市场本身的创新能力。"没有人可以事先计划这些事件。甚至没有人能够预见它们。而它们却促生了雇佣着数百万人、造福于数千万乃至数亿人的全新行业。"[4] "考虑到创新的重要性,自由市

---

[1] [美]威廉·鲍莫尔、罗伯·特利坦、卡尔·施拉姆:《好的资本主义,坏的资本主义,以及增长与繁荣的经济学》,中信出版社2008年版,第57—62页。

[2] 同上书,第136—137页。

[3] 同上书,第63页。

[4] 同上书,第81页。

场和机会最大化的经济的优点在于，它发挥了许多人的才能。这样的经济能容纳持续不断的头脑风暴和实验，而这会带来回报，因为拥有多种技能和不同知识的广大人民比任何一组计划者或专家都更可能提出和实施好的主意。所以，正是'无计划性'这个似乎是自由市场经济弱点的东西，才是其强大的力量所在。"[1] 美籍华裔的经济学家黄亚生也强调指出，在推动经济转型升级时不应由政府来确定行业与产业科技水平高低的划分标准。因为"高科技与低科技的划分，并不取决于企业做了什么产品，而是取决于企业怎么去做这个产品。不能笼统地认为生产纺织品一定比制造计算机的科技含量低，例如我任职的麻省理工学院目前甚至在研究衣服的形状和结构是否可以随着人体温的变化而变化，而这是属于纺织领域的。但可悲的是，中国目前在这方面的划分标准主要是产品，生产计算机就是高科技，制造纺织品就是低科技"。"实际上，在一个市场经济国家，这种划分不应该由政府来做，而应由企业家自己来做。当面临激烈竞争的时候，企业家必然要选择高科技和更高附加值的产品。为此，企业家也将会决定使用何种技术最经济、最能实现利润的最大化，由此源源不断地推动科技产业化的发展。而由政府来决定企业的发展方向，很可能就会断送中国企业的科技创新能力，这将是非常可惜的。"[2]

就此而言，经济结构转型与产业结构升级更为基本的是依靠市场经济本身的内在动力机制而非政府的过多干预与指导。对于处于赶超阶段的发展中国家而言，对代表世界经济发展趋势的新兴产业与高科技产业当然需要予以支持，除此以外，政府更应该通过经济体制改革来为有效地发挥市场在资源配置中的决定性作用营造一个公平而自由竞争的市场条件与环境。然而，在当前中国的经济结构调整中，政府特别是地方政府对于经济结构调整与产业结构升级似乎认识上并不太准确，好像经济结构的调整与产业结构的升级是通过政府干预特别是过度的优惠与补贴、政府直接投入就可达到与实现的事情，并且把精力主要集中在预先规划与选定的新兴产业与战略产业中，追求所谓的指标比例，在数字上做文

---

[1] [美]威廉·鲍莫尔、罗伯·特利坦、卡尔·施拉姆:《好的资本主义，坏的资本主义，以及增长与繁荣的经济学》，中信出版社2008年版，第79页。

[2] 黄亚生:《"中国模式"到底有多独特?》，中信出版社2011年版，第118—119页。

章，对于深层次的经济问题则相对关注较少，对于营造良好市场环境这一基本功则是喊得多，做得不够。这其中体现的实际是传统计划思维的残余。"在'怎么调、如何调'的问题上，很大程度上我们是在延续过去计划经济时代的做法，由政府强势行政部门主导，使用计划或者行政手段直接干预微观主体的行为。但是政府通过行政力量去强行改变各种比例关系达到的所谓的'理想'结构状态，只会扭曲价格信号，破坏市场力量，干预资源配置，加之判断的失误，结果造成越调越乱、越乱越调的恶性循环。""这样的问题，也常常发生在政府不断制定的产业政策和新兴战略产业支持计划上，其结果往往事与愿违。以光伏产业为例，过度的政策扶持和补贴，不切实际的发展规划，加上地方政府的政绩冲动，几年时间便把一个朝阳变成了困难重重的产业。"① 基于此，在当前的经济结构转型与产业结构升级中，政府必须要进一步破除旧的计划经济思维的残余，深刻理解经济结构转型与产业结构调整的内在逻辑与规律，反思经济结构调整的主观性、盲目性与轻率性，明确经济发展的客观规律不以人的主观意志为转移，从而尽可能避免事与愿违、适得其反、好心办坏事。

第二节 公民经济权利的有效确认与保障

以上六个方面的分析充分说明公共权力控制巨量经济资源、直接干预资源配置、主导经济增长的传统发展方式问题极为严重，半市场半统制的经济制度已不可能持续。在这种情况下，处理好权力与市场的关系，使市场在资源配置中起决定性作用和更好发挥权力的作用就成为十分紧迫而至关重要的改革任务。那么，如何使市场在资源配置中发挥决定性作用呢？根本一点，就是要使经济真正按照市场自身的规律与机制来运行，在此基础之上，权力发挥积极作用，进行合理调节。具体到制度的操作层面，就是要将市场自身的规律与要求化为社会成员明确的经济权利而禁止公权力的任意干预。所谓公民的经济权利，即"经济主体依法自由从事经济活动，通过自己的经济行为，获得最大经济

---

① 蔡洪滨、陈玉宇：《走出经济结构调整误区》，《改革内参》2013年第43期。

利益的社会资格"①，其贯穿于公民作为主体从事经济活动的过程始终与方方面面。

一 公民经济权利确认、保障的必要性与紧迫性

如果不能普遍明确、有效保障公民的应有经济权利，市场的自身规律与内在机制在制度层面就无法有效体现，就更谈不上使市场在资源配置中起决定性作用。正是在这个意义上，规范的现代市场经济是一种法治经济，其本身以公民的广泛经济权利作为制度支撑。"法学意义上的市场，实际上就是权利市场。生产资料市场、劳动力市场、知识产权市场、金融市场、房地产市场等，都可视为各种不同性质和种类的权利市场，在这些市场中，不仅生产资料、劳动力、智力成果等成了交易的对象，而且与这些商品相关的各种权利也成了交易的对象——商品。交易是一种权利的转让，市场是一种权利关系的集合体，市场机制是一种权利运行的机制。这种权利就是经济权利，公民的经济权利具有商品的属性，是可以用来交换的，并且公民在交换过程中实行其权利，并增加其所享有的权利。"②

而如果一个国家缺乏对公民经济权利的有效确认与保障，市场的内在机制与规律无法得到有效的制度支撑，其市场经济就不可能发达，经济也就不可能持久健康发展。我国学者张千帆以投资环境为例对此做过形象分析。"在一个市场经济不发达的国家，所有的交易过程都带有中间环节，而每一个环节都可能意味着额外的费用。在一个带有计划经济残余的国家，企业是否能够兴建起来，首先需要行政审批。这意味着投资者需要耗费一定的时间，并可能需要动用一部分资金贿赂负责审批的官员。企业兴建起来之后，生产过程能否不受政府的任意干预而顺利进行下去？负责税务、工商管理、质量检查和环境保护的官员是否能依法办事，不需要贿赂就放合法的企业过关？这些问题的答案都影响着投资成

---

① 方竹兰、邝雄、周双：《民众经济权利与中国转型期的经济增长》，《社会科学研究》2012年第4期。

② 郭曰君、程昱晖：《论社会主义市场经济与公民权利的关系》，《郑州大学学报》（哲学社会科学版）1996年第6期。

本。厂房和设备是否享有可靠的产权保护？当地的治安环境如何？政府除了依靠纳税者依法缴纳的岁入之外，能否为企业的产权与契约提供'免费'而有效的保护？如果企业发生了偷盗行为，公安部门是否会主动积极破案，帮助工厂返还财产，而不需要额外的'赞助'？这些因素也影响着投资成本。最后，许多生产过程都是通过承包进行的。如果承包者未能履行合同或借钱不还，当地的司法程序是否能有效保证合同义务获得充分履行，而不需要花费更多的钱去打通各处司法'关节'，或不得不雇佣法律外的社会势力强行催债？腐败或无效的司法显然将增加投资成本。……这是为什么法治是市场经济的一个关键要素。"[1] 张千帆的形象分析有力地说明了市场经济的每一个环节与方面都需要切实保障公民经济权利。

正是基于经济权利的广泛确认与有效保障，社会成员才有法定的资格、稳定的预期与持续的动力去追求自身利益、提升自身素质、有效利用资源、开展广泛竞争、激发社会潜能、致力各种创新、推动经济发展、创造社会财富。换言之，市场运作的基本制度要素是公民权利，成熟的市场经济实际上是由公民权利驱动的，科技进步、劳动者素质提高、管理创新都是尊重与实现公民经济权利的结果。按照这一理念，中国的经济转轨与体制改革就不能仅局限在资源配置方式变革的层面来理解，其实质是国家经济权力与公民经济权利关系的重大调整，具体来说，是国家经济权力的重组与公民经济权利的发育，是国家高度集中的经济权力向分散化的公民经济权利的复归，是社会经济生活从政治权力主导转向公民权利驱动。当前，经济发展方式转变的进程与效果在很大程度上取决于国家经济权力重组与公民经济权利发育、实现的速度。也就是说，对于中国的经济转轨与体制改革而言，对于经济发展方式的转变而言必须确立公民权利思维，要从公民经济权利的有效确认与保障的角度来反思传统体制与以往改革中的问题，审视、规划、设计当前与未来中国经济体制的改革思路、战略与举措。如果不以公民经济权利的有效确认与保障为指导理念来推进改革，如果制度变迁与体制改革的指导理念不实现根本且有效转换，如果改革方式主要是具体问题反应式的，头痛医头

---

[1] 张千帆等：《宪政、法治与经济发展》，北京大学出版社2004年版，第1—2页。

脚痛医脚、走一步看一步，如果公权力老纠缠于微观的经济活动，经济发展方式就很难实现有效转变，社会主义市场经济就很难进一步完善与发展。现在来看，在改革开放伊始的较长一段时期内，中国的经济体制改革并不是以有效确认与实现公民经济权利为主导理念展开的——尽管改革也伴随着向公民不同范围、不同程度的经济赋权，而更多是由传统体制造成的经济危机、政治危机、社会危机与意识形态危机在现实中倒逼推进的，过程走走停停、对策往往就事论事、观点各种各样。甚至直到今天，经济体制改革在一定程度上还是如此。

当然，要求在改革之初就清醒认识并明确确立一个完全区别于传统经济运行机制的改革指导原则并不现实，因为经济体制改革是一个在"摸着石头过河"的持续实践中不断深化认识、把握规律的过程。但在改革开放40年后的今天，在长期反复"摸石头"的经验教训不断积累的基础上，在改革的全面深化与攻坚阶段，中国经济体制改革在根本理念与制度体系方面的顶层设计就显得极为必要了。只有如此，经济发展方式的有效转变与市场经济的进一步完善才有可能。之所以如此强调，是因为尽管随着中国市场经济的不断推进，在经济发展方式转变的过程中，公民经济权利也在得到虽非系统但日渐广泛的确认与保障，经济生活的法治化水平也在逐渐提升，然而，在当前的经济生活中公民经济权利仍存在较大程度的不足与贫困问题，市场经济的深化发展迫切要求法治的进一步健全，要求公权力的运行必须进一步纳入法治轨道。依法治权不仅有利于遏制权力本身的腐败，而且有利于明确权力与市场的相对边界。通过健全法治，公共权力的各种负面效应被尽可能地抑制或克服，而其维护与保障公民权利、创造良好市场的积极功能则会被较为充分地激发或强化。

此外，尤需深刻认识的是，改革开放以来，中国经济在公民经济权利的确认与保障存在较大问题、法治环境不健全的情况下确实取得了巨大成就，但应看到，这种发展成就的取得适应于中国市场经济发展初期的特定状况。如果法治建设不及时跟进，从长期来看，经济自身的发展升级与持续增长将很难保障。一方面，在中国经济商品化与市场化初期，受中国文化传统的影响与企业发展程度的限制，熟人交易、关系经济发达。这种熟人交易用一种非正式的契约与内部的信任代替了正式的法律制度保障，在一定程度上发挥了法律制度的功能替代作用。当然，市场经济并不排除这种关系经济的存在，法律规范也不排除交往中的私人信任与关系网络，但缺乏交往广泛性与规则普遍性的大量小圈子式的关系经济的存在说明中国经济的市场化还处在较低的层次与水平。另一方面，改革开放以来中国经济发展的成就很大一部分来源于对法治环境要求不是太高的实体经济尤其是传统制造业的发展。以上两点说明在市场经济发展初期，规范的制度需求还不是太强烈。但随着市场经济的进一步发展，这两个方面的情况就必须予以改变，而这就对公民权利保障与法治化水平提出了更为严格的要求。随着交往范围的扩大、熟人间的关系经济日益显出其局限性。"关系经济的弱点是合作范围太狭隘。在一个人人都相识的小社团里，非正式交易可能运行良好。但在复杂的大规模经济活动中，合作圈子的限制将阻碍不熟悉的新企业或个人形成有益的交易。对于大规模的市场经济，由国家实施的正式法律规则仍是不可少的。"① 同时，随着市场经济的发展与成熟，制造业等第二产业所创造的价值在GDP中所占比重会越来越小，包括金融、保险、房地产等在内的第三产业所占的比重会越来越大。而这些行业与领域相对于第二产业而言，对于市场制度环境的要求要严格得多，因为其所交易的是一些看不见、摸不着的无形的服务或"许诺"，交易的范围更广、交易的时间差拉得更开、交易的价值更大、交易主体的人数更多更分散、交易的风险也更大，一旦出现问题，所造成的经济动荡与利益冲突也更剧烈。在制度资本特别是法治欠缺的条件下，这种市场、行业更容易扭曲、混乱甚至停滞。"现代股票市场、债券市场、基金市场等，是伴随着现代法治制度发展起来的。也就是说，没有支持陌生人之间交易的现代商法、合同法、证券法等方面的发展，就不会有今天我们熟悉的那些外部化了的金融证券市场；反之，金融证券交易在陌生人之间的深化过程，也带来了更多、更深层次的法治要求，促进了后者的演变。"② 在这个意义上，"法律秩序未必是市场发展初期的前提条件，但却是市场成熟发展的前提条件"③。

---

① 张千帆等：《宪政、法治与经济发展》，北京大学出版社2004年版，第11页。
② 陈志武：《金融的逻辑》，国际文化出版公司2009年版，第8页。
③ 同上书，第189页。

必要性与紧迫性毋庸置疑，那么，在改革的全面深化与攻坚阶段，如何推动中国经济发展由权力主导转向权利驱动呢？对此可从两个方面予以分析。

二 经济发展的权利驱动与对公权力的有效规范

要转变经济发展方式，实现经济发展的权利驱动，并非单纯的经济体制改革所能胜任与完成，这是因为，实现经济发展的权利驱动意味着公权力要进一步确认与有效保障公民经济权利，意味着公权力不能随意干预具体经济活动，意味着政府与市场关系的规范化，意味着权力与权利关系的规范化，意味着公权力要受到有效的监督与制约。一句话，意味着公权力的有限性、有效性与责任性。而这实际上就是要求一国政治架构的民主化、法治化与规范化。

如果这种现代化的政治体制没有有效建立起来，民主不健全，代议机构作用发挥不理想，司法机构不能依法独立公正地行使职权，中央和地方的关系没有实现合理化，行政的自由裁量权过大，公共权力就得不到有效的监督、制约与规范，其基于各种考虑占有大量经济资源、影响经济正常发展、直接干预经济活动的行为就不会得到有效遏制。这种干预既有可能是以正式政策与制度的形式进行，也有可能是以潜在权钱交易、腐败寻租的形式进行。也就是说，在通过各种途径将权力切实关进制度的笼子里之前，公权力是很难真正停止对于经济活动的不规范干预的，对于公民的经济权利也难以进行十分有效的确认与保障。按照马克思主义的基本原理，此即上层建筑对于经济基础的反作用。就此而言，对于中国的经济问题，不能做单纯经济的考虑。所谓政治经济学，一个重要含义就是要求我们要从政治的角度来理解与把握经济问题与现象。特别是基于中国国情，公权力对于经济活动的影响要远比政府与市场关系规范的情况下大得多，基于这种考虑，将公权力视为经济改革与发展的内生因素更具合理性。

当然，公民经济权利的维护与保障并非一定要等到公权力受到相当有效的规范与约束条件下才有可能。权力的规范与约束需要一个渐进的过程，公民经济权利的确认与保障也是一个渐进的过程。伴随着对公权力的逐步规范与约束，公权力的合法性与有效性进一步增强，公民经济权利逐渐获得进一步的确认与保障。而且，公民经济权利的确认与保障和对公权力的规范与约束也是一个相互作用、相互推动的过程。公民经济权利的确认与保障本身就意味着对公权力的一定规范与约束，而且由公民经济权利的确认与保障所推动的市场经济的不断发展与经济自主性的不断增强也会形成对公权力的强大约束与规范。

三 公民财产权与经济自由权的进一步确认与保障

就公民经济权利的内容而言，当前改革需要对公民的财产权和经济自由权进一步予以确认与有效保障。

公民经济权利的内容需要根据市场经济本身的特点来把握。马克思在分析人类社会发展规律时，曾依据人的发展状况，在《1857—1858年经济学手稿》中把整个人类历史划分为"人的依赖关系"、"物的依赖性"和"自由个性"三大阶段。而市场经济所对应的就是马克思所讲的人类历史发展的第二大阶段。"以物的依赖性为基础的人的独立性，是第二大形式，在这种形式下，才形成普遍的社会物质变换、全面的关系、多方面的需求以及全面的能力的体系。"① "物的依赖性"体现在公民经济权利方面即财产权的保障，"人的独立性""普遍的社会物质变换、全面的关系、多方面的需求以及全面的能力"体现在公民经济权利方面即市场主体的经济自由权利及相应能力。实际上，马克思精辟地指出了市场经济条件下公民经济权利的核心内容：财产权与经济自由权。当然，以上两方面权利都是大的权利类别，每一权利类别又都包括具体的各项相关权利。

（一）财产权是一定社会所确认的人们对某种财产或资产所拥有的各种权利的总和，是在一定物的存在与使用基础上所形成的人们之间的一种权利关系，在公民经济权利中居于最基础的地位。作为一种根本性的制度安排，财产权对经济的增长，特别是对于市场经济的运行效率有着至关重要的作用。借助于责、权、利的明确划分，财产权安排能够规范人们的行为选择，形成有效的激励机制和约束机制，减少人们之间经济行为的不确定性，从而降低交易成本，优化资源配置，促进经济发展与

---

① 《马克思恩格斯文集》8，人民出版社2009年版，第52页。

效率提高。具体而言，财产权具有如下主要特点。其一，财产权本质上是一种人与人之间的关系，进一步说，是发生在物上或通过物体现出来的人与人之间的关系，它表明了利益与资源在社会中的分割。其二，财产权是一组权利或一个权利束而不是一项单一的权利。一般而言，财产权至少包括财产的所有权、使用权、收益权和转让权等各项具体权能。其三，现代社会，财产权中的财产或资产是一个广义的范畴，它不仅包括物质财产，也包括知识财产、无形资产、劳动力资源等能够给主体带来收益或具有价值的资源。

在当代中国语境下，公民财产权可以分为个人财产权和公共财产权。个人财产权作为社会成员自主自立的经济基础，属于公民的直接财产权。公共财产权是公民对于公共财产包括各级国家政权机关以及国有企事业单位财产的所有、使用、收益和监督管理的权利，属于公民的间接财产权。

1. 对于公民的个人财产权而言，改革开放以来，随着经济市场化的不断推进，随着社会成员个人利益意识的不断觉醒，国家政策与制度不断明确对其的法律保障。2004年《中华人民共和国宪法修正案》适应保护公民个人财产权的客观需要，将宪法第十三条"国家保护公民的合法的收入、储蓄、房屋和其他合法财产的所有权"及"国家依照法律规定保护公民的私有财产的继承权"修改为"公民的合法的私有财产不受侵犯。""国家依照法律规定保护公民的私有财产权和继承权"及"国家为了公共利益的需要，可以依照法律规定对公民的私有财产实行征收或者征用并给予补偿"。继私有财产入宪以后，2007年10月1日起实施的《物权法》强调平等保护公有财产和私有财产，对保护公民个人财产权做了详细规定。党的十八届三中全会通过的《中共中央关于全面深化改革若干重大问题的决定》也强调要健全归属清晰、权责明确、保护严格、流转顺畅的现代产权制度。公有制经济财产权不可侵犯，非公有制经济财产权同样不可侵犯。

进步不能否定，但现实中公民个人财产权的确认与保护方面依然存在较多问题。

其一，公权力与广大公民对于个人财产权的认识一定程度上还缺乏现代文明意识，在此方面还需进一步的思想启蒙。这在税收问题上表现得尤为明显。在现代社会,税收是公民以个人财产向政府支付的购买公共产品和公共服务的价格,国家和纳税人之间是一种平等的利益交换关系。正是因为涉及公民个人的财产权问题,税收的种类、数额与时间不能由公权力自己说了算,而必须取得纳税人或其代表的同意,经法定程序进行,"无代表不纳税""税收法定"由之就成为税收的基本原则。虽然改革开放以来越来越多的社会成员也开始逐渐产生现代税收意识,但整体而言,正如我国学者李炜光指出的:"受传统文化和一些陈旧观念的影响,中国人对税和纳税人的理解还很肤浅,有些明显是错误的。……在多年来的'依法纳税'的宣传中,一般也只是强调纳税义务,对纳税人权利的尊重和宣扬远远不够,这就使得相当多的纳税人并不清楚自己作为纳税人究竟享有哪些权利,而作为征税方的政府似乎也没搞清楚自己征税的权力究竟来自何方和如何使用这些权力才是正确的。我们生活在一个纳税人意识严重缺乏的社会中。"税收"反映出作为征税方的国家(政府)和纳税方的纳税人合作和互动的关系,但以往我们看到和听到的,更多的是来自其中一方——政府的信息和声音,而另一方则一直沉默不语,几乎是一片寂静。从这个意义上说,当今的中国还是'无声的中国'"。"到目前为止,我国官员们所能理解的政府与纳税人的关系,还是'支配'与'被支配'、'管理'与'被管理'的关系;我国纳税人所理解的税收,还是'皇粮国税'的水平。"①

有学者甚至认为,目前这种"间接税为主,直接税为辅"的税种组合使得公民在很多情况下并不知道自己已经交了税,而实际处于纳税"植物人状态"。"纳税人'植物人'生存状态特指当下相当一部分纳税者,由于政府税种制度安排,即'间接税为主,直接税为辅'的税种组合,虽然实际上缴了税,但对自身'税痛'的认知意识与能力几乎'完全丧失'。这意味着,整个社会征、纳税人之间权利与义务关系的失衡与失序。""在这种税种制度安排下,纳税人的权利意识才可能大面积处于酣睡或昏迷状态,也就是处于'植物人'状态。""逻辑上,消减一个社会处于'植物'状态的纳税者,唤醒这些纳税者的'税痛'意识,进而

---

① 李炜光:《无声的中国纳税人》,"好酷网"(http://www.haokoo.com/inbound/7825878.html)。

培育纳税人权利与义务统一的意识,是一个社会税制改革的基本目标和使命。"① 实际上,马克思主义创始人对这一问题也曾有明确的论述:"如果需要在两种征税制度间进行选择,我们则建议完全废除间接税而普遍代之以直接税;……因为,间接税使每个个人都不知道他向国家究竟缴纳了多少钱,而直接税则什么也隐瞒不了,它是公开征收的,甚至最无知的人也能一目了然。所以,直接税促使每个人监督政府,而间接税则压制人们对自治的任何企求。"②

现实的体制与认知确实问题颇多,而这与现代社会对公民财产权利的科学认知与有效保障差距明显。针对于此,李炜光强调要重新认识税和纳税人,为其"正名":"我们应该在自己的脑子里深深地刻印下这样的观念,并且要把这种税收观念或者说文化告诉每一位中国人:只有人民才是税收的最终受益者;只有人民授权才是国家征税唯一的合法性源泉;只有承认、尊重和保护纳税人基本权利的税收才是值得人们尊敬和遵从的税收;只有征税方与纳税方之间拥有互信和共契(solidarity)的税收才是纳税人所需要的税收;只有在正义的(平等、公平、中性、效率)、法治的、人性的税收之下,公民才会自觉地承担起纳税的义务;只有公开、透明,能够接受纳税人监督和控制的税收才具有可靠的和持久的生命力;只有真正体现纳税人的意志、切实用于提高每个公民生活福利的税收才是好税收;只有好的税收,才会有好的政府和好的纳税人。"③

除税收问题外,再比如,当前文件中涉及公民权利时经常使用的"赋予"提法也并不合适,比如"赋予农民更多的财产权利","赋予农民对承包地占有、使用、收益、流转及承包经营权抵押、担保权能",等等。所谓赋权于民的提法带有很大程度自上而下恩惠赐予的意味,实际上也反映了公权力自身对于公民权利性质的不正确认识。尽管在当代中国,公民经济与社会的诸多权利确实很大程度上是公权力让渡出来的,日常表述中可以使用"赋予"的说法,学术研究中一定意义上也可以使

---

① 姚轩鸽:《中国纳税人处于"植物人"状态》,"腾讯网"(http://cul.qq.com/a/20160412/055241.htm)。

② 《马克思恩格斯全集》第十六卷,人民出版社1972年版,第221—222页。

③ 李炜光:《无声的中国纳税人》,"好酷网"(http://www.haokoo.com/inbound/7825878.html)。

用，但在党和政府的正式文件中不宜出现，改用"保障""承认""尊重"等提法更符合现代政治文明的发展趋势。通过以上对税收认知和赋权提法的分析可以看出，以现代文明理念来推进当代中国公民个人财产权观念的普遍启蒙，对于公民财产权的保障来说仍是一项有待深化的基础与前提性工作。

其二，在思想启蒙的基础上，还需要对公民个人财产权的具体内容予以明确的法制确认。这一具体化与明确化的要求表明国家对于公民财产权的承认不能仅仅停留在原则层面、政策层面，相应制度规定也不应是粗略而宏观的。没有系统、明确与具体的法律规定，原则往往难以落实，政策的实施效果也易打折扣。如果说在改革伊始制度不健全的情况下，政策很大程度上可以发挥制度的替代功能，随着我国现代化进程的不断推进特别是社会关系的愈益复杂化，规范而普遍的制度之治尤其是法律规范就变得愈益重要。比如，当前对农民的土地财产权就需进一步系统予以明确，或者说确权：农民对承包地到底具有何种权能？农民的住房财产权如何具体实现？宅基地用益物权如何具体实现？党的十八届三中全会通过《决定》当然对此有所论述，提出要赋予农民对承包地占有、使用、收益、流转及承包经营权抵押、担保权能，赋予农民对集体资产股份占有、收益、有偿退出及抵押、担保、继承权。保障农户宅基地用益物权，改革完善农村宅基地制度，选择若干试点，慎重稳妥推进农民住房财产权抵押、担保、转让，探索农民增加财产性收入渠道。但以上原则性的论述还需要进一步通过制度化特别是法制化的方式予以具体确认与细化。对公民个人财产权具体内容的法制化确认要求相关立法工作的及时跟上与持续推进。

其三，除了观念仍待进一步启蒙与具体内容仍待进一步法制化确认外，当前对于公民财产权利的实际保障工作也亟待进一步加强。国家在这种保障中负有双重责任：既要保护公民财产权，又不应侵犯公民财产权。而当前在公民财产权实际保障方面，公权力往往不是缺位、保障不力，就是自身即成为侵犯的一方。征地拆迁过程中对于农民土地权益的大量侵占、某些地方对于民营企业家财产权利的侵害、强势分利集权对于公民财富的不当掠夺、资本对劳动的过分剥削、不合理税费的存在等，很多都与公权力自身的不当行使有关。当然，这些问题的解决以对公权力的规范与制约为前提，而这就需要行政管理体制与政治体制改革的深入推进了。

2. 对于公民的公共财产权而言，由于中国基本经济制度强调以公有制为主体，由于存在矿产、土地等庞大的公共资源，由于中国政府拥有庞大的财政收入，由于国有企事业单位拥有巨额资产，加强对公共财产的监督管理，保障公民切实有效地享有极为重要。如其不然，就是空有主人之名，而无主人之实。但在当前对公权力监督制约尚需进一步加强，公有制具体实现形式与机制尚需进一步探索的情况下，公共财产的利用效率较难得到保证，公民的公共财产权某种程度上往往无法切实实现。针对于此，有必要以落实公民的产权主体身份、保障公民对公共财产或其收益的切实享有、保障公民对公共财产的合理有效使用为一条重要原则去推动相关改革的深化。之所以强调这一原则，是因为长期以来对于公共财产并不是基于公民权利的视角去理解和使用的，而是从国家实际所有、政府掌握和支配，从作为公权力政策目标的实现工具角度来看待与管理。这种强化政府角色、主要从方便政府管理与支配的角度来看待公共财产的观点与做法尽管有其合理性，但带有较强的计划色彩，与中国改革发展的现代化取向并不完全适应。正是由此，我们才强调，对于公共财产的理解和使用尽管必须考虑到国家的政策目标，但也要考虑到公民公共财产权的有效实现，单一的权力视角必须改变，在公共财产的使用上要努力达到权力视角与权利视角的平衡与统一。

在以上原则明确的前提下，改革应在三个方面、两大领域着力。

三个方面包括：一是要深化相关机构改革，通过机构重组或强化原有机构权能来实施对公共财产的有效管理与使用监督，保证其切实用之于民。机构改革解决谁应该真正具体负责的问题。比如对于政府公共财政的使用而言，就要加强人大对政府全口径预算决算的审查监督，因为人民对于预算决算的审查监督主要通过人大这一国家权力机关来进行。为此就要强化人大的权能，使之能够形成对政府的有效制约。与之相应，还应提升审计机构的法律地位，最好将之由政府部门改为人大的下属机构，切实对人大负责。也就是说，要以公民公共财产的合理使用与有效享有为根本价值目标去推进公共权力的相关机构改革。二是要推进相关制度建设特别是法制建设。要按照确认、实现和保障公民公共财产权的思路或调整原有法律法规，或重新解释、或另立新法，推动问题在法治轨道上解决。制度建设解决的是行为规范或如何行为的问题。比如党的十八届三中全会提出要健全自然资源资产产权制度就属于对公共财产权的制度化确认：对水流、森林、山岭、草原、荒地、滩涂等自然生态空间进行统一确权登记，形成归属清晰、权责明确、监管有效的自然资源资产产权制度。再比如，2014年8月31日，党的十二届全国人大常委会四审通过的新预算法就较好体现了规范政府收支、保障公共财产权的价值理念。预算法素有"经济宪法"之称，是国家治理体系的重要内容。有学者指出，新预算法实现了立法宗旨的突破。"原预算法的立法目标为'强化预算的分配和监督职能，健全国家对预算的管理'，带有鲜明的计划经济特色，这种强化政府管理权力的管理型预算已经与当今时代的新形势严重脱节。新预算法明确提出'规范政府收支行为'的立法宗旨，建立规范和制衡政府收支行为的法治型预算制度，这表明新预算法更强调约束政府预算行为的手段，由此实现了预算法从管理法向控权法的转变。同时新预算法把原来规定中的'加强国家宏观调控'等内容去掉，进一步明确新预算法的功能在于控制、约束政府的预算权，监督政府如何'花钱'，'让权力在阳光下运行'，实现国家分配公共资源的制度化、规范化、程序化。"① 三是要切实鼓励、支持与引导社会力量参与对公共财产的管理、使用监督与制约。公共财产权的保障与落实离不开具有现代权利意识的广大公民自身通过各种形式与渠道的广泛参与。社会参与解决的是公共财产权落实的根本动力与外部条件问题。

两大领域之一是深化农村集体产权制度改革。过去很长一个时期，农村集体产权存在两方面突出问题。一方面，农民集体财产权的具体归属不明晰。比如，尽管法律规定农村土地归农民集体所有，但在集体所有制下，"谁"真正拥有土地，实际上并不明晰。乡镇是一级政府，村民委员会、村民小组是村民自治组织，都不是全体农民以平等身份参加的集体经济实体，都不适于充当农民集体所有土地的所有权主体，农民集体所有一定程度上是一种所有权主体缺位的所有制。正因为土地的具体

---

① 辜胜阻：《新预算法引领国家治理现代化》，"国际在线"（http：//gb.cri.cn/45731/2014/09/02/7493s4676488.htm）。

归属并不完全明晰,对于农民土地权益的侵害往往具有随意性。所以,现在农村土地改革的一项重要任务就是要通过确权等机制切实落实公民对于集体财产的产权主体地位,建立归属清晰、保护严格的农村集体产权制度。在此,一个基本的解决思路就是要让每个集体经济的成员切实作为土地所有权的主体,使集体所有制成为共同占有与个体实际所有的真正统一。这一改革思路也适用于农村或城镇的集体企业。"对一些经营性资产较少、纯农区的村,集体产权制度改革的重点是对村集体全部资产进行确权登记颁证,深入开展村集体经济组织成员的资格界定,通过'确权赋能',加强土地制度改革,抓紧抓实土地承包经营权确权登记颁证工作。对于经济发达地区,特别是集体经营性资产数量庞大的地方,改革重点是通过股份量化,推进集体经营性资产股份合作制改革,赋予集体经济组织市场主体地位,建立现代经营管理制度,提高集体资产运营效率,使农民按股分享集体经营收益。……在改革过程中,只要集体经济组织成员具有合法资格、所量化到人的集体资产合法、整个股权分配的程序合法,则组织成员手中所持有的个人股份就是个人合法财产。"[1]"难道没有一种既保证农民主体地位,发挥其主体性和积极性又把分散农民组成'航空母舰'的办法?有,那就是股份制或股份合作制。"[2] 另一方面,除所有权主体不明晰以外,在以往农村集体所有制下,农民享有的财产权益也不够充分。比如,改革开放以来,我们一贯强调农民对土地的承包经营权,但过去仅被承认几十年时限且常受到侵害的承包经营权并非完整的物权。在加强对农民现有土地权益保障的基础上,随着城市化进程的发展与社会主义新农村建设的深入,要更好地维护和实现农民的土地权益,让农民通过土地获得更高的比较收益,应进一步从法律上赋予农民更为完整、自主的土地产权。我们在上文也提到过党的十八届三中全会提出的相关改革思路:赋予农民对承包地占有、使用、收益、流转及承包经营权抵押、担保权能,赋予农民对集体资产股份占有、收益、有偿退出及抵押、担保、继承权。应该说,这些改革思路大大推进了农民对集体财产的充分享有程度,意味着农民集体产权的更好个体化

---

[1] 崔红志:《深入推进农村产权制度改革的建议》,《改革内参》2016 年第 22 期。
[2] 詹宏伟:《中国改革与个人主体》,中国社会科学出版社 2014 年版,第 64 页。

实现。实际上，对于农民的土地权益而言，可以考虑将有期限的土地承包经营权永久延长，最终实现农民对土地权益的充分享有，使农户真正享有对土地的占有、使用、收益和处分权。就此而言，现在仅强调农村土地承包关系长久不变恐怕是不够的。农地使用权永久延长，不仅有利于稳定农民长远预期、解除农民后顾之忧，引导农民珍惜土地、增加对土地长期投入；而且也会使土地的资本属性更加明显，土地的资本功能得到强化，从而有利于农民获得土地要素增殖的财产性收益。农民拥有了土地的永久使用权之后，可更为方便地以此进行抵押、转让、投资，从而不仅可以有效改变当前农村金融信贷服务的缺乏状况解决农村发展的资金瓶颈，为农村发展提供更好的环境，而且也为自身转化为城市市民提供了可以变现的财富基础，从而有利于打破城乡二元格局。

二是要深化国企产权制度改革，保障国有资本的规范运行、有效使用以及公民对之的切实享有。具体而言，首先，要切实贯彻党的十八届三中全会明确提出的改革思路，即完善国有资产管理体制，以管资本为主加强国有资产监管，改革国有资本授权经营体制，组建若干国有资本运营公司，支持有条件的国有企业改组为国有资本投资公司。从原来"管人""管事""管资产"的管理思路向"管资本"的改革思路的转变有利于实现政企分开、证资分开以及国有企业所有权和经营权的分离，有利于国资委集中精力更好地对国有资本进行管理，有利于国有资本的有效使用与保值增殖。"国有资本投资运营公司代表国家行使出资人的权益，可以控股、参股其他类型企业，也可以在国有企业中引入非公资本，从而形成混合所有制。而其本身可以不开展其他商业性经营活动，也不干预其控股或者参股企业的日常经营。在这种组织形式下，原来的'国资委—国有企业'的两层结构将转为'国资委—国有资本投资运营公司—混合所有制企业'的三层结构。"[①] 应该说，"管资本"作为一项明确战略应是符合国企发展之长远趋势与内在规律的。其次，还要通过相关制度机制的进一步健全完善确保国有资本投资、运行的规范性、有效性与科学性。"在国有企业的资产运作方面，要制定完善的法律、法规，形成专门的国有企业资产投资及在境外单位再投资的管理制度，使各级

[①] 《国企改革三大方向：国资委或"管资本"为主》，《国际金融报》2015年8月31日。

的国有企业投资管理有据可依，以有效履行出资人职责。……明确投资项目必须遵循的原则和投资必须履行的决策程序，在制度中明确各级次主体的投资权限。境内外机构的决策过程要严格在授权范围内进行，并辅以集体决策、内部监督和内部审计等措施约束，以保证国有企业资产的安全。"[1] 最后，必须加大国企利润的全民共享力度，努力体现国企利润享有的公有性。国有企业是国家管理而全民所有，既然是全民所有就必须让全体人民共享利润而绝不能仅仅是利润的主要内部分享。在这方面，国有企业所受诟病颇多。正是因为较长时期内国企的利润增长与每一个社会成员的切实利益没有直接关系，相反，国企的垄断反而对民众的利益构成侵害，所以社会公众提到国企普遍没有认同感。在此方面，必须将国企利润与全体人民的利益直接挂钩。党的十八届三中全会也提出，要完善国有资本经营预算制度，提高国有资本收益上缴公共财政比例，划转部分国有资本充实社会保障基金，更多用于保障和改善民生。换言之，国企改革的最终效果应落实到人民对国有资本收益的更好享有上！

（二）经济自由权也是公民经济权利的核心内容。针对当前中国改革形势，公民的经济自由应包括公民的创业自由、竞争自由、交易自由、创新自由等。

1. 创业自由的权利是指"民众作为自然人，能够根据自己的知识和能力，自由地进入经济活动领域，从事谋利活动的权利。表现在民众能够自由地进入经济行业，自主地创建各种法人组织，或受雇于一定的法人组织，独立地或合作性地从事各种社会经济活动，在增进社会效用的前提下，谋求个人效用的最大限度增长"[2]。改革开放以来，整体而言民众享有了日益增多的创业自由。在改革的全面深化阶段，为了进一步保障与实现公民的创业自由权，就需要政府进一步简政放权、深化行政审批制度改革，降低企业注册的资金、时间等各项成本，减少创办企业的障碍，降低各项创业的门槛；就需要扩大市场准入，实行负面清单管理，实行统一的市场准入制度；就需要实施有效的破产保护；就需要在税收、信贷方面给予创业者更为积极的扶持，特别是对农民创业和民营企业创

---

[1] 杜春春：《我国现行国企资产监管体系问题的研究》，《生产力研究》2015年第3期。
[2] 方竹兰：《论民众经济权利的回归》，《中国人民大学学报》2006年第3期。

办给予更多的制度与政策支持。为什么特别强调对于农民创业和民营企业创办的制度与政策支持呢？这与我们前文提到的城乡二元结构下农民在权利享有与保障方面的相对弱势地位有关，与不合理的所有制结构中民营经济所处的相对弱势地位有关。比如，以金融信贷而言，长期以来，我国现行的大银行主导的融资机制偏好于具有抵押担保能力的大企业特别是国有企业，在这种情况下，大众创业、草根创业特别是农民创业就缺乏有效的信贷支持。由于缺乏足够的金融支持与良好的金融条件，农民从整体上就缺乏在农村创业的机会，外出打工出卖劳动力就成为一种无奈的选择。金融支持的缺乏也直接影响了广大民营企业的发展。"现在美国的很多知名企业，比如微软和惠普，在早期都是'个体户'，惠普甚至是从车库里发展起来的。而这些小'个体户'在美国之所以可以一步步发展成今天的大企业，主要的原因就是它们拥有良好的法律和金融环境的支持。"[1] 正是这种实际境遇上的弱势地位，才凸显出一种公平制度环境的重要性，甚至可以说，对于相对的弱势者在一定程度上必须给予矫枉过正式的特别优惠对待。只有如此，才有可能如李克强总理所讲，在960万平方公里土地上掀起一个"大众创业""万众创新"的新浪潮。

2. 竞争自由。市场经济不断发展的过程就是公民自由竞争权利不断扩展与实现的过程，因为市场经济的活力与创新精神根源于财产权保障基础之上的自由竞争。作为衡量一国市场经济发展程度的核心标准，自由竞争的实现有赖于一个普遍公平的制度环境。对于中国市场经济的进一步健全而言，要有效保障公民的自由竞争权，推动市场规则的完善，当前的关键在于切实规范公权力与市场关系，有效阻断权力、关系、背景等对市场机制的扭曲与侵蚀，既要打破地方保护，更要努力打破相关领域国企的不规范垄断，推动各种所有制成分之间的平等竞争。党的十八届三中全会《决定》也明确提出："国家保护各种所有制经济产权和合法利益，保证各种所有制经济依法平等使用生产要素、公开公平公正参与市场竞争、同等受到法律保护，依法监管各种所有制经济。""实行统一的市场准入制度，在制定负面清单基础上，各类市场主体可依法平等进入清单之外领域。""改革市场监管体系，实行统一的市场监管，清理

---

[1] 黄亚生：《"中国模式"到底有多独特?》，中信出版社2011年版，第117页。

和废除妨碍全国统一市场和公平竞争的各种规定和做法，严禁和惩处各类违法实行优惠政策行为，反对地方保护，反对垄断和不正当竞争。"①

　　垄断性国有企业的改革作为重点，争议已久。对于这一问题，党的十八届三中全会提出两大改革思路。一是国有企业的战略性收缩和集中，即国有资本投资运营要服务于国家战略目标，更多投向关系国家安全、国民经济命脉的重要行业和关键领域，重点提供公共服务、发展重要前瞻性战略性产业、保护生态环境、支持科技进步、保障国家安全。这一思路的实施客观上会推动国有企业退出某些竞争性领域。二是分类改革的思路。国有资本继续控股经营的自然垄断行业，实行以政企分开、政资分开、特许经营、政府监管为主要内容的改革，根据不同行业特点实行网运分开、放开竞争性业务，推进公共资源配置市场化。进一步破除各种形式的行政垄断。以上这两个思路，不论是国有企业的战略性收缩和集中，还是分类的破除垄断化改革，实际都意味着除负面清单所列关系国家安全和国民经济命脉的重要行业、关键领域与特定业务环节外，其他所有制经济成分特别是民营经济皆可进入，意味着国企改革必须为民营经济的发展腾出空间，允许民营经济进入国企行政性垄断的领域或自然垄断的竞争性业务环节。党的十九大报告也指出："全面实施市场准入负面清单制度，清理废除妨碍统一市场和公平竞争的各种规定和做法，支持民营企业发展，激发各类市场主体活力。深化商事制度改革，打破行政性垄断，防止市场垄断。"② 特别是《中华人民共和国反垄断法》应对国有企业的垄断行为进行明确规定，将行政性垄断行为纳入行政诉讼受案范围，并强化相关执行机制，以法治思维与法治方式推动问题的逐步解决。当然，对于民营企业而言，也要注重不断增强内功，提升自身竞争能力。

　　3. 交易自由是公民经济自由的一项重要内容。"交易权是指民众在经济活动过程中，具有一个经济主体应该有的谈判协商、订立契约并监控

---

　　① 《中共中央关于全面深化改革若干重大问题的决定》，"中国经济网"（http://www.ce.cn/xwzx/gnsz/szyw/201311/18/t20131118_1767104.shtml）。
　　② 习近平：《决胜全面小康社会　夺取新时代中国特色社会主义伟大胜利——在中国共产党第十九次全国代表大会上的报告》，人民出版社2017年版，第33—34页。

契约执行状况的权利,表明主体之间的一种对话状态。"① 当前,就公民交易自由权利的确认与保护而言,问题集中表现在,公权力不仅在很多情况下是缺位的,有时甚至自身直接作为实际的交易主体在具体经济行为中侵害公民权益,比如强制性的征地拆迁等。此外,某些具有浓厚权力背景的垄断企业对于普通消费者的霸王条款也属于此。在这种公权力主导的经济交易活动中,交易双方地位不对等、力量不均衡,公民明显处于弱势地位,对交易的程序、方式不能自由决定,双方之间的协商谈判即使存在,也往往因缺乏自主性、平等性与公正性而沦为形式,更有甚者连这种表面的形式都没有。在这种情况下,民众显然无法作为具有自主意志的独立经济主体而存在,不能自由主张自己的应有权利及订立契约,交易自由权必然是残缺甚至是缺失的。恰恰由于涉及公权力,公民交易自由问题就不仅仅是一个纯粹经济领域的问题,而是关系到政治体制的改革。对于公民交易自由权利的确认与保障而言,在强化对公权力监督制约、规范公权与市场关系的前提下,还要做好两个方面的工作:一是切实推进公民参与的制度机制建设尤其是法制建设,尽可能保证交易各方协商的公正性与自主性,保障经济交易的自由与平等;二是通过强化消费者协会等相关社会组织的作用,或者通过公民自发的相关组织建设,以组织化的形式增强其博弈力量与议价能力,提升其在交易谈判中的实力,努力避免个体的弱势化境遇。当然,只有在解决公权力缺位或乱为的前提之下,才谈得上通过制度建设与组织建设切实规范一般市场主体的经济行为,保障其交易自由的问题。

4. 公民创新自由对于中国经济发展方式的转变而言至为关键。中国经济要在尽可能保持比较优势的基础上争取竞争优势,只能走创新驱动之路。当前,要保障公民的创新自由权利,一是要解决公权力的越位问题,反思、打破中国当前各方面依然严重的官本位体制,在经济、社会与文化领域创造一个公民能够作为独立主体而存在,能够充分发挥自身能力与创造性,可以自由竞争的良好制度环境与条件。如果权力不尊重客观规律,不在很大程度上退出相关领域,依然管束太多、干预不当,没有开放、宽松而公平的制度环境,一切创新源泉很难充分涌流。二是

---

① 方竹兰:《论民众经济权利的回归》,《中国人民大学学报》2006年第3期。

要解决公权力的缺位问题。比如要加快推进创新要素市场建设，加快保护创新者利益的制度如知识产权制度等的供给，实施有效的法治，加大财政金融方面的支持如有效的政府投入以及针对特定企业的减税等。

第 九 章

民主法治的健全完善与公民权利的有效实现

正如上文已经指出的,党的十八届三中全会提出的治理现代化问题具有明确的制度内涵,国家治理体系即是一套制度体系,治理能力则是运用制度体系管理社会各方面事务的能力。就政治领域而言,治理体系与治理能力现代化的一个基本维度就是通过民主法治的健全完善来有效规范、约束公共权力,更好地确认、保障公民各方面权利尤其是政治权利,推动形成公共权力与公民权利的良性关系架构。由之,一方面,提升公共权力的合法性与有效性;另一方面,在公民权利保障的基础上切实推进社会成员的发展与幸福。政治体制改革中的诸种难题,都只有在民主法治的进一步健全完善中,在公共权力与公民权利关系结构的合理化调整中才可能得以切实解决。这也是中国特色社会主义民主政治建设的必由之路。党的十八届三中全会通过的《中共中央关于全面深化改革若干重大问题的决定》也强调,要紧紧围绕坚持党的领导、人民当家作主、依法治国有机统一深化政治体制改革,加快推进社会主义民主政治制度化、规范化、程序化,建设社会主义法治国家,发展更加广泛、更加充分、更加健全的人民民主。

第一节 全面深化改革阶段公民民主权利的进一步实现与保障

大众民主作为一种现代性机制,其良性运作可以形成畅通的民意表达渠道、切实维护公民各种权益，可以有效调动社会成员的积极性与创造性，可以通过公共参与对政治权力进行有效的监督制约，可以使国家与市民社会相互制衡。正是这样一种基于权利的民主实践为公民提供了表达意见诉求、参与公共博弈、争取自身权益、发展自身素质的切实途径，为社会提供了达致相对和谐的有效方式。正由于此，建立健全有效的民主制度机制、保障与实现公民民主权利成为处于现代化进程中的转型国家政治改革与发展的重要内容，也是国家治理体系现代化的重要维度。改革开放以来中国的民主建设成就巨大，但毋庸讳言，迄今为止社会成员的民主参与仍面临着较为严重的"制度供应短缺"，不仅参与渠道较为狭窄，而且既有的参与渠道像人民代表大会制度等功能虚化现象也较为严重。

民主权利的相对"贫困"不仅是公民权利相对"贫困"的重要内容，也是公民其他各方面权利相对"贫困"的重要原因。民主参与的不足是中国改革过程中一直没有得到很好解决的问题，像国有企业改革、教育改革、医疗改革、住房改革等涉及众多人命运的重大改革多年来一直缺少一个公开公正的公众参与程序，在改革过程中广大民众的发言权比较小。也正是由于缺乏完善、制度化的民主参与渠道，现阶段的利益表达与博弈往往呈现出极端化的特点，也正是由于缺乏完善、制度化的公民参与渠道，作为问题事后解决方式的司法诉讼、行政申诉、信访才不得不承受超负荷的重载。相较于借助民主参与预先化解可能的利益冲突，问题发生之后的利益再整合在解决社会利益冲突、维护公民权益方面不能说没有作用，但效果往往欠佳。正如有学者研究指出的，事后的公民维权模式具有三个方面的局限性。其一，这一模式具有滞后性特征，以侵权事实成立为启动条件。而某些权利（特别是生命权、健康权等人身权）一经侵害，就难以挽回，即使挽回也成本高昂。在这种情况下，维权人最终面对的，往往是"胜利与悲剧"。并且，利益矛盾的事后解决手段相对稀缺，司法诉讼、行政复议、上访几乎构成了当事人可选项的全部，公民推动制度创新的空间很小；其二，事后维权模式具有孤立性的特征，因权益受害而力量衰落的个体往往要独自面对强大的公权力或力量相对较强的其他个体或团体，不仅由于力量失衡而难以获胜，而且往往由于声音微弱而难以引发制度性的反思和变革。事后维权无法摆脱个体公民力量分散的困境，结果众多个体的努力沦为"飞蛾扑火"，在制度、理念和社会影响层面都无法实现积累，后来者不得不仍然"从零做起"；其三，事后维权模式具有对抗性特征，各方之间谈判、妥协、合作的机会已被斩绝。而各方之间的谈判、妥协、合作恰恰是公众参与机制的关键所在。[①] 对于处于攻坚阶段的中国改革而言，要进一步解决公民诉求表达渠道不通畅、利益保障机制不健全、民主权利相对"贫困"的问题，切实推进民主建设、完善民主制度机制可以说是一项基础性任务。

当代社会中民主具有多种实现形式，相应地，要解决公民民主权利的相对"贫困"问题，就需要系统地推进当前中国的民主建设。结合理论与现实，依照运行领域与运作方式的不同，当代民主可以主要划分为以下四种类型：一是间接的代议民主。公民通过选举出来的代表来进行利益表达与公共事务的治理。这在中国的具体表现形式就是人民代表大会的制度机制；二是程序性参与民主。公共权力在自身的运行过程中，在立法或政策制定、执行的某个或某些程序或环节允许公民或社团等利益相关方的直接参与与介入，相关方通过各种渠道与公共权力机关直接交涉，表达利益诉求，参与公务治理。这在当前中国的主要表现即公共权力机关与公民等利益相关方之间开展的协商、听证、座谈等程序性参与的制度机制。三是政治公共领域的话语民主。社会成员或在有限范围的对话交流中，或在媒体所形成的交往空间中就公共问题或事件直接表明自己的观点诉求，形成对公共权力机关的外围性压力。这在当前中国的主要表现即公民通过大众媒体特别是网络的意见表达与民主参与。四是自治民主。这在当前中国主要表现为基层村民自治与社区居民自治等。以下就按照这四种民主形式具体展开相关的问题分析。

一 提升人民代表大会制度的民主参与效能

在当代多种民主形式中，通过代表的代议民主是其中最为重要且最具效能的利益表达方式与政治参与渠道。尽管存在这样那样的问题，尽管批评反思之声不断，尽管直接民主发展迅速，作为一种基本制度，代

---

① 参见王锡锌主编《公众参与与中国新公共运动的兴起》，中国法制出版社2008年版，第13—14页。

议民主在公民政治参与方面的作用迄今为止仍不可替代。就处于改革转型期的中国而言，现阶段公民的大量利益诉求之所以难以得到有效表达，大量的利益矛盾之所以难以得到切实解决，一个非常重要的原因就是人民代表大会制度没有充分、有力地发挥其应有功能，从而导致民众政治参与的主渠道不畅。在这个意义上，要想有效解决公民民主参与的问题，就必须积极改革和完善人民代表大会制度。

仔细分析当前中国的人民代表大会制度，可以发现现在的人民代表大会在理论上的功能预设与实际的功能发挥之间存在不小的偏差，这一偏差尽管原因众多，但根本上则是由党与人大之间不尽规范的实际关系状况所导致。就此而言，党与人大关系的进一步规范化是问题解决之本、困局破解之道，各种具体措施是问题解决之术，本不清、道不明，术难有大效。

（一）人民代表大会制度的功能定位

在规范意义上，人民代表大会制度作为我国的根本政治制度，应该具有强大而有效的民意表达、采集与整合功能，社会各阶层、群体应能够通过代表进行有效的政治参与和治理，进行体制内的充分利益表达与博弈。现实中，我国人民代表大会制度在此方面确也发挥着重要作用。但是，除民意表达与汇集的功能外，人民代表大会制度在我国现实政治实践中还发挥着其他两个方面的重要功能：社会各组成部分之精英吸纳的功能，上级路线、方针、政令的宣教贯彻功能。

社会各组成部分之精英吸纳功能是指现行的人民代表大会制度在代表的确认与选择上比较注重考虑社会各阶层、群体、行业、部门、民族、界别、性别的精英分子与优秀人员。这种精英吸纳功能的充分发挥有利于公共权力把社会各种力量都整合在自己周围，有利于公共权力更为方便地对社会各阶层与群体进行影响、渗透与控制。人民代表大会制度的这种精英吸纳功能有其传统的惯性，基于现实国情的考虑在现阶段也确有特定的积极作用。但是，对精英吸纳的过度考虑亦有其负面效应：过于强调对于尽可能广泛范围的精英吸纳在一定程度上冲淡了人民代表大会制度的代议色彩，削弱了人民代表大会制度的民意采集、民主参与与政治治理功能。当然，这种精英吸纳在一定意义上也可以称为一种"代表"设置，但是这种"代表"设置却不同于作为民意表达的代表设置，其选取"代表"的标准主要不是代议能力与政治素养,而是对于社会尽可能广泛的阶层与群体精英的最大涵括性。换言之,精英吸纳意义上的"代表"意指整个社会各中组成部分中的成功者与出众者,而代议机制的代表则意指扎根现实生活、具有代议能力与素质的民众的代理人,这两者之间选取的标准并不完全一致,在某些情况下甚至可能差别很大,某一阶层与群体的成功人士与优秀之人未必是合适的民主代议人选。可以称这种精英吸纳意义上的代表为显示代表身份构成之广泛性与丰富性的"样本代表",而对于"样本代表"的注重与吸纳实际上是将人民代表大会作为了一个向外界和社会刻意展现团结统一、显示和谐稳定、体现包容多样的平台和空间,一个为达到特定意图进行有意展示的舞台。并且,相关"样本代表"本身也具有这样一种清醒的自我定位与自我意识。比如每次全国人大开会,少数民族代表都刻意身着民族盛装以显示自身身份的独特性即是很好的证明。由于其主要功能并不在于代议,而在于自身独特的"样本代表"身份之展示,这些"样本代表"更多把代表的职务作为一种荣誉而非责任。显然,这种"代表"设置并非人民代表大会制度本身所应具有,而是实际体现了党的领导的特点要求。中国共产党作为全体人民利益的代表这一理念落实在人民代表大会制度中,必然要求构成全体人民的各个阶层、群体、行业、部门、民族、界别、性别的"代表"能够尽可能广泛地参与,把整个社会各组成部分中具有典型性的"样本"尽量无遗漏地涵括进来,通过这种典型"样本"的尽可能涵括以及各类精英在自己所属身份群体中的辐射作用把党所能代表与影响的阶层与群体的范围做到最大可能的拓展。这种尽可能广泛的涵括与参与象征的是执政党自身利益代表的广泛性与完整性。也就是说,这种"样本"代表是按照党的代表逻辑进行选择的,而不是按照人民代表大会代表的代议逻辑选择的。这样,在人大代表的选择上就存在着两种不同逻辑之间的碰撞与冲突。这种代表选择逻辑的碰撞与冲突实际上是作为领导核心的党组织的代表功能与作为国家权力机关的人大组织的代表功能相混淆的结果,党把自己的代表逻辑在很大程度上不合适地移植到了人民代表大会制度的代表选择中。

此外,我国的人民代表大会制度不仅担负着应有的代议功能,还担负着上级路线、方针、政令、法律法规的宣教贯彻功能。我国公共权力的集中度较高,集中化的公共权力为了统一思想、凝聚共识,更好地推行自己已形成的治理观念、思路与举措,便会利用包括人民代表大会在内的各种制度机制进行路线、方针、政令的宣教贯彻。在这个意义上,人大代表就不仅仅是公民民意的代表,同时也成为党与政府的代表。各级人大代表在学习领会了党与政府的大政方针以后,再代表党与政府,作为桥梁中介,向社会民众尤其是自己所属身份群体进行宣传普及并协助贯彻落实。就此而言,人大代表所代表的对象具有多重性,我国有学者将之称为"多重代理"的角色集。"结合有关代表的各种法规制度以及选民与代表之间实际存在的各种关系,就可以发现人大代表实际承担着多重政治实体的委托。首先,是执政党通过人大党组和主席团以及人大常委会的政治委托,用以保障代表机关落实党的方针政策;其次,是政府机关的政治委托,用以满足行政体系的内在要求;再次,是国家的法定权力机关即各级人民代表大会的政治委托,这种委托的地位及其重要性根据人大代表所具有的实质政治权威来看,基本上处于政治实权架构体系的第三位,诚然其法定权威是居于首位的;最后,是法律法规的委托,这种委托表现在代表是宪法和法律的模范遵守者和协助实施人;最后,是一种虚化的选民的政治委托,说它是虚化的,是因为选民不能选择这些代表,代表也并不直接对选民负责,……代表是一个集政党代理人、国家代理人、法律代理人、政策制定及执行者以及民意代理人等于一体的'多重代理的角色集'。"[①] 在这种多重代理的关系架构中,"代表必须同时对党委、人大、政府、法律和民意负责,而前面几个实体性的政治组织都比民意这个非实体化的政治组织既富有更加强势的力量,又能给顺服这些实体的代表以各种各样的收益,至少也不会给他们带来某种风险。由于代表对之负责的各实体性政治组织对代表的影响都存在某种差异,这样就产生了代表负责体系的'差序格局'。可以这样说,哪个组织的作用对于代表自身来说更加重要,代表就会在选择首位负责对象时优先考虑这个组织"[②]。无疑,强势的党组织和政府机关通常情况下对于代表的作用更为重要,在这种情况下,人大代表更倾向于作为政党与

[①] 邱家军:《代表谁?——选民与代表》,复旦大学出版社2010年版,第310—311页。
[②] 同上书,第315页。

国家的代理人,在学习理解的基础上将大政方针与法令宣教下达、辅助实施。正是由于更倾向于作为政党与国家的代理人,代表的一个重要代表行为就是表态,表达对于各项大政方针的赞同、拥护以及积极学习、认真宣传贯彻的态度。也正是由于重既有大政方针的宣教贯彻而非实际的问题表达与意见交流,现行人民代表大会制度并没有给人大代表行使职能留出足够的时间、提供有效的条件,会议形式化、仪式化现象较为严重。

客观分析,人民代表大会制度承载宣教与贯彻功能具有历史的惯性,也是大国治理的一种现实要求。就此而言,其积极意义不能否定。然而,如果在具体操作中把人民代表大会制度所承载的宣教与贯彻任务看得过重,则其民意表达与反映功能必然受到某种程度的抑制。宣教与贯彻是向下,民意表达与反映是向上,向下的压力与惯性过大,向上的动力与势能就不足。代表们学习与领会的任务过重,表达与交流的机会就会减少。而中国的人民代表大会制度自上而下的宣教贯彻功能之所以负载过重,一个根本原因就在于各级党组织在很大程度上把人民代表大会作为执行群众路线"到群众中去"环节的一个重要平台和载体。长期以来,集中化的公共权力尤其是党的各级组织在制定路线、方针、政策,形成自己的治理观念、思路与举措时,往往并非先通过人民代表大会的制度机制,而是通过深入调研的群众路线的方式。在通过群众路线"从群众中来"的环节形成既定的路线方针政策后,执政党就要利用人民代表大会与政协等各种平台使其尽可能地"到群众中去"。这再次表明,现实中,人民代表大会制度某些方面是按执政党的领导逻辑进行运作的,其实际功能很大程度上是由中国共产党的领导逻辑直接支配的。

当然,以民意表达与整合为基本功能的代议民主制度具有一定的社会各阶层与群体的广泛精英吸纳功能也并非完全不可,但这种广泛的精英吸纳功能不应影响代议民主最主要功能的有效实现。代议民主制度具有政治的宣教功能也属正常,因为代表的角色使其必然负有将国家政策与法令宣传、解释给选民的责任与义务。但是代表的宣教功能不宜过度以致影响其民意表达与政治参与功能。而就我国的人民代表大会制度而言,在其现实所具有的三方面功能定位中,广泛的精英吸纳功能与政令方针的宣教功能在某种程度上被刻意突出与强化了,其应有的主要功能的发挥却受到了一定程度的限制。

人民代表大会制度现实功能的多重性决定了人大代表选择标准的多样化。正如以上分析，现实中中国的各级人大代表实际上是按照代议能力的标准、象征团结统一的标准与政令贯彻的标准等三种标准进行确认与选择的，而这三种标准之间存在内在的张力与不协调。在一定程度上，后两种选择标准较为严重地干扰了作为人大代表产生主要标准的代表能力标准。正是由于选择标准的多样化以及标准之间的不协调，自身的代议能力与参与素质就并非人大代表能否当选的关键因素，而是否能够尽可能广泛地吸纳各阶层与群体的精英分子，是否能够有效地宣传贯彻上级的既定路线方针政策，则成为重要的考量因素。在这种思路下，可以看到，一方面，一些可能并不具有合格代议素质与能力的某阶层群体中的精英分子，像某些成功的演艺界人士，某些领域的劳模等成为了人大代表；另一方面，党员干部在人大代表中也占据了相当的比重——这有利于公共权力的控制与大政方针的贯彻执行。而且，基于广泛精英性与贯彻执行性的考虑，代表的非专业性与兼职特点也就可以理解了——各行各业的精英吸纳与党政干部人选使得人大代表构成不能不呈现出非专业化与兼职的特点。

由于人民代表大会制度的三重功能设定，由于代表的三重选择标准，由于代表负责体系的"差序格局"，人大代表的选举与构成都存在较大问题，人大代表在自身角色定位方面也容易产生冲突与错位。而人民代表大会制度作为根本性、制度性的民意表达、采集与整合渠道，其作用自然也无法得到理想发挥。

（二）切实发挥人民代表大会制度的民主参与主渠道功能

以上所分析的人民代表大会制度存在的诸种问题，包括现实功能设定的三重性及其内在张力、代表选择标准的三重性及其内在张力，代表负责体系的"差序格局"及其内在张力，从根本上源于党的领导逻辑与人民代表大会制度自身代议逻辑之间的张力，源于执政党与人民代表大会关系的不尽规范性。人民代表大会作为国家权力机关，作为一个代议机构，有其明确的主要功能和自身所应遵循的运作逻辑。但正如上述，在其实际运作中，不论是精英吸纳功能还是政令宣教贯彻功能，实际上所体现的主要都是党的领导逻辑的要求，可以说，党的领导逻辑实际上错植到了人民代表大会的实际运作机制中。一方面，中国共产党是中国人民和中华民族的先锋队，代表中国最广大人民的根本利益，但党代表利益的整体性可以通过党组织自身广泛深入群众、问政于民、问计于民、问需于民来实现，实际无须通过把大量"样本代表"放在人民代表大会中来表明。虽然人大作为政权机关也重视代议者身份的包容性，但这与"样本代表"的吸纳是不同的。另一方面，党的大政方针通过人大予以法定化，人大代表对其进行学习、宣教也属正常，但如果过于强调自上而下的学习领会，各级代表民意表达、交流的机会受到过多抑制，各种条件、程序安排不健全的话，就无法保障人民代表大会主功能的有效发挥。而且，"从群众中来"的路线、方针、政策也未必就能完全体现真实的民意从而不需要人大代表的另行审视。这是因为，路线、方针、政策是否对路，很大程度上取决于执行群众路线的主体，即公共权力特别是各级党组织。由于执行群众路线只是一种工作方法而非硬性的制度规定，由于执行者自身主观能动性、素质与能力的限制，由于客观现实情况的复杂性与全面性，通过群众路线形成的有待宣传贯彻的路线、方针、政策或者有可能只是代表社会成员的根本利益与长远利益而对各个群体阶层之具体利益、现实利益把握不够，或者有可能在某个环节或程序出现问题导致无法完全准确地把握民意。而不论在哪种情况下，通过群众路线所采集的民意都不能被事先主观地视同为完整真实的民意本身，都可能会与通过人民代表大会制度本应采集与表达的民意有所出入，因为后者往往会更全面、更具体、更实在。正由于此，执政党通过群众路线所形成的各项方针政策还需要通过人民代表大会中各种观点意见的碰撞，其科学性才会得到更大程度的保障。而一旦把通过群众路线形成的路线、方针、政策预先作为待宣传、贯彻的东西确定下来，其往往左右代表们的头脑，固化他们的意识，有意无意地抑制或淡化他们向上表达的意念与诉求。综合以上分析，不能把党代表人民群众的代表逻辑等同于人民代表大会代表民众的代表逻辑，不能把通过群众路线采集的民意等同于通过人民代表大会采集的民意。在当代中国的政治语境下，这两种代表逻辑与民意采集渠道绝不能混为一谈，只能互相补充、有机结合、相得益彰！就此而言，要想切实解决人民代表大会制度存在的诸种问题，明确不同的代表逻辑，进一步规范党与人民代表大会的关系是前提和基础。

不同国家，代议机关与政党的关系不尽相同。从代议机关与政党的产生次序来看，西方国家多数是先有代议机关，后有现代意义上的政党，政党通过代议机关掌握政权，在代议机关内部活动。而我国是中国共产党取得政权后，领导建立了人民代表大会的制度与组织机构。由于执政党领导建立了人民代表大会，并且始终作为人民代表大会之外的独立政治核心存在，在这种情况下，人民代表大会的实际权限不能不取决于执政党的认识与做法。说得更直白一些，不管制度规定与表面形式上国家权力机关享有什么权力，现实中人民代表大会只能享有执政党实际赋予的权力。既然如此，要想有效提升人民代表大会制度的民主参与效能，首先就要求执政党正确认识人民代表大会的功能定位，尊重人民代表大会本身运作的客观规律，而不能将自身的领导逻辑直接移植到人民代表大会的实际运作中去。执政党应明确认识到，党虽然代表人民利益，但是人民也应该有自身表达利益诉求的制度渠道。换言之，人民的利益不能仅仅被政党所代表，而是应该有自身表达的开放性制度渠道，这是人民当家作主的逻辑要求。执政党应明确认识到，人民代表大会所具有的立法权、重大事项决定权、任免权与监督权如能得到切实有效发挥，国家治理的合法性与有效性将会大大提升。这就要求在明确认识的前提下，执政党对于人民代表大会要进一步切实合理的赋权放权，让各级人民代表大会不仅有位，而且有为。具体而言，在立法权方面，要适当增加各方面投入，适应人民代表大会立法之重任与中国治理现代化之需要，改变强政策弱法治的治理格局，保证政策在法律基础上与框架内生成运用、发挥作用，全方位推动法治建设；在重大事项决定权方面，或者对于党组织必须予以决定的重大事项和人民代表大会具有决定权的重大事项通过法律尽可能予以科学界定和规范区分，或者对双方都应予决定的重大事项要明晰对接程序以及人民代表大会的具体职权；在人事任免权方面，变党组织对候选人的等额推荐为差额推荐，改变当前人民代表大会人事任免走过场的现象，切实赋予其选择的权力；在监督权方面，进一步完善机构设置、制度机制与人员配备，坐实人民代表大会监督之职能，特别是对于政府重大决策、地方或部门立法、政府全口径预算决算的审查和监督，真正利用好这一既有的体制内渠道。实际上，在中国改革深化的进程中，社会自身的不断发育与自主性的日益显现，社会成员公民意识的不断觉醒与主体性的日益显现，要求作为体制内参与主渠道的人民代表大会的独立性与自主性不断增强，要求人民代表大会切实有效发挥其既定的宪法权力。这是改革深化的必然趋势，也是中国民主发展的必然趋势。

综合以上，党与人民代表大会关系的进一步规范化是根本，执政党向人民代表大会的进一步赋权是关键。如果基本的改革思路与大的改革方向不明晰，加强人民代表大会代表选举的竞争性、透明度与公平性，增强候选人与选民之间的交流互动，优化代表结构，完善代表联系群众制度，明确代表的责任与义务以加强规范与制约等各种具体的改革措施可能会在一定程度上有作用，但不会实质性地提升人民代表大会的民主参与效能。进而言之，如果根本问题不明确、思想认识受束缚，这些具体的改革措施也未必能有效落实与推进。在此意义上，应尊重两者各自的运作逻辑，着眼于建立法治化、规范化、科学化的执政党与人民代表大会关系这一目标来探索推进相关的改革！

二 切实推进公民参与的程序性民主建设

除作为根本政治制度的人民代表大会制度外，公共生活中公民或社会组织对于公共权力运行过程的直接程序性参与是中国社会近年来发展迅速的一种民主形式。这包括针对相关群体进行问卷调查、举行协商交流、召开听证座谈，以及公权力与公民或社会组织的协调合作等。在这一民主形式中，公民或社会组织在某个或某些环节已经直接介入到公共权力的实际运作之中。"作为一种制度化的公众参与民主制度，应当是指公共权力在立法、制定公共政策、决定公共事务或进行公共治理时，由公共权力机构通过开放的途径从公众和利害相关的个人或组织获取信息，听取意见，并通过反馈互动对公共决策和治理行为产生影响的各种行为。它是公众通过直接与政府或其他公共机构互动的方式决定公共事务和参与公共治理的过程。"[1]

（一）程序性参与民主的兴起

现代社会中，程序性民主参与的兴起，主要针对的一是代议民主的

---

[1] 蔡定剑：《民主是一种现代生活》，社会科学文献出版社2010年版，第181—182页。

不足，二是现代社会公权力自由裁量权的膨胀。

就前者而言，虽然作为一种基础性的民主形式，其功能与价值毋庸置疑，但代议民主本身亦蕴含着难以克服的矛盾与困境。正是这种种矛盾与困境使得代议民主的运作往往会导致反民主的、侵害公民权利的后果。对此，可以从"代表权"和"科层制"两个方面进行分析。在代议民主中，公民与选出的代表及其产生的政府具有契约上的委托——代理关系，而这就不可避免地产生所谓代理问题：一是有限的代表永远无法完整呈现广大被代表者众多的特别是不同的意见诉求，而现代社会中利益的分化与诉求的分歧已成为普遍现象。二是在激励不相容、信息不对称以及权责规定不明确不规范的情况下，代理人责任心缺失、自利从而损害委托人正当权益的问题难以避免。与代议民主相应，现代政府的基本组织原则是韦伯所讲的自上而下的科层制。尽管具有稳定性、普遍性、规则化、专门化的优点，但科层制的运作往往具有很强的惰性、僵化性与封闭性，很多情况下无力及时回应公民不断变化的权利要求，有效化解社会中频现的各种矛盾问题。针对代议民主及与其相应的科层制存在的问题，公民直接的程序性参与在公共权力运作过程中打开了一个个缺口，可以尽可能相对完整地呈现不同个体、群体与阶层的利益诉求，一定程度上解决公共治理中的委托——代理问题，相对有效地打破科层体制的僵化性与封闭性，其对公共权力的作用更为迅速、直接且明显，在现代社会中日益显示出重要的民主价值与意义。

就后者而言，直接程序性参与民主的兴起与现代社会中行政自由裁量权的急剧扩大内在相关。现代社会的飞速发展需要行政机关处理越来越多与愈益复杂的问题与情况，政府管理的事务不断增多，自由裁量权急遽扩大。在这种情况下，如何有效规约政府的自由裁量权，保证政府行为的规范合理呢？公民的程序性参与逐渐成为重要的手段。从逻辑上分析，公共权力的制约大致可以分为两种模式：一是严格规则模式，二是正当程序模式。严格规则模式主要是通过确定详细的实体规则来规范公共权力机关的行为，这也是传统的权力制约模式。但是，随着当代政治与社会的发展，严格规则模式的弊端日益显现。这是因为，一方面，规则总是概括的、一般的，而规则所适用的对象总是具体的行为或事件，现实的复杂多变远非抽象稳定的规则所能涵括；另一方面，规则即使具有一定的灵活性，也不可能包罗万象，涉及任何领域而无有疏漏。而在规则所不及的地方，恣意往往盛行且难以纠正，公共权力的自由裁量权易被滥用。因此，仅仅依靠规范调整与控制，公共权力极可能出现机械化和恣意化这两种极端倾向。而公民直接参与的正当程序模式恰恰可以克服严格规则模式的局限。在缺乏实体规则或者实体规则不完全适应社会需要的情况下，正当程序模式强调从公共权力行为的过程着眼，侧重于行为程序的合理设计，主张公共权力行为所涉事件与问题的相关各方都参与到权力的运行之中，相互对话、协商与博弈。在正当程序模式中，一方面，通过事件与问题各相关方的积极参与来达成共识，寻求具体问题的解决之道，无疑比仅仅遵循抽象规则更为灵活、及时。由于现代社会的飞速变化，以确认实体标准为内容的严格规则往往难以适应社会发展的节奏，而具有过程性和交涉性特点的程序则可以解决严格规则模式的滞后性，并起到衡平的作用。因为程序的重点不是决定的内容和处理的结果，而是做出决定的过程、方式和方法等。这样就使程序参与者在程序的指引下，可以结合社会发展变化的需要，做出迅速而理性的回应决断。灵活的程序实现了原则规定的普遍性、确定性与社会行为的特殊性、不确定性的有机统一。另一方面，问题解决过程中公共权力的相对一方，特别是行政权力相对人的有效参与，可以对公共权力之自由裁量形成强大的制约力量，避免暗箱操作的可能。这是对行政权力的积极控制而不是消极限制。可以说，以正当程序模式来弥补严格规则模式之不足，已成为当代公共权力运行的重要趋势，它表明公共权力运行从注重行为结果的合乎规则性向注重行为的合乎程序性的转变。在事关公众利益的决策问题上，公民的参与越充分，意见表达越顺畅，民主协商越深入，各方就越容易达成共识与合作，问题就越容易解决，决策就可能越有成效，权力机关之公共性就体现得越明显，其合法性与有效性就会得到相应提升。

（二）健全完善公民直接参与的程序性民主机制

程序性参与民主关注治理过程，要求更为普遍的公民参与，丰富了民主政治的内涵与公民民主权利的实现形式，代表着现代民主的发展方向。缓解公众参与热情的需要、解决利益冲突的需要、改善治理效能的需要、提升政治合法性的需要，使得公民的直接程序性参与作为一种民主形式在我国已被公共权力所认可并发展迅速。近年来，党和国家的相关文件多次对之加以强调，各个层面也涌现出了不少灵活生动的多样化参与实践案例。但也必须认识到，公民程序性参与民主的发展在现实中仍面临一些不可忽视的问题和障碍，参与的形式化、虚化问题严重，参与效能尚需进一步提升，对此应有较为清醒的分析和认识。

1. 通过宏观层面体制机制的改革尽可能限制公共权力部门的自利性

在应然意义上，现代公共权力部门代表和追求的是公民权利和公共利益，应该具有公共性，但实际上，古今中外的公共权力部门都无法完全消除自利性的一面。"所谓政府的自利性，指的是政府具有游离于公共利益之外的特殊利益追求。自身利益一旦成为地方政府行为重要依据，也就意味着地方政府将形成不同于上级政府和地方公众之期待的效用目标，以及具体的行政目标。换言之，自利性倾向将诱使地方政府有选择性履行自身的职责，确定自身相对独立的行政目标，并进行相应的公共资源配置。"[1] 地方政府如此，政府部门也是如此。对于地方政府或政府部门而言，其所追求的效用目标具有多重性：领导个人利益比如政绩与晋升机会的最大化、官僚群体利益的最大化、地方或部门所应实现的公共利益的最大化。而不论是领导个人利益的最大化还是特定官僚群体利益的最大化都是政府自利性的体现。而在现行自上而下任务层层分解且层层加码的压力型体制下，在各个部门与地方开展政绩锦标赛的情况下，在这多重效用目标中，领导个人政绩和晋升机会的最大化可能会受到更多关注。换言之，在现行条件下，地方或部门的这多重效用目标中，存在基于领导个人政绩和晋升机会最大化而在某种程度上牺牲公民个人权益和地方公共利益的可能。"政绩最大化和地方公共利益最大化都是地方政府的效用目标，但两者之间并不总是统一的，往往需要地方领导做出某种取舍。地方公共利益最大化是地方政府树立权威的绩效合法性基础，会对地方领导的政治声望产生一定影响，但政绩最大化却是地方领导实现政治晋升最重要的'资本'，当两者不能统一时，牺牲地方公共利益就可能成为理性的地方领导的选项。"[2]

---

[1] 何显明：《市场化进程中的地方政府行为逻辑》，人民出版社2008年版，第98页。
[2] 同上书，第431页。

这种领导个人政绩和晋升机会的最大化既可以和 GDP 与财政收入增长挂钩，也可以和有选择性地提供公共服务挂钩。20 世纪 90 年代中后期以来，地方政府和部门领导个人政绩和晋升机会最大化长期与 GDP 及财政收入的最大化挂钩，所谓经济发展型政府、经营城市等说法即由此而来。在政府的精力与资源集中用于经济增长，集中于财政收益最大化，集中于与之相关的政绩工程与形象工程，甚至这种利益与政绩的追求还要以牺牲公民权利与地方公共利益为代价时，希望地方政府或部门注重公民参与的程序性民主是不现实的。特别是在很多地方，政府为了经济方面的政绩往往与强势的资本群体形成紧密的利益依赖关系，其政策与制度的制定受到强势资本的有力影响与左右。这种影响既可以通过资本精英活动在其中的人民代表大会、政治协商会议等正式组织与制度渠道，也可以通过资本精英与官员的个人关系等非正式渠道。但不论通过哪一种渠道，政府的自主性与公共性都会受到侵蚀与影响。在这种政府已经提前被强势群体俘获的情况下，真正面向社会公众的参与协商就只能是一个事后的形式！大多数情况下，强势者是不大可能依靠这种正式的所谓协商进行利益表达的，真正需要依靠程序性协商比如听证去进行利益表达的往往是普通的社会公众，尤其是弱势群体！

近年来，领导个人政绩和晋升机会的最大化又开始和有选择性的公共服务相挂钩。所谓选择性，是指在中央强调要转变政府职能，建设公共服务型政府的背景下，地方政府或政府部门的领导为了追求政绩，会选择提供最易于向上级与外界展示的公共服务的内容与类型，至于地方民众的切实公共性需求则未必会真正满足。正如有学者通过实地调研指出的："政绩导向是地方政府进行选择性社会建设的重要影响因素。在地方政府的思维中，地方的社会建设只有创造显示度，才能引起上级的关注形成政绩。因此在进行选择性社会建设中，地方政府优先选择那些能够短期见效、有显示度的内容。"[①] 而不论是与 GDP 及财政收入增长挂钩，还是与选择性公共服务挂钩，只要政府的自利性特别是领导个人的政绩冲动难以得到有效制约，表达公民个人权利诉求和地方公共利益诉

---

① 王清：《超越地方发展型政府：理论框架与经验分析》，《四川大学学报》（哲学社会科学版）2014 年第 6 期。

求的程序性参与民主就必然会遇到公权力自身的阻力。即使政府官员认识到自身行为的不规范性，狭隘利益的考量仍会是其主要驱动，因为政府行为的实施从来不是一个单纯的角色认知问题。实际上，多年来在执政党和国家强调要转变发展方式和政府职能的情况下，官员对于政府以及部门的应然职能定位并非没有较为充分的理解和认知。基于这种自利性的考虑，在国家要求发展参与民主而社会成员又有参与需求的情况下，为了保证合法化的外观，参与民主的虚化与形式化就难以避免！这种虚化与形式化一方面表明地方或部门没有很好地贯彻中央推进参与民主的政令要求，另一方面也表明其没有反映相关社会成员公共利益的良好意愿！在这两种情况下，地方或部门既没有有效履行国家的委托，也没有有效履行相关整体公众的委托。既然官员与民众的利益取向与行为取向不一致，民众参与还能有多大实际效果呢？以上论述说明，对于当前程序性参与民主存在的问题，不能仅仅局限在这种民主形式内部进行分析，而是要跳出其本身予以把握才可能把问题认识得更加清楚。

政府自利性特别是领导个人自利性冲动的形成与长期存在有多方面的原因。纵向上，中央与地方权责分工尚未实现明确的合理配置与有效的制度化导致地方政府在很多方面的行为空间弹性过大，而中央政府又难以有效解决自上而下委托代理中存在的诸如信息不对称等各种问题，这就必然使地方政府或政府部门的自利性在很大程度上侵蚀与压倒其公共性。"改革前高度集权体制下中央政府与地方政府之间那种简单的'决策——执行'、'命令——服从'关系，逐步演变为地方政府基于自身特殊的效用目标，利用自身作为中央政府代理人的信息优势，以及中央政府在市场化改革和制度创新过程中不得不倚重地方政府探索试验的局面，运用自身掌控的越来越丰富的资源，同中央政府展开各种错综复杂的行政博弈。在长期的博弈过程中，地方政府的行为模式不断呈现出企业化、经营化、短期化取向。"[1] 横向上，由于体制原因，地方的人民代表大会、司法机关等对政府部门也难以形成有效的监督制约。除了纵向与横向的因素外，政府自利性凸显的另外一个极为重要原因就是现行自上而下的政绩考核模式。官员是在特定的激励机制下工作的，激励机制的类型与

---

[1] 何显明：《市场化进程中的地方政府行为逻辑》，人民出版社2008年版，第498页。

内容是官员行为的方向标。而政绩考核，对于官员而言就是最为重要的激励机制。在现行的政绩考核模式下，政府官员主要还是向上负责，完成上级的各项任务指标，并由上级政府按照工作实绩进行选拔。在这种我们上文已分析过的压力型体制下，各个层级的政府官员为了确保完成任务并在晋升中获得比较优势，首先回应上级而非民众就成为自然的选择。有学者在分析当前某些地方政府选择性推进社会建设时，也强调指出："地方政府在进行社会建设时，优先考虑回应或迎合上级政府的意思，较少考虑回应民意。这是因为人事权仍然控制在上级政府的手中，地方政府的政绩需要得到上级的承认，因此，他们围绕上级政府的偏好进行社会建设。……当上级政府和民众在社会建设优先顺序上存在偏好不一致时，社会建设可能不仅难以实现改善治理的目标，反而带来新的问题。"[1] 对于政绩的最大化来说，向上级展示的结果是最为重要的，为了结果，甚至可以不计成本、不管过程、不论方式。换言之，成本、过程、方式要服从并服务于显示度高的结果。既然政府精力主要用来应对上级的任务要求，没有足够的条件、精力与激励切实考虑自下而上的民众需求，那么反映民众意愿与需求的所谓参与协商自然也就容易形式化。实际上，这也就是学术界一直争议的选举民主与协商民主的关系问题：西方带有协商性质的参与民主是作为选举民主的补充而出现的。在官员是由公民选举产生的情况下，基于赢得选票的压力，其在立法与决策的过程中不得不对公民的意见诉求进行积极回应，公民的程序性参与民主由之得以发展。而在官员的职务是由上级选拔决定的时候，由于直接的授权来源并非社会民众而是上级领导，在这种情况下，地方或部门的官员怎样切实对下负责，自下而上的程序性参与民主如何有效推进就可能成为问题。结合当前我国程序性参与民主的实际状况，应该说这种争论并非无的放矢，还是具有问题指向的。

综合以上分析，在改革的全面深化阶段，要促进公民程序性参与民主的发展，除了要在纵向上积极推进中央和地方权责关系的合理化、规范化与制度化，明确地方与部门的职能、权限、程序、责任，既切实赋

---

[1] 王清：《超越地方发展型政府：理论框架与经验分析》，《四川大学学报》（哲学社会科学版）2014年第6期。

予其与事权相匹配的相应自主权限，又有效地限制其过大的自主弹性空间，在横向上加强同级人民代表大会与司法机关对其的监督制约外，还必须在政府官员的政绩考核体制乃至更深一层的授权体制方面进行改革，推进其激励机制的优化与合理化，激励其更为切实地关注公民权利与公共利益，尽可能对民负责，推动当下的压力型体制向合作型体制转变。当然，对于官员的授权与考核而言，党管干部的原则必须坚持，自上而下的运行机制有其合理一面也仍将长期存在，但对这两者而言，民众的作用应进一步突出。换言之，在官员的选用环节，应进一步探索将上级的选拔与民众的适度参与相结合，增强选人用人的竞争性、透明性、开放性，较为有效地体现民意而不仅仅是上级意志。在政绩的考核方面，不仅作为考核依据的政绩评价体系要真实反映民众意愿，切实增强科学性，在最终的测评环节也应切实增加民众的有效参与度特别是所占考评的权重。也就是说，不仅在立法与政策制定环节民众应该参与，在官员选用与政绩考核环节民众也要参与，公民的民主参与应该是实质而广泛的！在地方与部门，如果没有选用与政绩考核方面的参与，所谓立法和政策制定环节的参与往往会缺乏前提性的约束机制。

2. 加强程序性参与民主自身的制度建设

虽然我国的程序性参与民主在某些领域、某些部门、某些地方已经得以实践，但总体而言，其在我国政治与社会中的践行尚不具有普遍性，效果也有待进一步提升。而其之所以没有常规化，很大一个原因就是我国法律尚未对公民的程序性参与作出完善规定与有效保障，公民程序性参与尚缺乏稳固的制度基础。

现阶段，我国的法律法规尚未对公民程序性参与的类型、方法与适应范围作出细致的分类规定与完善的程序设计，公民参与的制度资源还比较短缺，参与的整体制度化水平亟待提高。进而言之，就是已有的某些制度规定也需要进一步健全完善。比如，就作为公民程序性参与常见形式的听证而言，我国现已颁布的《中华人民共和国立法法》《中华人民共和国价格法》《中华人民共和国行政处罚法》《中华人民共和国城乡规划法》等尽管都程度不同、或多或少地规定了听证这一环节，但这些规定都不尽完善。对此，可细释如下。

问题之一是没有将公众参与规定为立法与决策机制中必不可少的环

节与程序。此类法律法规在规定听证程序时用的大都是"应该",而非"必须"这样的说法。比如《中华人民共和国立法法》第67条规定:"行政法规在起草过程中,应当广泛听取有关机关、组织、人民代表大会代表和社会公众的意见。听取意见可以采取座谈会、论证会、听证会等多种形式。"《中华人民共和国价格法》第23条规定:"制定关系群众切身利益的公用事业价格、公益性服务价格、自然垄断经营的商品价格等政府指导价、政府定价,应当建立听证会制度,由政府价格主管部门主持,征求消费者、经营者和有关方面的意见,论证其必要性、可行性。"《中华人民共和国行政处罚法》第42条规定:"行政机关作出责令停产停业、吊销许可证或者执照、较大数额罚款等行政处罚决定之前,应当告知当事人有要求举行听证的权利;当事人要求听证的,行政机关应当组织听证。"《中华人民共和国城乡规划法》第26条规定:"城乡规划报送审批前,组织编制机关应当依法将城乡规划草案予以公告,并采取论证会、听证会或者其他方式征求专家和公众的意见。公告的时间不得少于30日。组织编制机关应当充分考虑专家和公众的意见,并在报送审批的材料中附具意见采纳情况及理由。"如此多的"应然性"规定表明此类法律法规主要还停留在理念的宣示层面,法律规范本身明确、硬性、强制的特质很大程度上被冲淡、被稀释。既然是"应该"而不是"必须",公民程序性参与的相关规定就缺乏遵照执行的强制性,其在实践中的付之阙如也就可以理解了。

问题之二是公共权力机关在公民程序性参与中始终处于支配地位,公民利益攸关者的主体地位难以得到有效保障。按照以上"应然"性的思维逻辑,在立法、决策与公共治理过程中,公共权力应该让公众参与,但也可以不让公众参与,因为这在法律法规上不是必需的,因而公共权力机关可以相对灵活地权衡取用。实际上,这种过多的"应然性规定"隐含地表明立法、决策与公共治理中的真正主体是公共权力,公民参与的控制权始终掌握在公共权力手中。"根据现有的制度规定,重大行政决策的提出、承办、专家论证和公众参与的组织、合法性审查、集体审议的主体都是行政机关,行政机关仍然垄断着行政决策全过程。……行政机关既是重大行政决策的启动者又是决策草案的起草者,行政机关完全掌控行政决策的方向与内容,民情民意难以影响决策进程。……虽然在行政决策过程中明确提出了公众参与、专家论证、政府决策三位一体模式,但是政府在如何组织公众与专家参与、是否考虑公众和专家的意见完全有相当大的自由裁量权,实质上行政机关仍然独占着决策权。"① 本来,公共治理进程中的程序性直接参与是公民身份本身所要求的角色性活动,公民在公共治理中的主体地位与能动性必须得到体现与保障,但这种抽象的"应然"性规定却凸显了公共治理中公民实际角色的被动性与边缘化。

问题之三是相关规定太过原则化。有关公民参与的实施步骤、操作细节,相关的责任追究规定得非常笼统和模糊,不具体也不明确。比如在以上法律法规中,除了一般的原则性规定外,较少再有执行与落实方面的具体程序规定,而权力机关与责任人在违反相关规定时要负何责? 责任如何追究? 规定同样付之阙如。这表明我们相关法律的制定缺乏限权理念,对于权力的责任认识不到位。现实中权与法的微妙关系同样反映在法律规定本身之中。由于具体规定不清,公民的程序性参与在实际运作中往往走形变样,沦为纯粹形式,有其名而少其实。"比如在有的情形下,行政机关回避主要矛盾,只讨论无关痛痒的小问题;有时对听证代表进行有目的性的选择并进行预先布置;有时在事前不提供进行讨论的充足信息;有时压缩听证时间使得整个协商过程没有充分的时间供大家讨论。目前公众普遍认为行政听证基本是一种行政决策的预先宣传。"② 在这种情况下,法律上的公民参与权利就无法在事实上有效实现。

针对由于缺乏有效制度规定与保障而导致的公民程序性参与的碎片化与形式化问题,公共权力应进一步加强立法工作,或制定新的相关部门法,或者对原有法律法规进行修改与完善,切实推进相关制度建设。具体而言,一是要进一步明确公民程序性参与的法律性质和法律地位,"明确公民参与原则作为普遍原则必须为一般的行政活动和公共事务管理所遵循"③。凡是涉及公民权利事项或公共事务,公民具有参与必要性的,

---

① 杨叶红、刘峰:《重大行政决策中协商民主的困境与突围》,《中国井冈山干部学院学报》2010 年第 1 期。

② 同上。

③ 陈小明:《公民参与决策的法治化之必要性与意义》,《河北法学》2010 年第 2 期。

都要确保公民的参与。公民程序性参与应贯穿立法、行政、司法等各领域，贯穿于信息公开、官员任用与政绩考核评估、决策事项提议、方案起草、内容制定、实施执行以及结果反馈等各环节。这种硬性的制度规定能够较好地体现公民的治理主体地位，尽可能避免其在公共事务中的过分客体化与边缘化问题。二是应根据公民参与内容、类型、领域、目的等的不同进行细致化的制度规定与相应的分类设计，推进程序性参与民主多层次、类别化广泛发展。没有较为细致的分类设计，程序性参与民主就难以全方位地有效推进。由于当前我国公民程序性参与事项范围整体而言较为狭窄，许多涉及公民切身利益的事项在制度上尚未有相关参与规定，在此方面还有大量的工作要做。对此，国家层面必须形成统一的制度框架，然后各个地方与部门再结合本地实际和实践经验，进一步予以具体化。三是通过制度建设明确规定并有效保障参与主体的广泛性、针对性、代表性与公平性，特别是要关照潜在利益群体与相关弱势群体的诉求。同时，对于公民参与的各项权利及其救济，参与的步骤与环节，参与者意见的吸纳与回应，相关责任机构与责任人的责任及其追究等还要进行科学具体的、便于操作的刚性规定。特别是为了保障公民参与的落实，应将贯彻落实公民参与情况作为官员的政绩考核内容与职务晋升的重要标准。以上三大方面的举措旨在保证公民参与行为的法定性、参与内容的广泛性、参与活动的有效性以及参与过程的完整性，推进公民程序性参与的规范化、制度化。

当然，以上程序性民主参与的制度推进并不是无条件的。当前，其推进一方面取决于中央层面的决心意志、系统性制度创新特别是法制供给，另一方面取决于不断发展的社会本身对于公共权力所形成的压力强大程度。此外，地方政府或政府部门在公共治理过程中面临的危机也常常成为推进程序性参与民主的契机。

3. 提升公民参与技术、丰富参与方法、改善参与形式

我国的公民参与还存在参与技术落后，方法、形式简单的问题。现阶段，我国公民参与主要是通过听证会、座谈会、论证会和公开征求意见等方式。至于很多人将现在较为流行的听证会作为公民参与的主要形式，认识更是有所偏颇。要有效推进我国公民参与的发展，就必须要提升公民参与技术、丰富参与方法、改善参与形式，以使参与更具深度、

更为灵活、更加有效。对此，一方面要充分借鉴国外公民参与的技术、方法与形式。据我国学者蔡定剑的考察研究，20世纪80年代中期以后，西方发达国家进行了新的民主形式的探索实践，公众参与呈广泛发展之势，20世纪90年代公众参与方法呈现多样化和专业化，程序性参与作为一种民主制度正日趋完善和成熟。世界许多国家的地方政府和自治组织在实践中创造了许多新的、丰富多彩的、各有自己特点的参与方式。例如，英国和许多国家采取的公民评判团、焦点小组和市民意见征询组；法国的街区议事会、公众调查和公共辩论；意大利的公民城镇电子会议和政府展示会；等等。各种参与形式不胜枚举，达数十种之多。① 以我国国情为基础，参考借鉴国外多样化的参与形式与相对完善的参与技术，将有利于我国公民参与的健康发展。另一方面，在我国一些地方与基层的民主政治实践中，公民参与也得到了较好的发展与践行，比如浙江温岭所实行的民主恳谈与参与式预算等。这些公民参与的本土经验对于我国参与民主的整体推进无疑也具有重要的参考与借鉴价值。

随着公众参与意识的增强与政治体制改革的不断推进，程序性参与民主必将逐步成为中国民主政治建设更为重要的内容。中国特色的参与民主大有可为！

三 积极推进政治公共领域的民主参与

在当代中国公民的利益表达与民主参与中，以大众传媒为主要载体的政治公共领域发展迅速。由于既有制度性渠道不畅、成本过大、效果欠佳，大量的民众利益诉求现阶段往往通过大众传媒进行表达与倾诉，而当前网络技术的蓬勃发展则使政治公共领域中及时、灵活、广泛的表达与参与成为可能。

（一）政治公共领域的内涵与功能

"政治公共领域"作为一个民主范畴是由当代德国哲学家哈贝马斯引领风气之先的。按照哈贝马斯的界定，"所谓'公共领域'，我们首先意指我们的社会生活的一个领域，在这个领域中，像公共意见这样的事物能够形成。公共领域原则上向所有公民开放。公共领域的一部分由各种

---

① 参见蔡定剑主编《公众参与：欧洲的制度和经验》，法律出版社2009年版。

对话构成，在这些对话中，作为私人的人们来到一起，形成了公众。那时，他们既不是作为商业或专业人士来处理私人行为，也不是作为合法团体接受国家官僚机构的法律规章的规约。当他们在非强制的情况下处理普遍利益问题时，公民们作为一个群体来行动；因此，这种行动具有这样的保障，即他们可以自由地集合和组合，可以自由地表达和公开他们的意见。当这个公众达到较大规模时，这种交往需要一定的传播和影响的手段；今天，报纸和期刊、广播和电视就是这种公共领域的媒介。当公共讨论涉及与国家活动相关的问题时，我们称之为政治的公共领域（以之区别于例如文学的公共领域）"①。"公共领域最好被描述为一个关于内容、观点、也就是意见的交往网络；在那里，交往之流被以一种特定方式加以过滤和综合，从而成为根据特定议题集束而成的公共意见或舆论。"② 哈贝马斯的分析表明：政治公共领域的实质就是公共表达、公共交往与公共舆论之所，其关涉公民权利与公共权力等社会公共事务。而公共表达、公共交往与公共舆论是以话语的形式进行的，其既可以实现于公民小范围的直接对话交流，也可以以大众传媒为载体实现大范围的意见传递与话语交往。

哈贝马斯认为，民主不仅是指正式的选举、决策的制度与机制，政治公共领域中公民的自由表达与相互交流同样也是一种民主形式。"民主概念的规范内涵不仅仅指民主法治国家中恰当的机制安排。它更超出了成文的交往和决策过程之外"③，而"'政治公共领域'作为交往条件（在这些条件下公民公众能够以话语方式形成意见和意愿）的总体性，成为规范民主理论的基本概念"④。确实，我们无法否认公民在政治公共领域的自主表达与自由交流是一种带有直接民主色彩的参与形式。

当代网络技术的发展与普遍应用，更是将政治公共领域的民主参与作用体现得淋漓尽致。作为继报纸、广播、电视之后的"第四媒体"，网

---

① ［德］哈贝马斯：《公共领域》，载汪晖、陈谷燕主编《文化与公共性》，生活·读书·新知三联书店1998年版，第125页。

② ［德］哈贝马斯：《在事实与规范之间》，生活·读书·新知三联书店出版社2003年版，第446页。

③ ［德］哈贝马斯：《公共领域的结构转型》，学林出版社1999年版，第27页。

④ 同上书，第23页。

络降低了公共讨论的门槛，提供了更为便捷及时的参与渠道，其开放性使尽可能多的社会成员能够参与进来。在现实生活中，人们之间存在社会地位的高低、经济收入的差距、教育背景的好坏，而在网络上则没有高低贵贱之分。网络很大程度上能够消除现实交往中的沟通障碍，实现主体间的平等交往。这种平等既是身份的平等，也是话语权的平等。只要具有基本的物质设施，只要懂得基本的操作，任何人都可以自由而平等地加入到网络的交流之中，及时表达自己的思想和意志，直接提出自己的批评与意见。在不侵害他人权益与社会公益的情况下，人们可以在网络上表达各种各样的意见而无须他人的把关与限制，任何议题只要有人关注就可以进入网络"社会"。任何人都无权阻止往往也无法阻止他人观点、意见与要求的合理表达。网络的匿名性使发言者更敢于大胆表达。如果说传统的传播媒体，比如报纸、广播和电视主要是单向、自上而下、自中心向外围传播的话，互联网的出现则彻底改变了这种传播方式，并形成了一种自由自愿的、立体网状的、直接互动性的信息流通结构。在这种交互式的传播过程中，网络上的每一个节点，都能成为交往的主体，公众也更容易获得信息传递的主动权。

网络设施的方便与普及性、网络主体的广泛与平等性、网络表达的自由与便捷性、网络传播的交互与回应性、网络议题的多样与包容性、网络信息的海量与共享性以及网络结构的分散与开放性，表明现代社会中的网络参与具有强烈的平民色彩，众声喧哗、"声声不息"成为政治公共领域的常态。与之相对，传统精英主导的表意方式作用正在弱化，民主开始逐渐成为一种大众的生活方式。在此意义上，网络的发展对于社会大众而言，具有强烈的赋权性质：通过网络，公民可以更为便捷地获取所需信息，更为有效地进行利益表达、决策参与、权力监督、活动组织与权益维护，更为广泛而全面地参与政治活动。网络的使用强化了公民的知情权、表达权、参与权与监督权，拓宽了公民政治参与的渠道，提高了公民的政治参与能力，使公民的政治自由权利得到更为切实的体现。

规范意义上，以大众传媒为载体的公共领域在现代民主政治发展中发挥着重要的功能：通过诉求的倾诉、观念的交流与舆论的传播，表达与整合个体与利益团体的意见、监督公共权力的运行、批判侵害公民权利与社会公益之事、促进社会道德的培育和公民精神的形成。形象地说，在现代社会，作为除立法权、司法权、行政权这三权以外的"第四种权力"，公共舆论是表达公众意愿的"传声筒"，反映民情民意的"晴雨表"，监控公共权力运行的"电子眼"，捍卫公民利益与公共利益的"守望者"，揭露腐败现象的"预警器"，净化社会环境的"过滤器"。特别要强调的是，公共领域的民主参与具有大众情绪宣泄与舒缓功能。现代社会中，随着利益结构的调整、利益矛盾的显性化以及利益冲突的日常化，社会大众不可避免地会产生多样化的意见与不满情绪，如果这些不同意见与不满情绪始终没有一种正常的释放渠道，小问题就会最终积成大麻烦。通过公共领域的民主参与这一渠道，公众的意见和情绪可以得到较为有效的释放、宣泄与疏通，由现实政治挫折所带来的焦虑与紧张可以得到一定程度的缓解。换言之，公共领域的"慢撒气"作用有利于避免不同意见与不良情绪的长期沉淀和突然爆发，从而有利于减少激进的非理性行为，促进社会和谐。而在网络参与中，这种释放、宣泄功能体现得更为充分。

(二) 改革开放以来我国政治公共领域的发育

改革开放以来，执政党和政府始终强调要高度重视并充分发挥政治公共领域的民主参与功能。比如，党的多次全国代表大会都提到要充分发挥公共领域的"舆论监督"作用。1987年党的十三大报告指出："要通过各种现代化的新闻和宣传工具，增强对政务和党务活动的报道，发挥舆论监督的作用，支持群众批评工作中的缺点错误，反对官僚主义，同各种不正之风作斗争"。1992年党的十四大报告指出，要"强化法律监督机关和行政监察机关的职能，重视传播媒介的舆论监督，逐步完善监督机制，使各级国家机关及其工作人员置于有效的监督之下"。1997年党的十五大报告提出："把党内监督、法律监督、群众监督结合起来，发挥舆论监督的作用，加强对宪法和法律实施的监督，维护国家法制统一。"2002年党的十六大报告强调："认真推行政务公开制度。加强组织监督和民主监督，发挥舆论监督的作用。"2007年党的十七大报告强调，要"落实党内监督条例，加强民主监督，发挥好舆论监督作用，增强监督合力和实效"。2013年党的十八届三中全会也强调，要"健全民主监督、法律监督、舆论监督机制，运用和规范互联网监督"。近年来，随着大众传媒的不断发展尤其是网络的快速普及，随着社会公众民主意识的不断增强，我国公共领域中的民主参与越来越活跃，发挥的社会功能越来越突出，通过大众传媒的利益表达与权利维护日趋常态化,而互联网则逐渐成为治国理政的新平台。"互联网促使中国逐渐形成了一个由众多公民参与的公共话语空间,中国特色的公共领域也逐渐形成。……这是本来就应该属于社会的公共话语空间,互联网的发展使其逐渐地还给社会,使每个社会成员实质上而非名义上的权利地位得到确认。"① 在此意义上,互联网催生了自下而上的"草根民主"。

(三)切实推进政治公共领域的发展

民主的参与热情已被唤起,公共领域作为一种民主形式已被社会认可,但现实中如何有效推进公共领域的发展,切实发挥其功能,仍有很多问题需要解决。

1. 确立适应政治公共领域民主参与的新理念

改革新阶段,政治高层对于公共领域的民主参与十分重视,权力机关对此的认识总体而言也变得更加客观、科学,并且各地现实生活中也不乏成功的参与案例。但是,当前还有不少党政干部基于僵化的管理理念,对于公共领域的民主参与不是忽视与消极应对,就是以片面的"维稳"思维极力压制。就前者而言,许多地方党政干部对于自己已身处网络社会还缺乏清醒的认识,对于公共领域中民众参与的特点、规律与方式还缺乏深入的把握,对其巨大影响还缺乏足够的认知,对网民不回应,或回应不足、不及时、不充分的现象普遍存在。就后者而言,针对媒体尤其是网民的利益表达与问题倾诉,一些地方政府和部门心存侥幸地希望通过"拖、压、捂、盖"等方式瞒天过海,而不以积极的姿态合理的方式予以解决。无论是对网民不回应或消极回应,还是以片面的"维稳"思维极力压制,最终只能导致社会矛盾激化,使公共权力的形象与公信力受损。

在这种情况下,要顺应公共领域民主参与蓬勃发展的态势,把握信息时代的执政规律和执政方式,提升自身治理水平,各级领导机关和领导干部还必须在深化认识、端正态度上下功夫。权力机关必须认识到,面对民意激荡的公共领域,不论是管制一切的传统思维,还是机械固化的"维稳"思维都已不合时宜。就前者而言,当前"政府的一个重要责任不是传统意义上的'包青天式'的包办和颐指气使的统一口径,而是

---

① 赵春丽:《网络民主发展研究》,经济科学出版社 2011 年版,第 215 页。

充分调动社会全体成员的力量和智慧,建立规则,让他们在社会公共领域享有更多的发言权、决策权和自我控制权,在自主中实现社会的自我关照和自我治理。政府要成为规则的制定者,公共平台的构建者以及社会对话的组织者"[1]。就后者而言,公共权力政府或部门必须调整片面僵化的"维稳"思维,在适应公共领域民主参与方面树立"维和""促和"的新理念。"政府应该有主动精神和服务意识,预见在前,……否则就只能陷入被动;而且发挥主动的目的不仅是为了'舆论引导',也不是为了'防塞堵漏',更是为了吸纳民意的合理成分用于公共决策和公共服务,从根本上营造和谐的社会关系。"[2] 在此认识基础上,公共权力对于媒体披露的问题、事件与矛盾应在第一时间组织力量,及时准确地发布信息、公开透明地予以回应、迅疾有效地研究解决之策,防止事态升级与扩大。只有这样,才能未雨绸缪,避免问题的过度积聚。

形成正确而充分的认识、确立合宜而现实的理念、秉持主动与积极的态度,是公共权力有效应对公共领域民主参与浪潮的前提。缺乏这一前提,大众传媒尤其是互联网就很难作为公权力了解社情民意、治国理政的重要平台来发挥作用。

2. 尽可能消除数字鸿沟,增强公共领域参与主体的普遍性与广泛性

公共舆论的主体结构是否具有普遍代表性是检验公共领域民主参与广度的重要标准。由于经济收入、教育水平等的限制,我国地域之间、城乡之间与社会各阶层之间在信息占有、使用与表达方面存在着明显的不平衡与不对称,尤其在互联网的使用上,这种数字鸿沟更是不容忽视。这种数字鸿沟的存在意味着不同群体在利益表达机会与实现能力上的不平等。"网络民主的一个基本预设前提是参与政治表达的公民在参与途径上处于平等的地位。事实上,现实生活中我国公民在获取网络信息、利用网络资源的能力是不均衡的,不同的地域、不同的阶层在获取网络信息、利用网络平台参政议政的能力差异明显,从而出现了数字鸿沟,导

---

[1] 喻国明:《媒体变革:从"全景监狱"到"共景监狱"》,"中国网"(http://opinion.china.com.cn/opinion_45_18345.html)。

[2] 张淑华:《网络民意与公共决策:权利和权力的对话》,复旦大学出版社2010年版,第39页。

致了信息社会的两极分化。在网络社会里,信息富有者一直在信息结构体系内,而信息贫瘠者则脱离了信息运转的轨道,成了网络世界中最边缘的人群,导致的后果是在网络领域其话语权的缺失。"① 实际上,越是权利需要救济、要求需要表达、利益需要维护的弱势者,譬如落后地区的群体、教育程度低下的群体、低收入群体、部分农民群体与农民工群体、城市贫民、残疾人等,往往越缺乏利用公共传媒的机会与能力,越容易在信息占有与使用方面形成对比失衡的恶性循环。要切实推进公共领域的发展,充分发挥其功能,还必须在经济与社会进步的基础上尽可能地消除社会各阶层与群体间信息占有与使用的不平衡,消除网络的数字鸿沟或信息鸿沟。只有如此,公共领域的民主参与才能真正体现"包容多元""海纳百川"的公共性。

要想解决数字鸿沟这一公共领域民主参与的基础性制约因素,就宏观而言,要在经济不断发展的基础上推进经济与社会之间、城乡之间、地区之间的协调发展,推进各种资源在各阶层群体间的尽可能公平配置,为缩小数字鸿沟奠定必要的物质基础。具体来说,则要求政府制定恰当的信息化战略,加大对信息化建设的投入,在推进信息基础设施建设、降低网络使用成本、鼓励企业与社会参与信息化建设等方面发挥积极作用,尽快推动实现网络信息占有与使用的相对均衡化。

3. 加强政治公共领域民主参与的制度建设

政治公共领域虽然是民主参与的有效平台,但由于大众传媒特别是网络的特点,这种参与形式亦有其不可避免的弊端:公民参与的情绪化乃至非理性化、意见表达的随意化乃至极端化、公众舆论的极化乃至暴力化、网络观点的虚假化乃至欺骗化,等等。在这种情况下,对于公共领域的民主参与,既需要有效保障,又需要切实规范。而无论是保障还是规范,都需要加强相关制度建设特别是法制建设。党的十八届四中全会也强调指出,要加强互联网领域立法,完善网络信息服务、网络安全保护、网络社会管理等方面的法律法规,依法规范网络行为。当前,我国在互联网管理方面已经制定了 80 余部法律法规与规章,但从推进政治

---

① 童曙:《反思与超越:中国语境下的网络民主的变革逻辑》,《科学社会主义》2013 年第 2 期。

公共领域民主参与更好发展的角度着眼，相关制度规定尚存在两大明显不足之外，亟待解决完善。

其一是法律规章多为部门或地方制定，不仅立法层次较低，而且政出多门，缺乏有效衔接整合，甚至有些内容彼此重复或相互抵牾，难以形成网络治理的合力。习近平总书记在对十八届三中全会《决定》所做说明中也明确指出，"从实践看，面对互联网技术和应用飞速发展，现行管理体制存在明显弊端，主要是多头管理、职能交叉、权责不一、效率不高。同时，随着互联网媒体属性越来越强，网上媒体管理和产业管理远远跟不上形势发展变化。特别是面对传播快、影响大、覆盖广、社会动员能力强的微博客、微信等社交网络和即时通信工具用户的快速增长，如何加强网络法制建设和舆论引导，确保网络信息传播秩序和国家安全、社会稳定，已经成为摆在我们面前的现实突出问题"[①]。在这种情况下，全国人大要在 2000 年通过的《全国人民代表大会常务委员会关于维护互联网安全的决定》以及 2012 年通过的《全国人民代表大会常务委员会关于加强网络信息保护的决定》的基础上，进一步制定出台一部法律位阶更高、内容更为全面的互联网法。如果没有这样一部国家最高权力机关制定的权威性大法，各个部门分别制定的多个规章条例就难以得到有效规范协调。以这样一部统领性的法律为基础与指导，一是要加快相关法律法规的修订与整合，二是视情况尽快出台相关方面的法律法规与部门规章。

其二是当前的法律规章中管制性、禁止性与义务性规定较多，对于公民民主参与的权利性、保障性规定不足。基于此，必须加强以确权、赋权、维权为重点的公共领域中民主参与的制度建设，为公民参与提供有效法制保障。特别是在公共领域中的民意表达与舆论监督常常受到各种不合理甚至非法的阻挠与压制，相关权利主体往往受到各种恶意侵害的情况下，这种权利的规定、保障与救济就显得更为必要。因此，在宪法规定的基础上，公共权力必须进一步健全完善互联网领域的立法，对公民参与的各项权利、义务以及权利的保障救济予以明确规定，以使公

---

① 习近平：《关于〈中共中央关于全面深化改革若干重大问题的决定〉的说明》，《人民日报》2013 年 11 月 16 日。

民能够有效地表达利益诉求、实现正当权益；对大众传媒以及从业者的权利、责任与义务权利保障救济予以明确规定，对于舆论监督的主体与对象、内容与功能、规则与方式、保护与规范、被监督对象的责任和义务予以明确规定，以使舆论监督具有切实的可操作性；对于阻挠、干扰和打击报复民意表达与舆论监督者的法律责任予以严格规定，以防止任何单位和个人对公共领域民主参与的不合理干预。总之，只有建立起完善系统、具体明确的法律制度，方能对公共领域中民众利益表达与舆论监督既保障、又规范，既保护、又监管，公共领域的发展也才能真正具有较为宽松、开放的自由空间。

4. 推进公共领域与政治权力系统的有机对接与良性互动

公共领域中的民主参与与舆论监督虽然能够及时灵活地发现社会生活中的问题并将其公开与放大，有时也能够提出好的观点与建议，但不管各种问题如何得到展现，公共舆论如何为公共权力的运用指出方向，这种外围性的参与民主本身所能形成的只是影响，而无法形成具有权威性与执行力的最终决策，本身解决问题的能力十分有限。公共舆论并不具有公共权力所具有的那种强制力。哈贝马斯多次强调公共领域的这一特点。"我把政治公共领域描绘为那些必须由政治系统来解决——因为在别处得不到解决——的问题的共振板。就此而言，公共领域是一个预警系统，带有一些非专用的、但具有全社会敏感性的传感器。从民主理论角度来看，公共领域还必须把问题压力放大，也就是说，不仅仅察觉和辨认出问题，而且令人信服地、富有影响地使问题成为讨论议题，提供解决问题的建议，并且造成一定的声势，使得议会组织接过这些问题并加以处理。……公共领域靠自己来解决问题的能力是有限的。"[①] "能够'行动'的只有政治系统。这是一个专门用来做出有集体约束力之决策的子系统……公共舆论，是无法亲自'统治'的，而只可能对行政权力之运用指出特定方向。"[②] 既然如此，政治公共领域的参与民主就应与政治权力系统进行有效对接以推动问题的最终解决。这种对接恰恰也可以在

---

① [德]哈贝马斯：《在事实与规范之间》，生活·读书·新知三联书店2003年版，第445页。

② 同上书，第373页。

很大程度上弥补政治权力系统相对远离现实生活世界、对现实问题或潜在问题缺乏敏感、反映迟钝的弊端。换言之,政治公共领域的相关"话题"应有效转变为政治权力系统的"议题"。

从当前政治公共领域与政治权力系统的对接现状来看,自下而上的自发性网络民意对政治权力系统的直接楔入与影响依然具有较强的偶然性和随机性,由大众民意所催生的政府行动在很多情况下还是自选动作,这在地方层面表现得尤为明显,外围性网络民意向正式的法律与政策制定以及公共事务治理的制度性转化尚待进一步探索与推进。而如果这种对接与勾连难以有效推进,公共领域中反映的问题就难以通过政治权力系统获得相对切实解决。不断膨胀的参与态势、不断积蓄的参与不满、不断强化的网络动员,很容易激发网络世界本来在某种程度上就已经存在的参与失序,并导致这种失序向现实世界转移进而引发现实的政治与社会动荡。就此而言,政治公共领域的民主参与对于当前中国政治发展尚具有某种不确定性,而消除这种不确定性的关键就在于实现公共领域非正式、非制度化的参与和政治权力系统正式制度的有效对接与良性互动。

现阶段,这种对接与互动可以在三个方面着重推进。一是通过专门机构进一步健全完善媒体尤其是网络舆论的收集、分析与反馈机制,常态化地把握舆论发展态势与信息焦点。特别是大数据技术的不断发展,使得对于信息数据的系统收集、全面整理与客观分析变得愈益具有可操作性。二是推进公共权力机关的网站建设,增强其公民参与和交流互动功能。网络的交互性可以极大地增强公权力与公民之间的交流、互动与反馈。比如就电子政府来说,其"所承担的功能不仅包括信息发布者、讨论组织者,也包括公民的教育者和公共领域的引导者。许多国家的电子政府不满足于将政府公告挂到网上,还就政府将要实施的大政方针组织公民进行讨论,并通过政府网站向公民介绍政府的决策过程以及各种参政议政的技巧和途径"①。近年来,虽然我国立法、行政、司法机关的网站建设非常迅速,公民参与功能逐步显现,公共权力机关与公民基于

---

① 熊澄宇:《信息社会4.0——中国社会建构新对策》,湖南人民出版社2002年版,第12页。

此的互动日益增强，但整体来讲，其民意表达、互动交流与公共服务功能尚显不足，无法为公民参与提供充分制度化的平台与载体。当前，许多公共权力机关的网站尚主要停留在简单的信息发布或简单的公共服务功能上，信息公开的有效性、全面性与及时性不足，公共服务的范围与内容尚待拓展，公民参与和互动的栏目设置更是类型简单、形式化严重，无法实现对公众意见与诉求的有效吸纳，无法切实保障公民的知情权、表达权、参与权与监督权。作为公共权力与公民权利之间的"电子桥梁"，权力机关网站作用发挥得并不十分顺畅。针对于此，"应把公民参与功能作为网站建设的重点内容，加强电子政府的沟通和互动功能，创造广泛的政府和民众沟通的渠道，建立起常态化的官民沟通互动机制。对此，可以相应设置网上信访、首长信箱、网上听证、网上举报、网上调查、建议提案、民意征集、政务论坛等公众参与专题专栏。政府相关部门应有专职人员负责处理和落实公民反馈意见，并建立责任机制，形成良性互动和循环，使得公民获得政府的及时回应"。与此同时，进一步"加大政府官员与公民的动态直接互动，……各级政府可以依托政府网站建立政府官员与网友的在线对话制度、定期会见制度"[①]。三是公务人员，比如人大代表、政协委员、领导干部等可以通过设立自己的网站或者通过大众传媒与公民建立经常的联系机制。

四　进一步落实公民基层自治权利

包括村民自治与居民自治在内的基层自治是中国民主发展的一种重要形式。改革开放以来，我国的基层民主自治一方面取得了巨大进展，但迄今所存在的问题与挑战亦毋庸讳言。这突出表现在基层自治尚缺乏更为完善的法制保障与更为有效的资源保障、行政权力对公民自治权利的过分与不当干预、基层自治中贿选与腐败现象较为普遍等。所有这些问题导致基层自治理念与实践脱节较大，现实中不少地方的基层自治似乎某种程度上已经陷入形式化的尴尬境地。基层自治的形式化实际上意味着公民自治权利一定程度的虚化。而这种一定程度的形式化与虚化恰恰是当前基层矛盾突出、冲突频仍的一个重要根源：民众的正当利益诉

---

① 赵春丽：《网络民主发展研究》，经济科学出版社2011年版，第281—282页。

求甚至在基层很多情况下也无法得到有效表达与切实保障。随着中国现代化的发展与社会自身的不断发育，公民的民主自治权利应得到进一步的保障落实，基层自治应稳步扎实地予以推进。基层民主的发展完善涉及方方面面，内容众多，以下择其重点，主要从传统发展理念的调整、既有压力型体制的转变、基层行政权与公民自治权的合理划分、相关法律保障的建立健全等四个方面对其予以梳理。

（一）传统发展理念的调整

基层自治陷入困境的原因无疑是多方面的，但根本之点是改革开放以来，在过于强调经济增长速度与数量的发展方式下，公共权力部门在较长时间内、很大程度上把基层特别是农村实际作为了一个汲取资源以推进城市化、工业化，推进经济发展，提高政府财政收入和 GDP 的领域，而并没有将足够的精力放在推进基层自治方面，没有把基层自治放在应有的重要位置予以对待，尽管宪法中将之称为基本政治制度。当公共权力部门将精力主要放在经济绩效上时，当一切都服务于经济发展时，在基层自治方面是不可能投入足够精力与关注的。对党和政府特别是基层干部来说，只要经济发展的目标能完成、财政收入有保障、稳定不出大问题，谁还有足够的时间与精力来关注所谓村民自治呢！当然，多年来的中央一号文件都是关于"三农"问题的，但只要地方权力部门实际的主要政策偏好不变，"以经济建设为中心"条件下对地方党委政府的考核压力不变，任何对"三农"问题的强调都难有实质性的作用。传统发展模式对农村资源的汲取与系列一号文件强调的对"三农"的资源投入也说明党和政府的各项政策目标之间并不自洽一致，而是内部有所冲突。"中央政府对村庄选举的影响在多重不一致甚至相互冲突的目标间变动不居，在宏观层次上表现出政策的不一致，在极力推行与谨慎防范两个极端之间摇摆，甚至两者同时存在。……有关村庄选举的国家政策和推动力度取决于不同政府部门间多重不一的目标和利益之间的互动、竞争和妥协，所以时常是不一致的，甚至是相互矛盾的。"[①]"基层政府官员必须在任务环境中各种相互矛盾冲突的目标之间加以权衡，在轻重缓急间加

---

① 周雪光：《中国国家治理的制度逻辑：一个组织学研究》，生活·读书·新知三联书店 2017 年版，第 344 页。

以选择。而官僚制逻辑意味着，这些官员会选择那些最有利于晋升的做法，或最大程度上避免那些威胁其职业生涯的做法。这些思路可以概括如下：地方官员对待村庄选举的态度和行为取决于其任务环境中多重政策目标相应的各种代价和收益的总体权衡。"① "虽然国家政策推动村庄选举，但国家在其他领域中更为迫切的任务要求镇政府加强对村庄的控制。"② 在此意义上，反思基层自治之弊，根本原因就在于公共权力部门在多重目标中对之未予足够的重视，而是将"三农"一定程度上视为实现经济发展乃至社会稳定等其他政策目标的手段。实际上，只要公共权力部门真想推进基层自治并予以高度重视，基层自治问题的解决会比现在好很多！在此意义上，在传统发展理念与方式真正转变前，在公共权力部门不是仅仅表面强调基层自治而是将其作为基本政治制度切实重视前，基层自治的问题不可能得到更为有效的解决。在当代中国，离开党和政府的发展理念来分析基层自治问题是不得要领的。其他的具体解决措施是术，党和政府的真正重视才是根本前提。

（二）既有压力型体制的转变

既有压力型体制的转变与传统发展理念的调整，两者都属于基层自治改革的宏观性、前提性条件。压力型体制我们在前文中已经有所涉及。在自上而下的压力型体制下，各级官员对上负责，集中精力与资源首先完成上级指定与交办的大量任务指标，甚至疲于奔命、穷于应付。在这种情况下，基层官员是无法真正关注百姓需求，推进基层自治的。相反，在 GDP、财政收入和政绩观的驱动下，基层政权更倾向于从基层社会汲取资源，而基层自治组织则往往成为上级政府完成任务的工具助手。"在体制性的压力下，乡镇政府总是不堪重负，没有动力和精力来指导和支持村民委员会的工作，而村民委员会也只有疲于完成乡镇交给的行政工作任务，被当成政府的'筐'（政府要干啥都往里面装）和'腿'（下级单位），难以履行应有的自治职能，使其身上所兼具的事实体制中政府派生机构的角色和法定体制中村庄实体经济代理人的角色发生了剧烈的矛

---

① 周雪光：《中国国家治理的制度逻辑：一个组织学研究》，生活·读书·新知三联书店 2017 年版，第 347 页。

② 同上书，第 366 页。

盾和冲突，造成村民委员会处于极其尴尬和困难境地的情况屡见不鲜。"①

要使基层官员真正向下看，关注民众的利益需求，推进基层成员的自治、参与、协商，就需要确立起他们对下负责的体制机制！这种宏观性体制的变革应在两个方面展开，一是要按照财权与事权相匹配的原则，在明晰职能的基础上，通过转移支付等形式切实缓解地方与基层的财政压力，提高其财政收入，避免因财力不足无法有效履行公共服务，甚至与民争利，不当干预基层自治。二是通过地方民众的选举参与推动其治理机制转变，变单纯对上负责为实现对上负责与对下负责的有机统一。"社会授权关系在基层治理中的作用，是防止权威和社会利益脱节乃至对立，因而它能够避免因脱节引致的政治冲突与治理困难。故，以制度化的方法确立权威的社会性来源，强化权威的社会基础，是保证基层长治久安的根本。……新型的公共政权只可能在权威和社会的平衡关系中产生。"② 在当前乡乃至县基层官员尚未由民众实质性选举赋权的情况下，村民自治缺乏有利的政治环境与客观条件。在此意义上，放开这两级的选举非常必要，换言之，要增加基层政权本身的自治色彩。当然，作为一种趋势，这种放开可以先从乡一级开始，可以先从坐实人民代表大会的选举权开始，由乡而县，由人民代表大会选举到人民直选，渐次推进。之所以强调基层选举要从乡逐步推进至县，是因为县域政权建设是现代国家建构的基础，在现行政权运作模式下，乡镇政权组织自主性较为缺乏，很大程度上成为了县级政权的派出机构。在这种情况下，压力型体制转变的关键不在乡镇，而在县。在乡与县的层面，"民主选举的成本会低于逐级下达指标和考核的成本，群众直接监督的成本也会低于逐级监督的成本。这种直接信息比较准确，提供虚假信息的机会大大减少，信息效率提高，事前防止干部腐败的效果会比问题暴露造成严重后果后再惩处干部的效果好"③。自不必言，基层的民主选举必须在党的领导下进行，必须以坚持党管干部的原则为前提，需要在实践探索中实现与党管

---

① 丁国民：《中国村民自治权研究》，法律出版社 2013 年版，第 140 页。
② 张静：《基层政权：乡村制度诸问题》，浙江人民出版社 2000 年版，第 46 页。
③ 荣敬本：《变"零和博弈"为"双赢机制"——如何改变压力型体制》，《人民论坛》2009 年第 2 期。

干部原则的有机协调。"从民主执政的角度看,改变压力型体制,有利于实现'权为民所用、情为民所系、利为民所谋'。但是,这也会引起人们的疑虑,会不会引起政党恶斗、地方派系林立,贿选盛行。但是,在共产党领导下推行民主选举,可以消除这种疑虑。这时党的领导更凸显其重要的作用,完全排斥了政党恶斗,因为选民是在党推荐的候选人中间进行选择的。……这里重要的还是加强党对选举的领导和监督。"① 当然,基层选举的推进需要具备什么条件、在什么阶段推进、针对各地不同情况如何区别化的推进、推进的具体程序步骤等,对于这些问题都需要慎重考虑,但当前重要的一点是需要创造一个问题讨论与实践创新的宽松环境,为县乡层面的相关改革脱敏,推进开放式的试验,因为趋势毕竟是难以避免的。特别需要强调的是,根据以往经验教训,这种基层的探索需要得到高层的有力授权和支持,如其不然,这种探索既缺乏一种宏观的体制环境,也很容易造成人走政息的问题。

(三)合理划分基层行政权与公民自治权

不论是传统发展方式,还是既有压力型体制都会导致国家权力特别是基层政权对于基层自治组织的大量干预与不断渗透。可以说,基层行政权的这种不当干预与渗透是基层自治最为核心的问题。《中华人民共和国村民委员会组织法》规定:"乡、民族乡、镇的人民政府对村民委员会的工作给予指导、支持和帮助,但是不得干预依法属于村民自治范围内的事项。村民委员会协助乡、民族乡、镇的人民政府开展工作。"《中华人民共和国居民委员会组织法》规定:"不设区的市、市辖区的人民政府或者它的派出机关对居民委员会的工作给予指导、支持和帮助。居民委员会协助不设区的市、市辖区的人民政府或者它的派出机关开展工作。"应该说,这两部法律规定的基层政权对基层自治组织的指导并无不当,这是因为,没有绝对的自治,离开基层政权的指导与支持,基层自治很容易导向混乱与失序,其内部矛盾也很难得到有效整合。村民与居民委员会协助基层政权开展工作也属必要,因为自治组织成员同时也是国家的公民。但问题的关键是相关法律并没有明确规定基层行政权与公民自

---

① 荣敬本:《变"零和博弈"为"双赢机制"——如何改变压力型体制》,《人民论坛》2009年第2期。

治权的权限范围与运行规则，没有明确规定指导的内容与协助的范围，而权力与权利边界的不明确在现行体制下导致了权力对权利的僭越与不当干预，法律上的指导在现实中往往变成直接的领导。在这种情况下，要想切实推进基层自治，首先需要从认识上搞清楚基层行政权与公民自治权的界限并将之有效落实于制度。一方面，基层行政权与公民自治权的区别体现在运行规则的差别上：基层行政权作为国家权力的体现以国家强制性为后盾。而公民自治权在中国的现实语境下尽管来源于国家权力的让渡，但其所针对的自治区域内的公共事务原则上是通过自治民众的共识性契约予以解决，国家强制力在通常情况下并不发生作用，除非公共契约无法达成或遭到破坏，自治组织公共利益受损、成员的法定权利受到侵害，并且自治组织自身无法调节。应该讲，基层行政权与公民自治权在属性上的这种差别并非混沌不清。另一方面，基层行政权与公民自治权的区别体现在权限范围上：基层行政权涉及基层政权范围内每一社会成员作为国家公民的法定权利与义务，以及基层政权范围内的公共利益，而公民自治权则是涉及成员仅在自治组织范围内的权益以及自治组织内的公共事务。与之相应，落实在法律上，"凡是涉及国家方针政策的贯彻落实即法律授权的事项，乡镇就有权要求村民委员会执行，而对涉及村民自己的公共事务以及法律未授权的即自治范围"①。当然，以上只是原则性论述，基层行政权与公民自治权的合理划分将是一个在逐步的实践探索中愈益明晰的过程。

（四）基层自治法制保障的进一步健全

基层自治是最初创新自基层而由国家自上而下推进的制度设计。作为我国的一项基本政治制度，基层自治现在已经形成了以宪法规定为指导，以《中华人民共和国村民委员会组织法》和《中华人民共和国城市居民委员会组织法》为基础，以省级立法为主干，以地方和部门规章为补充的自治法律体系。必须看到，尽管对于我国基层民主自治发挥了积极的推进作用，这一法律体系尚无法完全有效地实现公民自治权利，为基层自治提供足够的制度保障。

我国宪法是将基层自治放在第3章"国家机构"中的第5节"地方

---

① 丁国民：《中国村民自治权研究》，法律出版社2013年版，第188页。

各级人民代表大会和地方各级人民政府"的第 111 条予以规定的:"城市和农村按居民居住地区设立的居民委员会或者村民委员会是基层群众性自治组织。居民委员会、村民委员会的主任、副主任和委员由居民选举。居民委员会、村民委员会同基层政权的相互关系由法律规定。居民委员会、村民委员会设人民调解、治安保卫、公共卫生等委员会,办理本居住地区的公共事务和公益事业,调解民间纠纷,协助维护社会治安,并且向人民政府反映群众的意见、要求和提出建议。"姑且不论将基层自治放在国家机构中来规定是否合适,从条文所占比例来看,与宪法对人民代表大会制度与民族区域自治制度的大量规定相比,基层自治的相关规定应该是篇幅最少、分量最轻的。进而言之,宪法对基层自治的规定主要涉及作为基层群众性自治组织的村民委员会与居民委员会,实际上,村民或居民委员会固然重要,但其只是基层自治的一个重要方面而已,并不能涵盖基层自治的其他重要方面。而且,宪法单一强调了基层自治中民主选举的维度而忽略了民主决策、民主管理与民主监督的维度。实际上,作为国家根本大法,宪法应从最高法律依据上明确规定公民自治权利的主要内容,确定基层自治的基本准则以及主要组织构架,以上这些基本内容只能由宪法而不宜在具体的法律法规中予以规定。

除宪法的原则性规定外,《中华人民共和国村民委员会组织法》和《中华人民共和国城市居民委员会组织法》是关于基层自治的主要立法。近年来,随着社会的发展与形势的变化,这两部法律逐渐呈现出与基层自治实践要求不相适应的一面。这突出表现在这两部法律主要涉及基层自治中最主要的组织形式,对于基层自治其他方面比如村民或居民代表会议、民主管理、民主监督的内容规定过于简单;对于公民基层自治权的界限规定不明,特别是对公民自治权与国家行政权的划分界限不清;对于党支部和村委会的职权界定模糊;对于基层自治法律责任制度和权利救济制度的规定不完善,已有的相关规定操作性也较差。"我国的《村民委员会组织法》中的规定比较笼统、比较原则、缺乏一定的明确性和具体性,如找不到对村民委员会成员的任职条件的具体规定,也找不到违反《村民委员会组织法》的行为应当承担怎样的法律责任的规定,包括在我国《行政处罚法》、《治安管理处罚法》,乃至《刑法》中也未对此作出规定,这使得在实践中村民委员会选举过程中经常无法可依,违法的行为也得不到及时的惩治。"① 同时，恰恰由于国家层面的主要立法过于原则化、一般化，明确性与具体性不足，"宪法确立的村民自治制度在全国农村的施行实际上是由各省、自治区、直辖市根据本地实际情况制定的立法来规范，这难免造成各地自行其是的状况，施行状况千奇百怪的现象"②。

以上所论的法制不健全状况很大程度上制约着基层自治的发展。就此而言，基层自治的法律体系亟待进一步规范化与完善化，公民自治权亟须进一步明晰化与具体化。宪法作为国家根本大法应明确规定公民自治权的基本内涵与范围，确立法律无授权国家机关对自治事务即不能干预、法律无禁止即有公民自治权的自治基本准则。在宪法的规定之下，还需要进一步制定对于基层自治具有统领性质的《村民自治法》与《居民自治法》。"理论界和实际工作部门现在的重点都倾向于对目前现有法律法规的修订上，相对忽视法律渊源方面的工作。……但如果没有一个统领全国村民自治制度的基本法律，其他法律法规修订得再完备，仍然不能解决实际工作中已越来越突出的一些涉及村民自治全局性的问题。毕竟，《村民委员会组织法》规制的仅仅是作为村民自治常设组织机构的村民委员会，对于村民自治中涉及的更为宏观的如村民自治的性质、村民自主权、村民自治的主体与客体、村民自治组织的形式及其权限、村民自治的运作及保障机制等，必须要有一部具有统领性质的《村民自治法》予以规范。《村民自治法》属于根据《宪法》规定而制定的关于村民自治方面的国家基本法律，是《村民委员会组织法》的上位法。有了这样一部基本法律，在法律渊源上更为规范，各省级各地方制定的地方立法也有了更为明确的法律依据。"③ 实际上，居民自治亦是如此。以宪法规定为指导，以基本法律为基础，一方面可以进一步推进国家层面其他配套性立法的改（比如《村民委员会组织法》或《居民委员会组织法》）或立，另一方面可以进一步规范并推进地方性立法，保障公民自治权的切实、具体落实。

---

① 丁国民：《中国村民自治权研究》，法律出版社2013年版，第196页。
② 同上书，第195页。
③ 同上书，第201—202页。

第二节 法治建设的三维一体与公民权利的进一步确认与实现

法治是国家治理现代化的重要标志，是治国理政的基本方式。在现代社会，公民权利的确认、维护与保障最终需要依靠法治。健全的法治可以将公民的应然权利系统地明确为法定权利，并通过有效保障与救济将法定权利最终落实为实然权利。健全的法治是现代社会矛盾化解的主渠道，权利受到侵害的公民可以诉诸法治来协调冲突纷争、保障正当权益、恢复既定秩序，而不必主要依赖清官式的官员、阶段性的运动、专门性的政策与其他不适宜的渠道。也正是通过健全的法治，公民权利与公共权力在各个领域的合理关系架构才得以有效地制度化与稳定化。

改革开放以来，中国的法治建设取得了巨大成就，公民权利确认、保障与维护等方面的进展有目共睹，但在改革全面深化阶段，要想进一步解决仍较为普遍存在的公民权利相对贫困问题，法治建设依然任重而道远。长期以来存在的信访渠道超负荷、信访不信法、利益表达方式极端化、冤假错案屡次出现等问题都表明法治还没有有效成为保障公民权利、化解矛盾冲突的主渠道。对于当前法治建设中存在的问题与具体改革措施，党的十八届四中全会通过的《中共中央关于全面推进依法治国若干重大问题的决定》有着十分全面系统的论述。以下针对存在的突出问题，从基本思路而非具体措施的视角，分三个维度对当前法治建设中如何进一步确认、保障公民权利问题做一理论分析。这三个维度分别是进一步构建公正自洽的法律规范体系，加强公正严格的法治程序建设，进一步构建有效的公民权利救济机制。要解决公民权利相对贫困问题首先需要立法的再努力，即在立法层面进一步推动形成一个将公民应然权利有效明确为法定权利并且融贯自洽的法律规范体系，这是前提。而法律规范要想有效付诸实施，其蕴含的法律价值要想真正得以实现，就必须加强相关的程序机制建设，法治的实体正义必须以有效的程序正义为保证。程序正义应贯穿在立法、执法与司法的整个过程之中。如果说法律规范确认公民权利、程序机制落实公民权利，那么，法律救济则从终局意义上保障公民权利。倘若公民权利受到侵害，权利的实现受到影响，法治应该提供有效的救济渠道与手段。否则，公民的法定权利规定再完善，也是一纸空文，无法转化为现实权利。就此而言，没有救济就没有权利。当前，要进一步解决公民权利的相对贫困问题，就必须推进法治建设的这三维一体。当然，以上这三个维度仅仅是从理论层面所作的一个粗略划分，这三者不仅在内容上相互交错，在论述中也很难截然分开，因为问题本身就是内在相关的。

一　立法的维度：进一步推动形成公正自洽的法律规范体系

法律是治国之重器，良法是善治之前提。在全面依法治国进程中，要进一步解决公民权利的相对贫困问题，立法工作必须先行。只有通过立法切实构建一个有效确认公民应有权利、内部逻辑自洽的良法规范体系，公民权利的保障、维护与救济才有切实的法律文本依据。在此所指的法律是广义的，包括宪法、法律、行政法规、地方性法规和规章。针对当前法制建设中存在的主要问题，以下集中从两个方面分析如何进一步推动形成这样一个良法规范体系。

（一）就良法规范体系的进一步建构而言，全面深化改革阶段立法的价值理念应该实现两个转变：由偏重秩序稳定转向更为关注公民自由，由偏重经济发展转向更为关注公平正义。而不论是公民自由还是公平正义都具有鲜明的公民权利意涵。这种立法理念的转变具有前提性。法律作为政治上层建筑的一个重要组成部分，其立法理念必然服从并服务于一定时期政治权力所追求的主导价值理念与发展目标。当然，政治权力追求的价值目标一般而言是多重的，比如经济发展、秩序稳定、社会公平、公民幸福、民族团结等，但在一定发展阶段，政治权力为了实现特定的中心任务往往会在多重价值目标之间进行轻重权衡。具体到当代中国而言，改革开放以来很长一段时间，政治权力的价值偏好集中于实现社会稳定基础之上的经济发展。这种价值偏好不可能不对法制建设产生深刻影响。

在相当长的一段时期内，中国的主要任务是发展，而发展就需要有秩序与稳定。正如邓小平多次强调的："总之，一个目标，就是要有一个安定的政治环境。不安定，政治动乱，就不可能从事社会主义建设，一切都谈不上。治理国家，这是一个大道理，要管许多小道理。那些小道理或许有道理，但是没有这个大道理就不行。"① "中国的问题，压倒一切的是需要稳定。没有稳定的环境，什么都搞不成，已经取得的成果也会失掉。"② 这确实是对历史教训的深刻反思，对中国发展条件的精辟认识。正由于此，我们以往的制度建设通常突出其稳定功能，就立法而言则特别强调其秩序的规制功能。特别是在维稳成为硬性政治任务的情况下，这种制度的稳定取向在某些地方与层面更是有所强化。然而，必须看到，尽管中国的发展需要稳定，也从来没有无秩序的普遍自由，但对稳定、秩序的过于强调一定意义上也暗含着对公民自由，比如公民的经济自由、政治自由与社会自由等的消极制约。"在稳定高于一切的政策导向之下，有时甚至以牺牲公民的法律自由为代价，以保证社会的稳定和实现社会整体的秩序价值。"③ 进而言之，由于过分强调秩序与稳定，改革和发展在过去较长一段时间很少采取打攻坚战、啃硬骨头的方式，这就不可避免地造成关键领域与核心问题的改革迟滞，而这种改革迟滞使得一些人或组织凭藉自身的经济资源、政治资源或其他资源，借助体制机制存在的问题获得了大量的不当收益，或者说太多、太大、任性的自由。在资源总量有限的情况下，有所得者必有所失者，资源占有的不均衡如上所述使得一些人的自由成为任性，而绝大多数社会成员的自由则受到了不同程度的不应有的限制。换言之，在这种求稳的秩序下，广大公民的自由潜能往往无法得到充分释放，而现存的自由又呈现出一定的不平衡性。在这种情况下，可谓秩序包含危机，稳定消解自由。这也在一定程度上降低了包括法制在内的整个制度本身的正当性。这种自由获得的不平衡性进一步加剧还极有可能造成社会动荡，影响社会可持续的和谐稳定。在今天改革的全面深化阶段，在整体秩序与稳定尚可的基础上，必须在整个法制的框架内有序而有效地释放过去出于种种原因很大程度上被抑制的公民自由，根据发展程度进一步确认、保障与落实公民在各领域的自由权利。这种制度偏好的转移是应然的明智之举，也是当前立法工作的必然选择。

---

① 《邓小平文选》第三卷，人民出版社1993年版，第124页。
② 同上书，第284页。
③ 汪进元：《良宪论》，山东人民出版社2006年版，第153页。

"以经济建设为中心"是改革开放以来迄今为止我国发展秉持的基本理念。与这一基本理念相适应，多年来我国立法工作的一项根本任务即是为经济建设与发展服务。在这种情况下，经济方面的立法日益推进，法律成为生产发展的有力保障，成为提高经济效率的重要手段。而当现实中"以经济建设为中心"异化为增长主义，经济发展异化为GDP至上的情况下，经济方面的立法本身有时也会发生某种程度的异化，成为部门或地方层面公共权力完成经济目标的单纯工具而不论规范与否。比如有些地方为了招商引资，乱给优惠政策，出台的某些规章本身就在闯法律法规的"红灯"。在这种为经济发展努力服务的情况下，立法的精力与资源不可能有效关照到此一阶段的公平正义问题，法律无法有效担负保障公民权利、限制公共权力的任务。不要说其他领域的公正问题，就是经济生活中的公平正义在很多情况下也要让位于经济发展速度与数量的考虑，让位于政绩观与财政收入的考虑。既然如此，以公正为旨归的立法自然难以有效健全，相关立法的公正性本身自然也无法得到有效保障。实际上，过于强调法制建设为经济发展保驾护航的结果难免如此。而改革行至今天，已经进入攻坚克难阶段，单维的经济突进早已不可持续，不平衡不协调的发展方式引发的社会公正问题凸显。在蛋糕逐步做大以后，随着人民生活水平的不断提高以及权利意识的不断增长，各个领域与层次的公平正义问题必然越来越为人们所关注。党的十八大报告也强调指出："公平正义是中国特色社会主义的内在要求。要在全体人民共同奋斗、经济社会发展的基础上，加紧建设对保障社会公平正义具有重大作用的制度，逐步建立以权利公平、机会公平、规则公平为主要内容的社会公平保障体系，努力营造公平的社会环境，保证人民平等参与、平等发展权利。"[1] 现在的中国，已经到了以公正促发展的阶段，不仅政治、文化与社会领域的公正问题需要认真对待与解决，即使在经济领域，也需要以公平正义进一步规范经济行为，保障公民经济权利，释放经济活力，增强经济发展的可持续性。这是化解发展张力、协调利益矛盾、增进社会和谐、激发社会潜能的现实要求。换言之，今天的中国必须在更大程度上以公平正义为出发点和落脚点来审视改革与发展中的问题。在

---

[1] 《中国共产党第十八次全国代表大会文件汇编》，人民出版社2012年版，第13—14页。

这种情况下，立法工作必须对公平正义问题给予更多关注，法制建设的重心必须要有所调整。党的十八届四中全会也明确指出，要把公正、公平、公开原则贯穿于立法全过程。"加快完善体现权利公平、机会公平、规则公平的法律制度，保障公民人身权、财产权、基本政治权利等各项权利不受侵犯，保障公民经济、文化、社会等各方面权利得到落实，实现公民权利保障法治化。"①

立法价值理念所应实现的以上两个转变，实际上意味着中国法制建设在全面深化改革阶段应致力于推动中国社会实现秩序与自由、发展与公正的有机统一，致力于追求一种自由的秩序与公正的发展。一言以蔽之，就是要致力于解决公民权利存在的贫困问题，更好地保障与实现公民权利。

（二）就良法规范体系的进一步建构而言，除了应实现立法理念的以上两个转变外，还应切实增强法律制度的内在融贯性，真正建立起一个以宪法为根本大法的内容自洽、逻辑严整的法律规范体系。

法治是一种以维护公民权利为最终价值旨归的制度之治，这种制度之治体现为一系列从宪法到普通法律再到政府法规等具有不同效力的规范系统。在这一规范系统中，宪法具有根本性的意义。社会发展的应然权利要求首先以民主的方式在宪法中得到确认，宪法本身的完善、正当及其程度以及实践效力是衡量一国法治健全与否的关键标尺，法治首先应呈现为宪法之治。党的十八届四中全会决定也指出，坚持依法治国首先要坚持依宪治国，坚持依法执政首先要坚持依宪执政。确实，在领袖魅力型合法性很大程度上已经消失其存在基础的情况下，在经济绩效合法性难以长久维持的条件下，在依靠革命取得政权的传统合法性只能证明过去而无法自然证明未来的情况下，在政策主治难以实现广泛有效治理的情况下，今天执政党乃至整个政治权力系统要证明自己的统治合法性、有效解决各种不合理不规范的问题，实现风险社会的普遍有效治理，只能转向体现现代价值理念的制度体系，以此制度体系促成社会成员的价值共识，依靠更具全局性、长期性、稳定性与根本性的制度治国，这

---

① 《〈中共中央关于全面推进依法治国若干重大问题的决定〉辅导读本》，人民出版社2014年版，第11—12页。

也就是德国社会学家马克斯·韦伯讲的所谓法理型合法性。而宪法则恰恰规定了一国之根本制度及其价值理念,所以在当代中国,依制度治国从根本而言必然体现为依宪治国与依宪执政,宪法共识则应成为社会成员基本的重叠共识。也正是因为集中规定了一国的根本制度特别是公民的基本权利与自由,集中体现了一个时代发展的价值追求与共识,宪法才会成为国脉之所系、社会成员安身立命之所在,成为现代民族国家的认同象征,为公民所真诚持守与坚定捍卫。在此意义上,对于依宪治国与依宪执政的高度强调实际上表明了执政党以及整个政治权力系统合法性的逐渐转移。

宪法确认权利的一般原则和公民的基本权利,我国宪法第二章即是对此的规定。但是必须明确,虽然宪法有保护公民基本权利的条款,公民所应享有的基本权利却并不以宪法所列举的为限,这是因为这种对于权利的列举方式由于认识有限等种种原因往往无法穷尽公民的所有应享权利。这也就是为什么美国宪法修正案第九条特别强调:本宪法对某些权利的列举,不得被解释为否定或忽视由人民保留的其他权利。可惜我国宪法对于这一点没有明示。当然,这种基本权利的扩展也可以通过修宪或宪法解释来进行。比如2004年十届全国人大二次会议审议通过第四次宪法修正案,"公民的合法的私有财产不受侵犯","国家尊重和保护人权"等内容就写入现行宪法。但与宪法修正相比,我国的宪法解释长期以来却付之阙如。另外,宪法对于公民权利的规定是基本的而非完全具体的,而且往往囿于一定的时代背景。既然如此,宪法对于公民基本权利的规定就需要根据时代发展来予以诠释、发挥,以将其展示为特定的、当下的、具体的公民权利。就此而言,宪法不同于具体的部门法,其所确定的只是公民的基本权利或权利的一般原则,而这些基本权利与权利原则作为未填值的相对不确定项,其具体内容具有随时代发展而衍生的可能性和必然性。在此意义上,宪法是一项未完成的事业,是一种处于动态开放中的谋划。"它的目的是在不断变化着的环境中实现权利体制的更新,这就是说,去更好地解释这种权利体制,使之更恰当地制度化,并更彻底地阐明其内容。"[①] 在这样一种情况下,增强立法的民主性与回

---

① [德]哈贝马斯:《在事实与规范之间》,生活·读书·新知三联书店2003年版,第464页。

应能力，通过有效的民主机制将宪法的权利原则具体化、时代化，并以部门法的形式及时予以呈现就变得极为重要。"从这个角度来看，作为一个持续立宪的长期过程，合法的制定法律的民主程序具有突出的价值。"①就当前中国的法治建设来说，这就要求完善立法体制、深入推进科学立法与民主立法。

作为"写着人们权利的纸"的宪法是应然的权利理念最初与最基本的条理化、外在化、共识化的呈示，在整个法律规范体系中处于最高的位置，其他规范对其具有从属性。这样，按照不同的位阶与效力，由宪法依次而下，实在法的规范系统就呈现为一个金字塔型的层级结构。"宪法被认为是国家的根本大法，是规范效力的金字塔型体系中的顶端。但是就其实质意义而言，宪法也不妨被理解为关于制定规范的规范形态。因此，其重点可以转移到确立关于法律变更的选择方式上来，而不必成为法规序列中的特定典章。换言之，立宪不等于起草一份最高纲领，而是建立一个可变而又可控的法律再生产的有机结构。"② 在此意义上，具体法律、法规、规章的制定应符合宪法的价值理念与规定程序。如果一项具体的法律、法规、规章与宪法保障公民权利的理念或规定相违背，其自身也就不具备正当的法律效力，应予以修改或废止。换言之，具体法律、法规与规章的制定程序与内容都应进行合宪性审查，只有这样才能切实建构起一个以宪法为根本大法的内容自洽、逻辑严整的法律规范体系，更好地保障与维护公民权利。而在这一方面，当前中国的法制建设还亟待推进。

改革开放以来，我国立法实践中更强调相关法律法规的迅速确立以实现有法可依，对于宪法、法律、法规等之间在内容上的自洽融贯重视不够，尤其在地方立法与部门立法频繁的情况下，庞大的法律体系之间逻辑关系较为混乱，彼此之间的规定时有冲突与抵牾。甚至已经制定的法律、法规、规章违宪、侵害公民宪法权利的情况也并不鲜见。比如2003年影响巨大的孙志刚案件中，孙志刚被限制人身自由、被收容的法

---

① ［德］哈贝马斯：《在事实与规范之间》，生活·读书·新知三联书店2003年版，第474页。

② 季卫东：《法律程序的意义》，中国法制出版社2004年版，第10页。

律依据就是1982年国务院发布的《城市流浪乞讨人员收容遣送办法》。这一《办法》赋予了执法人员不经过法定程序就限制公民人身自由这一宪法权利的权力，因而是违宪的。针对于此，对于具体法律法规的合宪性审查就显得极为必要。虽然我国《宪法》与《立法法》均有对于法律法规合宪性审查的明确规定，但这些规定一直都没有得到有效实施。现行《宪法》第5条规定：一切法律、行政法规和地方性法规都不得同宪法相抵触。第62条规定：全国人民代表大会监督宪法的实施。第67条规定：全国人民代表大会常务委员会监督宪法的实施；撤销国务院制定的同宪法、法律相抵触的行政法规、决定和命令；撤销省、自治区、直辖市国家权力机关制定的同宪法、法律和行政法规相抵触的地方性法规和决议。2000年通过、2015年3月十二届全国人大三次会议修正的《立法法》第97条、99条、100条进一步明确了相关法律法规合宪性审查的具体事项。第97条规定：全国人民代表大会有权改变或者撤销它的常务委员会制定的不适当的法律，有权撤销全国人民代表大会常务委员会批准的违背宪法和本法第七十五条第二款规定的自治条例和单行条例。第99条规定：国务院、中央军事委员会、最高人民法院、最高人民检察院和各省、自治区、直辖市的人民代表大会常务委员会认为行政法规、地方性法规、自治条例和单行条例同宪法或者法律相抵触的，可以向全国人民代表大会常务委员会书面提出进行审查的要求，由常务委员会工作机构分送有关的专门委员会进行审查、提出意见。前款规定以外的其他国家机关和社会团体、企业事业组织以及公民认为行政法规、地方性法规、自治条例和单行条例同宪法或者法律相抵触的，可以向全国人民代表大会常务委员会书面提出进行审查的建议，由常务委员会工作机构进行研究，必要时，送有关的专门委员会进行审查、提出意见。有关的专门委员会和常务委员会工作机构可以对报送备案的规范性文件进行主动审查。第100条规定：全国人民代表大会专门委员会、常务委员会工作机构在审查、研究中认为行政法规、地方性法规、自治条例和单行条例同宪法或者法律相抵触的，可以向制定机关提出书面审查意见、研究意见；也可以由法律委员会与有关的专门委员会、常务委员会工作机构召开联合审查会议，要求制定机关到会说明情况，再向制定机关提出书面审查意见。制定机关应当在两个月内研究提出是否修改的意见，并向全国人民代表大会法律委员会和有关的专门委员会或者常务委员会工作机构反馈。全国人民代表大会法律委员会、有关的专门委员会、常务委员会工作机构根据前款规定,向制定机关提出审查意见、研究意见,制定机关按照所提意见对行政法规、地方性法规、自治条例和单行条例进行修改或者废止的,审查终止。全国人民代表大会法律委员会、有关的专门委员会、常务委员会工作机构经审查、研究认为行政法规、地方性法规、自治条例和单行条例同宪法或者法律相抵触而制定机关不予修改的,应当向委员长会议提出予以撤销的议案、建议,由委员长会议决定提请常务委员会会议审议决定。当然,从规范意义上,以上诸多规定离严格的合宪性审查还有较大差距。我国学者季卫东曾就此指出,按照以上规定,"只有在制定机关拒不修改的情况下才可能出现人大常委会正式出面审查并做出法规是否违宪的判断或决定的情形,可以说,真正意义上的'违宪审查'在中国是从这里才开始的"①。"到达正式的合宪性判断阶段之前的制度性通道太长、耗时太多……与这样的复杂性回路相联系,权力机关内部存在的黑箱操作、讨价还价的余地实在太大,在许多环节上都有可能随时中止审查程序或者最后不了了之。"② 并且,在当前的理论探讨中,关于合宪性审查的主体,理论界也有再成立宪法委员会或宪法法院等不同观点。

　　其实,对于中国的合宪性审查而言,有两点应该是要明确的。一是要根据中国的实际来选择可能的审查模式。现行《宪法》与《立法法》的规定之所以较为烦琐,其可能的用意之一就在于保证地方立法机关或行政部门的权威形象,而不将整个政治体系内部的不一致公开化。即使一个地方立法机关所立的地方性法规或行政部门所立的行政法规在合宪性方面存在问题,但只要审查机构不公开进行合宪性审查,而由相关机关或部门自行修改或废止,则可以在外观上保障相关机关或部门的面子,从而避免整个政治体系内部直接批评或径直审查造成的不和谐外观。就此而言,对法律法规是否违宪、如何归责先不予以直接的明确判断,乃至相关规定过于烦琐,是符合当前中国政治权力系统保持一种统一权威

---

① 季卫东:《法治构图》,法律出版社 2012 年版,第 351 页。
② 同上书,第 357—358 页。

外观之现实需要的,从政治权力的角度出发也是可以理解的。"从政治伦理上讲,无论是全国人大还是国务院一方,都不愿意在全社会面前公开进行这种正面冲突的宪法监督。这一情况实际与中国政治上的传统文化特别是政治伦理有密切关系,即:国家政权机关之间也要'和为贵',倾向于用沟通协商代替冲突来解决问题。"① 实际上,只要最终效果是一样的,倒也没有必要拘泥于具体的实现机制。至于成立宪法法院专门进行合宪性审查,过分突出国家机关之间的权力分立与制衡,不太符合我国人民代表大会作为最高权力机关的议行合一的政体形式,也与当前我国《宪法》与《立法法》的相关规定不相吻合。至于成立宪法委员会作为合宪性的审查机构,如果说将其放在全国人大常委会之下还有可能的话,像有些学者认为的应放在全国人大以下与全国人大常委会并列则不现实。

二是要看到,在目前中国法治的发展阶段,问题的关键不在于现行《宪法》与《立法法》的相关规定是否严格完善,并针对问题提出种种理想性的解决方案。关键在于把这些已有的规定切实付诸实践,让其活起来。不管这些已有的规定完善与否,只要付诸实践,就会有其效力,就会在推动修改或废止侵害公民宪法权利的恶法方面发挥作用,从而提升法律体系的公正性。这样一个开端很重要。所以,一个基本的思路就是先把已有的规定尽可能切实落实。党的十八届四中全会《决定》在"健全宪法实施和监督制度"部分也指出,要完善全国人大及其常委会宪法监督制度,健全宪法解释程序机制。加强备案审查制度和能力建设,把所有规范性文件纳入备案审查范围,依法撤销和纠正违宪违法的规范性文件。党的十九大也强调要加强宪法实施和监督,推进合宪性审查工作。以上规定意味着全国人大及其常委会要更为积极主动地进行相关法律法规的合宪性审查。当然,相对于全国人大现有的有限审查能力而言,这可能意味着已有机构力量的进一步充实、资源的进一步投入,也可能意味着需要成立新的专门性审查机构,至于这一机构是否叫宪法委员会及其具体地位则可再议。但无论如何,推动合宪性审查必须要从现有的制度规定出发而绝不能脱离中国政治实际纯粹理论地看问题。

---

① 刘松山:《健全宪法监督制度、完善宪法解释程序需要研究应对的若干重大问题》,"爱思想网"(http://www.aisixiang.com/data/88275.html)。

二 程序的维度：系统加强程序机制建设

就当前中国的法治建设而言，要想有效解决公民权利相对贫困问题，还必须系统地加强程序机制建设。只有如此，法律规范才能切实落地，公民权利才有可能得到切实维护。过去较长一段时期，中国的法律制度更为注重实体性规定而相对忽视程序性规定：或者相关程序法缺失、不健全，或者实体法中的程序规定阙如、不合理，这就导致了不少既有的法律法规在实践中无法有效运作或运作效果不理想。学者季卫东曾就此指出："比较而言，中国的宪政研究多注重国体政体、权利义务等实体部分，于程序问题则不免有轻视之嫌。从中国现行宪法条文上看，需要改进之处的确不在少数，但关于公民基本权利的原则性宣言倒未见得与西方的章句相去多远。问题是，这些权利义务根据什么标准和由谁来确定、对于侵权行为在什么场合以及按照什么方式进行追究等程序性前提的规定（包括程序法的各项具体内容和实体法中的程序性配件，以下笼而统之简称'程序要件'）却一直残缺不全。……因此，程序应当成为中国今后法制建设乃至社会发展的一个真正的焦点。"[1] 特别是对尚处于转型期的当代中国而言，法律程序建设更应具有优先性。"因为制定实体规则，既要考虑到昨天的历史，又要迁就今天的现实，还要考虑明天的发展，这使立法者勉为其难，只能制定出十分抽象、缺乏可操作性的原则规范。制定程序规则，对复杂变动的社会关系依赖较少，可以适当超越时空的限制，对成千上万的行为进行类型化处理，分别作出统一的程序要求，这样的法律规范不仅具有可操作性，而且容易得到实施。"[2] 近年来，尽管法律程序的必要性日益被人们所认识，各领域的法律程序也在逐步完善，但就公民权利的有效维护与保障而言，当前中国的法律程序建设还需更大程度地予以推进。

要想切实推进程序机制建设，首先必须要对程序本身的内涵及其在法治建设中的重要作用予以充分认识。一般而言，法律程序是指按照法定的顺序、时限、方式和步骤进行法律行为，做出法律决定的过程。"程

---

[1] 季卫东：《法律程序的意义》，中国法制出版社2004年版，第14页。
[2] 江必新：《程序法治的制度逻辑与理性建构》，中国法制出版社2014年版，第2页。

序的核心内容是做出决定的过程,包括特定程序的选择、程序参与者的地位及其参与的方式、步骤和时空范围,决定制作的契合性以及决定做出之后的落实和反馈等。程序的内在机制是平等交涉性,这是现代程序运行的生命,它要求程序参与者的地位平等、意志自由、行为自主、决策自治。程序运行的目标是结果合理性,程序自身并没有预设真理性标准,但程序通过平等参与、表见自由、排除外部干扰,以增强疏通渠道和参与者各方意见契合的机会,保证决定的成立和合理性。"①

法律程序具有相对区别于法律制度形式与实体内容的独特规定。一方面,与法律制度形式方面的规定,比如法律规范的普遍、统一,法律条文的明确、无歧义相比,法律程序的规定与设计已经在很大程度上涉及法的实质性内容,价值取向体现得相对明显,与最终结果的联系也更为密切。另一方面,法律程序与法律的实体内容既相联系,又有区别。程序虽然导致特定的结果,最终指向某种价值理念,但程序本身却又不等同于直接价值内容的规定,它所考虑的是问题解决的条件、方法、过程与步骤,其实质是管理与决定的非人格化。程序的特定步骤、环节与内容以及结果相关,但又不能等同为一,其还带有某种形式化的色彩。"程序性制度规则……比实体性制度更为形式化和非人格化,更具'对事主义'的普遍性和价值中立性。程序性制度的这一特征使它能够更为广泛地调整更大范围的复杂社会关系。"② 概言之,程序既不能简单地还原为形式,也不能简单地归之为内容。程序既与这两者相关,又有其特质。"可以说,程序的本质特征既不是形式性也不是实质性,而是过程性和交涉性。唯其如此,方能应付现代社会的变动节奏,根据需要做出不同的决定。"③

与内涵规定的独特性相对应,法律程序具有自身的独特价值。程序的价值体现在两个方面。一是程序的工具性价值,即通过程序实现一定的实体价值,达成一定的结果,比如说更好地保障公民权利、提高发展效率、维护社会稳定、增进社会公益等。二是程序本身的独立性价值,

---

① 汪进元:《良宪论》,山东人民出版社2006年版,第239页。
② 邹吉忠:《自由与秩序》,北京师范大学出版社2003年版,第344页。
③ 季卫东:《法律程序的意义》,中国法制出版社2004年版,第32页。

即通过程序本身而不是通过程序结果所体现的价值。比如参与程序使利益受影响的相关当事人能够参与讨论与决策，使其不仅有机会表达自己的观点，而且有机会自行决定个人的命运，这是对人的尊严的尊重，因而这一参与程序本身就具有体现人道尊严的独立价值。有相当多的程序设计与其工具性价值有关，也有相当多的程序设计具有自身独特的人道价值，因而能够自证其身。当然，更多的程序设计是工具性价值与独立性价值的有机统一。美国新分析法学派的代表人物萨默斯认为，程序的独立性价值比程序的工具性价值更容易在制度中得到具体的保障，因为设计这些规范和机制要比达到工具性结果的途径更加容易一些。人们常常不知道如何确保好结果的实现，甚至对什么是好结果都无法达成共识，而实现程序独立性价值的目的只要求助于体现它们的法律规范以及纠正机制和制裁手段就可以达到了。对程序独立性价值的分析有助于改变人们对程序的纯粹工具性认知，从而在设计制度时能够把具有独立性价值的程序考虑在内，从而使程序更具人性、更加人道、更能体现人性尊严。

正是基于程序之重要性，现代法治在很大程度上可以说是一种规范的程序之治，法律程序在法律的制度建构及其现实运作中居于核心地位。"现代法治乃'良法'之'治'，即优良的法律对社会的'统治'或'治理'。从根本上讲，这种'统治'或'治理'主要靠的是以'理'服人，靠的是规范化、制度化的理由说服机制……这样，仅从技术来看，要能够真正地展示具有说服力的'理由'，就必须将获得'理由'的这一过程'分解'为各种不同的，然而又具有严密的逻辑联系的'环节'和'方面'，并使这每一'环节'和'方面'都体现出'客观'和'公正'的品质，这样，过程的'合理性'、'公正性'和'有效性'在很大程度上就保证了作为其结论或结果的'理由'的'合理'、'公正'与'有效'。于是，合理的、公正的'程序'的既'先于'又'优于'其所获致的结果（具体'理由'）的重要性就自然而然地凸显出来了。"[①] "程序是法的基本内容和法律运行的基本框架，程序化的秩序是法治社会的基本形态，程序思维是法治世界观的基本要素，程序正义是法治追求的基本价值。……在现代社会，程序正义具有鲜活的过程性、交涉性，能随时自

---

① 姚建宗：《法治的生态环境》，山东人民出版社2003年版，第287—288页。

我复制，理性地建构一个个凸显大众参与本色、彰显人文关怀的公共领域，为政治的运行提供宏观约束和微观服务，具备实质正义难以企及的优势。……如果说现代法治是民主政治的精髓，那么程序正义就是现代法治的'精髓'——'精髓中的精髓'。"[1] 近现代以来，民主与法治的发展在很大程度上正是通过程序体系的严密化而实现的，这一程序之治的发展过程在实践中就是公民权利不断完善、不断得到更好保障与实现的过程。正如美国大法官 F. 福兰克弗特所言，自由的历史基本上是奉行程序保障的历史。

在当前全面依法治国的进程中，必须要在立法、执法、司法等各个领域系统推进程序机制建设。就公民权利的有效确认与维护而言，在立法程序中，要健全相关各方的有序参与机制。在立法项目的征集、论证，立法内容的协商、咨询，法律、法规、规章草案的意见征求与委托起草，重要立法事项的第三方评估，相关意见采纳情况的反馈等方面都要进一步建立或完善程序，增强立法的民主性。在执法程序中，要完善行政程序法律制度，推进行政程序法定化；要健全依法、民主决策的程序机制，保障各方尤其是利益受到直接影响者的有序参与，以正当程序来达成共识、维护民权、遏制公权力对自由裁量权的滥用，实现有效的程序控权；要完善执法程序，严格规范执法；要全面推进政务公开，让权力在阳光下运行；要完善对行政权力的纠错问责机制，健全问责的方式与程序；要进一步完善行政复议与行政赔偿的程序机制，增进其实施的有效性，切实保障行政相对人的合法权益。在司法程序中，要加强人权司法保障的制度建设，健全相关程序机制；要完善人民群众有效参与司法的程序，比如保障公民陪审权利，构建开放、动态、透明、便民的阳光司法机制等；特别是要推进以审判为中心的诉讼制度改革，不仅"要通过诉讼体制和结构的改良、诉讼代理制度的完善、法律援助制度的普遍实施、庭审过程的精心设计以及对弱者的诉讼保护等途径使诉讼双方真正处于对等地位"[2]，以解决诉讼当事人事实上不平等的问题，建立当事人的均衡对抗机制，而且要全面贯彻证据裁判规则，使办案过程符合程序公正，

---

[1] 徐亚文：《程序正义论》，山东人民出版社 2004 年版，第 282 页。
[2] 江必新：《程序法治的制度逻辑与理性建构》，中国法制出版社 2014 年版，第 189 页。

避免冤假错案的产生。尤其需要强调的是，不论是立法、执法、司法哪一个领域的程序建设，都应该明确违反程序的法律后果并予以严格追究。只有如此，方能有效克服目前普遍存在的程序虚置现象，切实树立法律程序的权威。

三 救济的维度：没有救济就没有权利

一个法治社会并非一个公民权利不受任何侵害的社会，而是一个公民权利受到侵害但可以得到及时有效救济的社会。法定权利再完善，如果缺乏有效的救济机制，也无法切实转化为公民的现实权利。可以说，有权利必有救济，有侵害必有保护，公民权利救济是衡量国家法治化程度的试金石。在今天全面依法治国的推进过程中，完善公民的权利救济机制，保障公民权利的真正实现极为必要。"救济在本质上是一种权利，即当实体权利受到侵害时从法律上获得自行解决或请求司法机关及其他机关给予解决的权利。这种权利的产生必须以原有的实体权利受到侵害为基础。……救济是相对于主权利的助权。……救济追求的目标要么使权利主体的权利得到实现或者使不当行为所造成的伤害、危害、损失、损害得到一定补偿；要么使未履行的义务得以履行。"[①]

公民权利救济有立法救济、行政救济与司法救济等多种形式。立法救济是立法机关以立法的形式对公民应享但法律原先没有及时有效规定，从而导致被侵害的权利进行的救济。这种救济形式要求我们的立法工作对于侵害公民权利的问题要保持适度的敏感性，注重提升立法本身的问题回应能力。行政救济是行政机关在因自身行为造成公民权利受侵害时所进行的一种自我纠错式的权利救济方式，实施救济的是具有监督权的行政机关，其种类包括行政复议和行政赔偿等。针对当前中国行政救济的现状，要提高行政救济的有效性，就必须强化行政机关内部的分权制衡，增强具有监督权的行政机关的相对独立性与权威性，完善行政救济的正当程序，切实保证当事人知情、参与和申辩等各项权利。在这三种救济形式中，司法救济具有终局性与更高的权威性。司法的本质在于救

[①] 程燎原、王人博：《权利及其救济》，山东人民出版社1993年版，第358—360页。

济。"司法救济是指公民或组织、法人等的权益受到侵害而寻求法院进行救济的法律制度。司法救济是人类社会起源最早、各国普遍适用的、最能代表正义和最具有权威和公信力的一种具有最终法律效力的公力救济制度。人们一般认为法院是社会正义的最后一道防线,法官是这道防线的守门人。"[1] 确实,在所有的救济形式中,司法救济是权利受侵害者可依靠的最后机会和保障。如果一个社会的司法存在严重问题,无法给权利受侵害者提供有效及时的救济,其他某些救济渠道,比如当前我国的信访救济渠道,就会超载、超负荷,不堪重负,从而引发严重的问题。并且,作为权利救济主渠道,如果法治的功能无法得到有效发挥,社会的矛盾与冲突从整体来说就无法得到切实解决,就会不断积聚,在这种情况下法治的权威也会受到极大影响和破坏。当前我国的公民权利救济就面临如此形势。"直白地说,如果司法系统是值得信赖的,那么,百姓一旦认为有冤屈,被逼无奈会去打官司;如果在他们眼里司法不公或司法无效,那他们就会被迫去'告御状',走'上访'的途径;如果他们连'上访'也不抱希望,那就只能回家搞群体性事件了。所以,如果说,早些年,权益受到侵害的民众还指望'上诉'或'上访',那么,动辄突发群体性事件说明,民主对于诉诸法律程序和寄希望于'上访'来解决问题的信心大为降低。"[2]

当前,要实现公民权利的有效司法救济,应在两个方面重点着力:一是稳步推进中国的宪法救济制度;二是保障司法机关依法独立公正地行使职权。

宪法救济对于公民权利的司法救济而言极为重要。不管是公权力及其工作人员或其他方的具体行为对公民宪法权利的侵害,还是部分法律、法规、规章、政策措施之规定违宪侵权,不管是由于公民某些宪法权利尚未具体化从而无法通过具体法律诉讼实现救济,还是具体救济手段都已穷尽仍无法奏效,公民最终都应获得作为权利救济之大端的宪法救济。具体法律的背后是宪法,具体法律救济的依据是宪法,

---

[1] 陈焱光:《公民权利救济基本理论与制度体系建构研究》,长江出版社 2013 年版,第 104 页。

[2] 燕继荣:《国家治理及其改革》,北京大学出版社 2015 年版,第 151—152 页。

具体法律救济的空白与不逮之处最终需要通过宪法救济来弥补与匡正。宪法救济包括司法机关适用宪法审理案件的宪法诉讼与对具体法律法规进行合宪性审查两条重要途径。合宪性审查上文已有论述，兹对宪法诉讼予以分析。

宪法诉讼是当前法治研究的一个热点问题，之所以如此，是因为长时间以来中国并不存在严格意义上的宪法诉讼，公民个人不能直接援引宪法基本权利规范提起诉讼，法院也不能直接援引宪法规范审理案件，从而导致宪法在涉及公民基本权利的案件时虚置。有学者认为，之所以出现这样的现象，很大一个原因是我们对于宪法的"母法"观念。"在公民依据宪法享有的基本权利与自由必须通过立法机关制定的法律再加以具体化的观念——这也被称为'母法'观念——支配下，宪法存在的根本目的只是为立法机关提供立法依据，而不为公民的日常行为提供规范指南。'母法'观念对宪法产生了一种不当的自我限制，即宪法自身不能直接实施，而只能通过一般法律来实施，从而导致宪法的'虚置'。……在这种观念之下，宪法很难进入法官的视野，无法进行诉讼领域。"[①] 这种考虑不无道理，但宪法诉讼之所以难以实行，在当代中国的语境下，恐怕还有非常现实的特别是政治的考虑。我国宪法中有很多规定涉及公民应享的基本权利，比如宪法第 35 条规定的公民言论、出版、集会、结社、游行、示威的自由等。而基于发展阶段、政治稳定、意识形态等多种因素的考虑，这些公民的应有权利在当前是无法完全兑现的。换言之，我们宪法对公民权利的规定在很大程度上是表明一种价值追求与努力方向，是一种政治宣示而非实际能够实现的状况。美国学者亨金在分析中国宪法时也指出了这一点："宪法看来不是规定政府所必须尊奉的权利，而是表述政府所主张和答应规定的权利。"[②] 在这种情况下，这些宪法权利一旦草率地付诸宪法诉讼，将会使宪法本身乃至整个中国法治陷入非常尴尬的境地，甚至引发非常严重的政治问题。既然如此，实行宪法诉讼必须要审慎。但是，审慎并不等于长期拖延，宪法诉讼是中国法治发

[①] 谢维雁：《宪法诉讼的中国探索》，山东人民出版社 2012 年版，第 2 页。
[②] ［美］亨金：《当代中国的人权观念：一种比较考察》，载夏勇主编《公法》第 1 卷，法律出版社 1999 年版，第 95—96 页。

展的必然一步。只有通过宪法诉讼，宪法才会获得切实的法律效力，才能成为保障、救济公民权利的"活"法，才有可能为人们所真正认同与坚守。在这种审慎而又必须实行的情况，全国人大及其常委会的宪法解释就显得极为重要。对于全面实施宪法中可能会出现的各种较为敏感的问题，全国人大及其常委会不应当消极回避，而应通过各种契机充分阐明现行宪法中哪些内容是不可诉的，哪些内容是可诉的，充分阐明公民宪法权利的内涵与外延、应然与实然、价值追求与实现可能，特别是公民宪法权利实现的国情基础、条件阶段以及未来趋势。换言之，全国人大及其常委会的宪法解释必须助力中国的宪法诉讼。在此基础之上，在宪法诉讼案件中，在公民宪法权利未被普通法律法规具体化的情况下，法院可以直接依据宪法法理或规定进行裁决。在这种情况下，宪法就不仅仅只是立法的根据，同样也成为了司法裁决的根据。一定程度上，这种对于公民权利实现条件与阶段的明确甚至也可以由法院通过司法解释来实现。而对于普通法律法规或者公权力的行为侵害公民权利的宪法诉讼案件，依据我国现行法制，法院本身不能进行合宪性审查，但可以向合宪性审查机关即各级人大常委会提出申请。如果合宪性审查机关作出审查决定，法院则可以依据决定进行案件审理。当然，从宪法诉讼切实开启到探索出一套比较健全有效并符合中国国情的诉讼模式可能还需要一个长期的过程。

要实现公民权利的有效司法救济，司法机关依法独立公正行使职权是必要条件。在规范意义上，司法机关依法独立行使职权包括司法机关依法独立于立法机关和行政机关；每一级法院都是一个独立的审判实体；法官的审判活动独立，在司法过程中只服从法律，不受任何其他干涉；法官具有身份保障、经济保障、独立行使审判权的保障以及相关的免责特权等。当前，要推进司法机关依法独立行使职权，一是要实现司法的去地方化，有效打破在人、财、物方面司法机关长期受制于地方党委、政府的状况，逐步有序推动在全国范围内建立一个统一而自治的司法系统。二是要实现司法的去行政化。不能按照科层制上级命令下级、下级服从上级的行政管理的做法去处理上下级法院之间的关系，去处理法院内部院长、副院长、庭长、副庭长、审判员之间的关系，不能把司法的专业事务混同于一般的行政事务，不能把法官等同于一般公务人员，要尊重司法机关依法独立公正运作的内在规律与机制，保障审级独立和法官的审判独立。三是要加强司法机关自身建设。既然司法机关要依法独立公正行使职权，其自身就必须具有相应的制度与人才保障。要按照依法独立公正运作的规律与要求推进司法体制和工作机制改革，比如推动建立审与判统一、权与责统一的审判模式等，特别是要重视司法人员的素质提升。当然，在改革进程中，要真正实现司法机关依法独立行使职权还需要一个较长的过程。"但是，只要我们清醒地认识到司法独立是实现司法公正的首要制度保障，只要我们清醒地认识到司法公正是司法救济的核心要求，只要我们清醒地认识到司法救济是权利保障的核心机制，只要我们清醒地认识到公民权利的实现是衡量一个社会是否是法治社会的核心指标，那我们就应当义无反顾地朝着司法独立的目标不断迈进。"[1]此外，在逐步推动司法机关依法独立行使职权、提升司法效能的过程中，还要注意把信访救济纳入法治化的轨道，制定相关信访的法律法规，解决信访救济程序性不强、规范化不够、恣意性过大的问题，建立信访与诉讼的对接机制，实现纠纷解决的最终化与法治化。

---

[1] 杨春福等：《自由·权利与法治——法治化进程中公民权利保障机制研究》，法律出版社 2007 年版，第 304—305 页。

第十章

公民权利与当代中国公民文化的培育

改革攻坚阶段，公民权利的进一步有效保障是一个系统工程，除了相关制度的健全完善外，还必须在现代性价值观的建构方面着力，这也是国家治理现代化的重要内容。价值观是社会资源控制和利益分配的约束条件。现代文明意识与价值理念的缺乏使得包括官员在内的社会成员或者在不当行为中侵害他人权利从而激发社会利益矛盾冲突，或者由于缺乏主体意识与权利观念而不知或怯于维护自己的正当权益。尽管不如制度建设显性，文化理念的作用内隐但却更为深远持久。"随着制度化进程的不断深入，到现代化的成熟期和制度化的发达期，文化的作用就会突显出来，文化的整合功能会不断加强，人们会回过头来发现，制度植根于文化，若是不发挥文化的作用，制度难以在人们的社会生活中扎下根来，若是不与文化合辙，制度难以发挥出它应有的功能。"① "如果一个国家的人民缺乏一种能够赋予这些制度以真实生命力的广泛的现代心理基础，如果执行和运用着这些现代制度的人，自身还没有从心理、思想、态度和行为方式上都经历一个向现代化的转变，失败和畸形发展的悲剧结局是不可避免的。"② 就此而言，用以权利义务为主要内容的规范理念培育社会成员的现代性价值观，塑造其健全理性的现代人格与观念意识，塑造社会成员在利益获取、权利义务、公共准则等方面的价值共识，对

---

① 邹吉忠：《自由与秩序》，北京师范大学出版社2003年版，第265页。
② 朱志萍：《现代化转型视域中的积极公民身份培育》，上海人民出版社2016年版，第5—6页。

于进一步解决公民权利相对贫困问题具有制度建设以外的重要意义。与这种以权利义务为主要内容的现代性价值观相适应的社会成员身份只能是公民这一角色，就此而言，现代性价值观所要求建立的实际就是一种公民文化。在社会转型期，在社会主义意识形态趋于世俗化的时代背景下，针对公民权利相对贫困问题的进一步有效解决，我们所应构建与宣教的就是这样一种既批判传统臣民文化又批判市场拜金主义，与公民角色相一致的新型公民文化。

第一节　国民性改造与公民文化的启蒙使命

历史是无法人为割断的，不论是优的东西还是劣的东西，都会潜移默化地在后续的社会中发挥作用，而当传统的东西成为后来时代发展的负担时，面对既往历史的反思与启蒙工作就显得极为必要。

延续两千余年的中国传统社会作为等级社会，以小农经济与宗法制为基础，家国同构，不论是经济权力还是政治权力都向上高度集中，没有完整的私人财产权。这样一种高度集中的等级社会必然会形成不平等的社会结构，孕育拜权主义的思维，进而塑造出缺乏平等意识、具有等级观念的畸形人格。而不平等的等级关系结构正是中国传统文化的深层结构。"每一种文化都有它独特的一组文化行为，它们总是以一种只有该文化特有的脉络相互关联着——这个脉络关系就是这组文化行为的'结构'。这个'结构'可以在该文化中人们日常生活的表现里看到，也可以在一群人的政治行为中找到，同时，它亦呈现在该文化的历史过程里浮现的规律性中。"[①]《礼记·礼运》篇曰："何谓人义，父慈、子孝、兄良、弟悌、夫义、妇听、长惠、幼顺、君仁、臣忠。十者谓之人义。"《孟子·滕文公上》云："父子有亲、君臣有义、夫妇有别、长幼有序、朋友有信"，是为"五伦"。"十人义"化为"五伦"，每一伦都是一组身份不平等的对应结构。这五伦统括一切，每一个人就在这种种不平等的等级结构中被定义。个体成为人的根据不在于自身的平等权利与独立人格，而是由地位不同、尊卑有别的人伦关系结构所决定。以"不平等的

---

① [美] 孙隆基：《中国文化的深层结构》，广西师范大学出版社2004年版，第8页。

等级结构"为根本特征的传统价值理念在中华民族的人格塑造方面打上了深深的烙印，塑造了一种主性与奴性并存的畸形人格。在"不平等的等级结构"中，高者压制低者，一极为主，一极为奴。所谓主性是指那些无视人的基本价值与权利，利用权势横行无忌，肆意压迫的劣根性；而奴性则是指缺乏权利意识，泯灭自我，心甘情愿处于被压迫地位或处境的劣根性。当然，主、奴并无明确的分野，一种关系结构中的为主者在另一种关系结构中也可能为奴，固定的只是这一结构，而其中的个体却是变动的。可以说，在这一结构中，每个人既有主性，也有奴性，所谓拜权人格、依附性人格正源于此。

近代以来，以儒家思想为主要内容的中国传统文化总体而言渐渐失去先进性，受到西方现代文明的严重冲击。面对这种强势文明的冲击，最初的文化保守主义者主张中体西用，只在器物层面接纳西方文化，但洋务运动的失败表明此路不通。此后，资产阶级维新派的变法主张，以及孙中山的三民主义都对传统文化形成了程度不同的冲击，现代西方文明特别是政治文明开始较为广泛地为国人所知。但维新变法最终失败，辛亥革命也没能取得最终的成功。这两次运动之所以结果如此，一方面说明维新思想和三民主义作为启蒙的思想资源带有相当程度的不彻底性，且片面遵循精英主义路线；另一方面说明封建主义的力量之强，传统文化的惰性之大。面对强大的保守力量，当绝大多数国民还浑浑噩噩、麻木不觉时，仅靠少数先觉者的奋斗与牺牲是无法实现中华民族救亡图存之历史任务的。中国社会需要新的思想资源来推进思想启蒙。正因如此，在戊戌变法和辛亥革命之后，才有了要求普遍改造国民性、进行针对个体的现代性价值启蒙的五四新文化运动，才有了对民主与科学的呼唤。五四新文化运动对于封建传统的反思与批判不可谓不具深度，然而，一方面，五四新文化运动前期的思想启蒙主要还是停留在一般民主主义的层面，只靠这种对于个体独立、自由的抽象呼吁与精英启蒙，急迫的救亡图存任务自然无法完成，传统文化也不会得到根本的批判与扬弃。另一方面，市场经济的阙、民主政治的缺失使其虽具深度却缺乏社会基础，无法真正深入。

随着十月革命一声炮响，马克思主义作为一种先进的文化理念普遍进入了中国先进知识分子的视野。本来，在中国近现代的思潮竞争中最终取胜的马克思主义作为西方启蒙思想精华的继承与进一步发展，不仅追求民族国家的独立与平等，其最终价值指向是每一个人的个性解放以及自由全面发展。但是，在落后国家寻求民族独立的过程中，马克思主义所内蕴的个体的维度在很大程度上被民族与集体的维度遮蔽了，两个维度甚至被简单地通约，视为一体。换言之，基于特定的时代背景与历史任务，马克思主义作为一种集体性解放手段的功能得到高度重视并被充分利用，其对个体权利、发展的关注在一定程度上则被有意无意地忽视了。而如果不切实树立个人权利的观念、现代公民的理念，对于传统文化的批判就无法真正深入，现代性的价值启蒙就不可能有效深入，国民性的真正改造与现代公民人格的培育就只能是有待完成的任务。革命推翻了专制与压迫，但价值观念上的进一步启蒙却是未竟的任务。

在这种民族、国家等集体维度凸显而个体维度相对弱化的启蒙语境下，伴随着新中国的诞生，人们的主人翁意识与当家作主观念得以确立与强化，但是这种政治性的大而笼统的主人翁意识与当家作主观念离深入的现代性价值启蒙，离现代的公民意识还有很大的距离。而随后一段时间内中国社会的变化不仅未能推动这种政治性主人翁意识向现代公民理念的发展与深化，反而由于体制上以及认识上的原因导致封建思想难以根本克服，使公民的价值启蒙受挫。社会主义制度建立以后，在相当一段时间之内，我们对于传统文化的积弊并没有进行及时的反思与批判。这一是因为在意识形态领域中，从新中国成立之初我们就把批判资本主义、消灭资本主义作为主攻方向，而忽视了对自身封建传统的仔细梳理与认真反思。虽然形式上"反封建"、"破四旧"等运动开展得轰轰烈烈，但是思想上的问题与国民性的弊端依然存在。二是因为当时的政治经济体制高度集中，高调的集体伦理压倒了个体的权利追求，国家的计划安排代替了个体的自由选择。个体既然高度依附于国家与集体，个体意识既然未得到充分发育，现代公民自然难以生成。

改革开放以来，随着计划体制的逐步打破，商品经济与市场经济在中国逐步确立，经济发展成为硬道理。改革开放直至21世纪初这段时间，基于国家经济发展的需要，马克思主义的生产力观点受到高度重视与强调，解放与发展生产力被视为社会主义的根本任务。相比于计划体制时期对于马克思主义的僵化理解以及在此僵化理解下思想启蒙的坎坷遭遇，对生产力观点的阐发与强调使得马克思主义在中国现代化进程中重新发挥了巨大的思想启蒙作用。但应看到的是，由对生产力观点的诠释和强调所引发的思想启蒙主要还是针对经济领域而言，是对民众工具理性与物质利益的一种启蒙。尽管随着商品经济与市场经济的逐步确立，社会成员在某种程度上必然会民智渐开，但这种经济领域的启蒙毕竟不是直接针对公民的自由、平等、民主、个性等现代价值理念的，两者毕竟不完全是一回事。如果说近现代中国社会是民族救亡的任务支配启蒙，那么现当代中国社会则是经济发展的任务支配启蒙，而不论是民族救亡还是经济富强，都是民族性的、集体性的，并不是首先以个体为价值指向的。在民族救亡与国家经济发展中，个体在更大程度上所发挥的是手段而不是目的的作用，为了完成民族独立与解放、国家发展与富强这两大现代化的任务，个体的现代性价值启蒙与国民性改造很大程度上必须要置后考虑。这就是落后国家与民族思想启蒙的逻辑。

21世纪以来迄至今天，一方面，随着市场行为的逐渐普遍化，社会成员的权利意识与法律观念开始自发形成，但是传统文化所塑造的畸形人格仍较为普遍，公民意识仍有待进一步确立。另一方面，随着市场经济与民主政治的进一步发展，随着中国城市化过程的迅速推进，随着中国现代产业结构与社会结构的逐渐形成，随着中国社会力量自身的不断成长，随着社会利益分化与冲突导致的公民利益观念特别是权利意识的普遍觉醒，现代公民理念启蒙的经济与社会基础在很大程度上已经具备。在这种形势下，我们看到，马克思主义关于人的权利、人的发展的观点得到高度重视，其人学思想凸显出来，马克思主义开始发挥现代性个体价值启蒙的功能。换言之，中国的现代化经过民族独立与国家经济发展两个阶段现在很大程度上已推进到了以人为本、以人民为中心，落实与保障公民权利、提升公民素质、塑造现代公民个体的历史阶段。在这样一个阶段，以社会主义市场经济建设与社会主义民主政治建设尤其是法治建设为支撑条件，进一步赋予公民各种自由权利，积极培育以现代权利与义务理念为核心的公民文化，让公民自由的判断与思考，实现其自我启蒙与相互启蒙，使社会大众确立现代性的价值理念，重塑国民性，确立新的国民品格，可谓恰逢其时。概言之，自五四新文化运动以来就提出的国民性改造与现代性个体价值启蒙的任务直到今天在中国社会才真正具有了现实的基础与可能性，一个全民性价值启蒙的时代已经来临。"如果有人问：'我们现在生活在一个启蒙了的时代吗？'那么答案是：'非也，但是我们确实生活在一个启蒙的时代'。……这个时代乃是启蒙的时代。"①

第二节　市场拜金主义与公民文化的规约功能

转型期的中国，各种价值观念良莠并存，深刻地影响着人们的利益行为。在这些多样化的价值观念中，除传统臣民文化的积弊外，不规范市场经济所催生并加重的拜金主义，对于中国特色社会主义文化建设的负面影响也不可低估。如果说前者主要关乎"权"对人的消极影响，后者则主要关乎"物"对人的异化作用。拜金主义是市场经济时代一种普遍性的价值取向，如果任由其泛滥，整个社会就将陷入尔虞我诈、你争我夺、底线丧失的分裂状态与无序境地，导致黑格尔讲的市民社会领域"一切人反对一切人的战争"。正由于此，一种健全完善的市场经济必然要求对这种拜金主义的极端取向进行规范与控制。换言之，市场经济的有效运行与健康发展不仅承认人们自利的合理性，同时也强调这种自利行为与谋利冲动必须控制在一定限度之内，必须受到社会正义规范的约束，受到社会道德与法治的调节，不能侵害他人权利。而一个社会越是处于市场经济发展的初期，法治愈不健全、公民的契约伦理愈是有待确立，这个社会的拜金主义就愈是泛滥，人们的利益行为就愈不规范，社会的利益矛盾与冲突就会愈加激烈，社会秩序就会愈加混乱。

对于市场转轨与改革进程中拜金主义的泛滥及其弊害，国家与民众并非没有清醒认识。改革开放之初，邓小平就多次强调物质文明与精神文明一起抓的战略方针。1996年10月10日中国共产党第十四届六中全

---

①　[德]伊曼纽尔·康德：《"对这个问题的一个回答：什么是启蒙"》，载[美]詹姆斯·施密特编《启蒙运动与现代性——18世纪与20世纪的对话》，上海人民出版社2005年版，第65页。

会专门通过了《中共中央关于加强社会主义精神文明建设若干问题的决议》。决议指出:"在社会精神生活方面存在不少问题,有的还相当严重。一些领域道德失范,拜金主义、享乐主义、个人主义滋长;封建迷信活动和黄赌毒等丑恶现象沉渣泛起;假冒伪劣、欺诈活动成为社会公害;……估量精神文明建设的形势,绝不能忽视这些问题的存在。""市场自身的弱点和消极方面也会反映到精神生活中来。建立和完善社会主义市场经济体制,必须紧密结合改革和发展的实践,健全社会主义法制,加强精神文明建设,引导人们正确处理竞争和协作、自主和监督、效率和公平、先富和共富、经济效益和社会效益的关系,反对见利忘义、唯利是图,形成把国家和人民利益放在首位而又充分尊重公民个人合法利益的社会主义义利观,形成健康有序的经济和社会生活规范。"[①] 但认识到问题并不意味着问题就能够很快得到有效解决。现实中制度机制的不完善、增长主义理念的消极影响、物质文明建设与精神文明建设一手硬一手软问题的长期存在、传统思想政治教育的低效以及公民教育的不健全等,种种原因使得迄至今日市场经济仍未形成有效的伦理规范与道德秩序。在市场大潮的不断冲击下,拜金主义的观念反而愈加渗透到整个国人的意识深处。可以说,对金钱意义的张扬,从来没有像今天这样达到一种蔑视任何道德法则的地步。这是不用深思,只需观察现实就可以印证的结论。

针对于此,培育完善的市场伦理与公民道德是中国转型阶段需要攻坚的重要任务之一,也是中国经济可持续发展的基础性支撑条件。在当前及今后一个阶段,要遏制拜金主义的泛滥,将人们的利益行为规范化、有序化,除建立健全相关的制度机制、加强责任政府建设、转变经济发展理念外,还必须把加强同市场经济、民主法治、和谐社会建设相适应的道德文化建设放到更加突出、更加重要的位置上来。而同现代市场经济、民主法治、和谐社会建设相适应的道德文化正是我们所主张的公民文化。公民文化秉持现代公民理念,宣扬现代公民意识,强调每一位社会成员都应明确自己作为公民的基本权利、义务与责任,建立知法守法

---

① 参见中共中央党校教务部编《十一届三中全会以来党和国家重要文献选编》,中共中央党校出版社2008年版,第316—317页。

的法治观念与市场经济的契约规则意识。其并非高调伦理，而是关乎人们的日常生活世界，让人们明白在日常生活的扫洒应对与公共交往中应以怎样的意识而行为才是正当合宜的。如果个体受过现代公民教育、经过现代公民文化的熏陶，就更有可能以平等而自由的普遍公民意识约束极端自由化的个体主义，约束为一己之私而肆意损害他人权益的拜金主义，确立合理公正的交往理念与市场伦理。相比于目标高远、侧重于宏大叙事的传统思想政治教育，公民文化建设可以通过更为有效地培育社会成员的现代意识、优化其内在德性而引导、规范其外在利益行为。一旦这种公民文化建设卓有成效地进行与展开，并积淀为一种普遍的社会文化氛围，拜金主义作为一种价值理念虽不能完全消除，但可以在相当程度上得到控制与纠偏。在拜金主义与伦理失序所造成之消极影响、所引起之利益矛盾愈益显现，在全民对这种消极影响认识愈益清楚、对其引起的利益冲突反应愈益强烈的情况下，建设与市场经济、民主法治、社会和谐相适应的，让社会成员明白自己的权、责、利，知道自己在日常生活与公共交往中该与不该、能与不能的公民文化，正时宜也！

第三节 公民文化的内涵及其培育

改革开放以来，在文化价值观领域，以上所述的传统臣民文化与市场拜金主义两相叠加，共同造成了社会成员较为普遍性的公民意识欠缺与人格发育畸形，成为引致社会利益矛盾冲突、影响中国进一步现代化的文化与主体人格因素。就此而言，要想推进改革进程中公民权利的有效实现与保障，培育包括党政官员与普通大众在内的全体社会成员健全合理的现代公民意识与人格，建设与传统臣民文化以及带有货币拜物教色彩的市民文化相对的公民文化是现阶段与今后较长一段时期内中国特色社会主义文化建设的重要任务之一。"把人变成公民，是由臣民文化、市民文化走向公民文化伟大进程的必然表现。"[①] "良好的公民文化是维持和发展现代社会制度的必要条件，是实现以人为核心的现代化的文化基

---

① 马长山：《法治的社会根基》，中国社会科学出版社2003年版，第243页。

础，也是构筑社会主义核心价值观坚实的文化根基。"①

一 公民文化的内涵与主要内容

综合学界的研究成果，公民文化具有两层紧密相关的内涵：一方面是指以市场经济为基础，与民主法治相一致的现代价值理念，包括公民权利理念、责任理念、规则理念、协商理念、宽容理念、妥协理念等；另一方面是指与这些现代理念相耦合的公民意识、态度和价值取向，比如公民的权利意识、责任意识、规则意识、协商意识、宽容意识、妥协意识等。换言之，公民文化首先意指与公民身份相应的现代价值理念，同时也包含公民意识与价值取向的维度。

在明确基本内涵的基础上，对于公民文化要形成更为具体的认识，就必须进一步把握其主要内容。公民文化的主要内容可归纳为以下几个方面。

(一) 权利理念及相应的公民权利意识

公民权利是公民文化的核心理念，公民权利意识是公民意识的基础。强调公民权利与公民权利意识对于当代中国政治文化的发展具有十分重要的意义。这里所说的公民包括各级公权人员，这不仅是因为公权人员本身也是公民，也是因为公权人员是公共权力的行使者，既对公民权利具有保障之责，同时也可能对公民权利构成侵害。因此，公权人员更应具有发达的公民权利意识。就此而言，公权人员特别是各级官员是否具有公民权利意识及其程度是衡量一个国家公民文化发展程度的重要标志。

作为公民其他各种意识与价值取向的基础，权利意识是指人们对于公民权利的认识、理解及态度。其具有三个层次的内涵：一是权利认知，即公民对于自身应该和实际享有的各种权利及其价值具有相对明确与较为深入的认识和理解；二是公民对于自身权利积极主张、维护和要求的态度与取向。这种对权利的积极主张、维护和要求有利于遏制社会上存在的各种侵权现象，避免社会丑恶现象的泛滥与扩大化，昂扬一种正义的社会风气，推动社会在利益博弈中趋向和谐；三是承认他人的平等权

---

① 朱志萍：《现代化转型视域中的积极公民身份培育》，上海人民出版社2016年版，第205页。

利，对于他人合法权利予以尊重的意识。不明白、不珍惜自己的权利，或者不懂得尊重别人的权利，都是公民权利意识缺失的表现。

现阶段，中国民众总体而言对于权利的观念正在明确，权利主张与要求的价值取向也在逐渐形成，但是，社会成员之间在权利认知能力方面的发展并不平衡，大部分普通民众对于各种权利还做不到相对明确的认识与把握，对公民权利的漠视乃至刻意侵害现象仍不在少数，而公民在权利被侵害时尤其被公权力侵害时选择忍耐的情况也较为普遍。以上问题表明，公民权利意识与法治素养的培育仍然任重而道远。

(二) 责任理念及相应的公民责任意识

一个社会的健康发展，除必须大力弘扬公民权利理念，积极培育公民权利意识之外，还需要公民具有明确的责任意识，养成积极的责任感，认真履行责任。公民责任的履行包括两个方面的内涵：一是公民对自己法定义务的积极承担。二是公民对虽非法定义务但为一种合理的公共生活与有效的公共政策所必然要求的责任之承担。"公共政策在许多方面都依赖于个人生活方式中负责任的决定。如果公民在个人健康方面（如饮食、锻炼、抽烟、酗酒等问题）不对自己负责，国家就不能提供适当的健康服务；如果公民不愿意通过给予其亲属一定的照顾来分担他们对儿童、老人和残疾人的责任，那么国家就不能满足这些人的需要；如果公民不愿在自己家里节约，再利用并回收资源，国家就不能保护环境；如果公民无节制地贷款或要求工资过多的增加，政府调控经济的能力就会受到削弱；如果公民习惯性地不能宽容差异，并且普遍缺乏罗尔斯所说的正义感，要创造一个较为公平的社会就举步维艰。……因此，恰当的公民概念似乎要求权利与责任的平衡。"[①]

(三) 民主理念及相应的公民民主意识

公民的民主理念与民主意识是公民权利理念与权利意识的必然结果。经济社会生活中自由平等的个体权利理念反映到公共政治生活中必然形成人民主权的民主理念。民主意识的牢固确立，意味着公民认识到自身对于公共权力在逻辑理念上的先在关系以及对于公共权力运行所应具有

---

① 许纪霖：《公共正义的基础——对罗尔斯"原始状态"和"重叠共识"理念的讨论》，载许纪霖主编《共和、社群与公民》，江苏人民出版社 2004 年版，第 347—348 页。

的全方位监督制约关系,认识到自身参与政治生活的主体地位,认识到民主的理念、制度、程序与规则;意味着公民抱有创建一个好的政治共同体、组织一个好的政治公共生活的良好期待;意味着公民已经形成积极争取、努力捍卫民主权利与民主制度的价值取向与思维模式。美国学者阿尔蒙德和维巴在1963年出版的《公民文化》一书中,认为公民应具备四个方面的属性,而这四个方面都与公民的民主参与直接或间接相关:第一,不仅要关心现实政治,还要掌握一定的知识;第二,与同事或周围人讨论政治;第三,通过参与选举等活动,积极参与现实政治;第四,认为个人能影响政治,有一定的政治效应感。"参与的规范,参与的感知能力,以及实际的高参与的地方,有效的民主系统更有可能蓬勃发展。"①

当然,强调公民的民主并不意味着公民应始终保持对政治的高参与度与参与热情。高强度、持续性的政治参与对于一般公民而言既无可能,也不必要,但公民的参与意识却极为必要,绝不可少。只有如此,才能保证一旦需要,公民就可以有效参与到政治生活中去。"公民文化是一座政治影响力的储备库。成功民主制下的公民在积极介入政治活动的行为模式上有着'间接性'和'潜在性'特征,这种特征正是对政府官员权力和责任平衡的一种最佳制约和牵制。因为公民们并非不断地卷入政治,他们不主动地监督政治决策者的行为,……但是如果需要,他们就有发挥反作用的潜能。这样的公民能够广泛了解各种政治信息,能够有能力、有渠道积极影响政治决策,如果他们觉得必要的话。他们并非由政治精英号召就参与政治,也不会因为什么权力阻止就放弃参与决策的个人决定。所以政府的权力部门不能在任何时候忽视或无视这种巨大潜能的存在。"② 而这种参与意识的养成实际上是长期制度训练与教育熏陶的结果。

(四) 协商理念及相应的公民协商意识

现代社会中,社会成员在享受日益丰富的私人生活的同时,公共交往也愈益密切与频繁。对于公共交往而言,公民文化主张各方通过共同

---

① [美] 阿尔蒙德、维巴:《公民文化——五国的政治态度和民主》,浙江人民出版社1989年版,第219页。

② 潘一禾:《我们需要怎样的公民文化》,《中国青年研究》2002年第3期。

参与、相互对话、彼此协商来解决共同的挑战、协调各自的立场、化解相互的矛盾、奠定共识的基础、寻求共赢与互惠。随着公共生活的不断展开,对话与协商必然会逐渐成为一种现代公民的共同认知与价值理念,逐渐成为公民在公共交往中的一种普遍意识与德性。一种公正公开的对话协商程序可以为相关个体与群体提供一个平台、一个论坛,使他们的各种利益与观点都能够得到充分表达,并通过协调、妥协解决争端与分歧。"所谓妥协,其核心的含义就是折中、让步,即各方通过互利来寻求一致点,从而消解对立,导致相互性利益和满足的实现。"① 公民文化所秉持的协商与妥协意识不仅可以应用于社会的个体与群体之间,还可以应用于公共权力与社会大众之间。这就要求权力部门积极响应公众要求、倾听民众呼声、扩大公民参与机会、完善与公民的对话交流机制,而绝不能闭目塞听、武断拍板、任意行事。

(五) 规则理念及相应的公民规则意识

英国著名法律史学家亨利·梅因在《古代史》中曾提出一个著名论断:迄今为止,所有进步社会的运动,是一个"从身份到契约"的运动。梅因所谓从"身份到契约"的运动也就是从共同体本位到个体本位,从等级依附到人的解放,从人治秩序到契约秩序的转变过程。现代市场经济是契约经济,也就是规则经济,而以市场经济为基础的公民文化必然将契约性的规则理念作为自身重要的价值理念之一。与此相应,公民亦必然确立契约性的规则意识。公民的规则意识既包括确立合理规则的意识,也就是对规则合理性的认知与态度,也包括对合理规则特别是法律规则的认同与遵守意识。正像卢梭精辟指出的:"一切法律之中最重要的法律,既不是铭刻在大理石上,也不是刻在铜表上,而是铭刻在公民的内心里,它形成了国家的真正宪法,它每天都在获得新的力量。"② 确实,法律规则只有在受到认同与信仰,因而并不需要强力要求的时候才是真正有效的。诚如西方法学家伯尔曼所言:"法律必须被信仰,否则它将形

---

① 张凤阳等:《政治哲学关键词》,江苏人民出版社 2006 年版,第 251 页。
② [法] 卢梭:《社会契约论》,何兆武,商务印书馆 1982 年版,第 119 页。

同虚设。"① "没有信仰的法律将蜕变成为僵死的教条。"② 套用黑格尔的话，如果一个社会具备了法治的其他条件而独缺少公民的法律认同与信仰，"就像一座庙，其他各方面都装饰的富丽堂皇，却没有至圣的神一样"③。2014年1月7日，习近平总书记在中央政法工作会议上也强调，法律要发挥作用，需要全社会信仰法律。确实，没有信仰的法律是苍白的，没有信仰的法治是无望的。没有法律信仰，即便有市场经济，也不能说是成熟的；即便有民主政治，也不能说是健全的；即便有精神文明，也不能是发达的。公民的这种规则认同意识与遵守意识特别是法律信仰使其能够内在地、主动地、自觉地去维护国家政治与法律制度的严肃性和权威性。正是基于法律信仰，公民才会自愿地认同、遵守宪法法律，才会强力渴望、呼吁宪法法律的普遍权威，才会有决心和意志对不"法"之事与不"法"之徒进行批判斗争，才会要求良法在各个领域能够普遍地发挥作用，将全部社会生活切实纳入法律秩序之中。

(六) 宽容理念及相应的公民宽容意识

宽容也是公民文化的一个重要理念，宽容意识也是公民意识的一个重要方面。如果说宽容在古代社会只是一种难能可贵的美德的话，那么在现代社会，宽容就成为社会生活的一项基本理念。在以市场经济为基础的现代社会，随着分工的不断发展与细化，随着活动领域的不断分化，随着交往关系的不断展开，随着利益关系的不断复杂化，随着人们自由权利与个体性、独立性的确认，人们利益、活动与价值观的多元化趋向日益明显，人性的差异与多样化得到了充分的展现，这已是无法忽视的事实。对于这样一种利益、活动与思想之间的差异，只要其生成于通过共识而达成的合法制度之内，只要其不侵害他人权益、不违背社会基本道德与公益，或其后果的消极性很难判断，就有存在的合理性，社会成员之间就必须在权利上予以宽容。就此而言，宽容是对他人权利的认可，是对自由价值的尊重。

---

① [美] 伯尔曼：《法律与宗教》，梁治平，中国政法大学出版社2003年版，第3页。
② 同上书，第40页。
③ [德] 黑格尔：《逻辑学》，杨一之译，商务印书馆1976年版，第2页。

二 推进现代公民教育

随着中国社会40年的渐进式改革,市场经济逐步取代计划经济,传统社会的基础渐趋瓦解,社会生产方式、生活方式及人们的思想观念都发生了很大变化。在这一过程中,大部分民众的公民理念与公民意识开始孕育并生长起来:狭隘顺从心理逐渐向参与心理转变、人治意识逐渐向法治意识转化、等级观念逐渐向平等观念发展,个体权利意识逐步增强。但是,当前中国公民文化的发展尚处于初始阶段,还不成熟,现代公民意识与公民人格的培育仍任重而道远。换言之,"人的现代化"仍是未竟之使命。比如,领导干部作为公共权力的行使者最应具有公民意识,但正如有些学者尖锐指出的,在我国当前,"政府官员的公民意识比较淡漠。许多官员的内心并不承认主权在民。地方官员无视公民权利的行为,也是接连不断。……大量地方领导人不知宪法规定的公民权利为何物"[1]。这不禁使人想起李慎之先生的感叹:"千差距、万差距,缺乏公民意识,是中国与先进国家最大的差距。"[2] 基于此,对于当代中国公民文化的建构必须积极而系统地予以推进。

要进一步培育中国特色社会主义公民文化,就必须完善社会主义市场经济体制,规范政府与市场关系,尊重与保障公民经济权利,让市场在资源配置中发挥决定性作用,让市场内蕴的自由、平等、契约等理念滋养公民人格生成,为公民文化的建构奠定经济基础;就必须深化政治体制改革,严惩腐败,澄清吏治,为公民文化的培育尽可能创造风清气正的政治与社会风气;就必须有序扩大公民对公共生活的各种参与,使社会成员在经常化、秩序化、制度化、有效化的公民活动实践中不断认知公民理念,生成公民意识;就必须积极推进公民教育,加强对公民相关知识与能力的培养,开展深入的现代性公民意识启蒙。

培育和造就具有现代意识的合格公民,公民教育尤其应该有所作为,

---

[1] 杨福禄:《和谐社会构建中的公民教育问题研究》,山东人民出版社2010年版,第54页。

[2] 李慎之:《修改宪法与公民教育》,《改革》1999年第3期。

也必须有所作为。所谓公民教育，是指国家通过学校、家庭、社会等各种途径，对全体社会成员所实施的旨在培养具有广博的公民知识、健全的公民意识、基本的政治与社会参与能力的公民的教育实践活动。这种以造就合格公民为目的的教育应是一种全民教育与终身教育。就西方而言，自18世纪末以来，现代公民教育已有300多年历史。尤其是20世纪80年代以来，由于认识到公民教育对于现代社会之稳定和发展所具有的不可或缺作用，关注公民教育已经成为当前世界教育发展的一大趋势。而就我国来说，公民教育作为一个系统工程，尚待进一步探索推进。"我国相对成熟、富有成效的公民意识培育模式还未成熟，密切配合、有机衔接的整体学校公民意识培养体系尚在探索之中，终身性公民意识教育体系远未形成，对公民民主实践的设计、引导以及公民文化的培育也还没有明晰的思路。"[①]

　　就公民教育的各个方面而言，学校教育尤为关键。具体到我国学校的公民教育，一方面，改革开放以来其不断取得突破与进展。2007年党的十七大报告将"加强公民意识教育"作为党和国家的重要任务提出来。2010年中共中央、国务院印发《国家中长期教育改革和发展规划纲要（2010—2020年）》再次明确强调："加强公民意识教育，树立社会主义民主法治、自由平等、公平正义理念，培养社会主义合格公民。"小学与中学也已经陆续开设相关公民教育的课程。但另一方面，总体而言，国家对于公民教育的重视程度仍然不够，公民教育在较大程度上仍附属于思想政治教育，缺乏相对独立性与系统性。虽然思想政治教育的部分内容也涉及公民理想信念的教育问题，与公民教育之间具有一定相关性，但二者并不存在完全的替代关系。思想政治教育依托政治权力，往往偏于宏大叙事，侧重强调社会成员对于国家、社会与集体的忠诚、服从以及所负的责任与义务。公民教育则着重传授公民知识，培育社会成员的权利意识、责任意识、国家意识、民族意识、民主意识、参与意识、规则意识、宽容意识、妥协意识、开放意识等，引导公民行为，目的是培养具有主体性、具有现代权利与义务理念的公民个体。"在现实的国家推

---

　　① 朱志萍：《现代化转型视域中的积极公民身份培育》，上海人民出版社2016年版，第127页。

行的教育理念上,着重强调的是个人对国家的服从,个人对国家的忠诚,太过着重这一方面,也就造成了另外一方面的忽视——公民主体权利意识、自由与民主的培育。这样是不利于公民文化的全面健康地发展"[1],"在中国的现实情况下,政府更关注的是公民对国家、政府的认同,政府对公民民主意识的培育不是很感兴趣"[2]。这说明中国今天的人文教育理念与教育模式在现代政治文明的视野中尚需进一步合理化调适。随着我国市场经济的不断发展、民主政治的不断健全、社会自身的不断发育、社会成员利益与价值需求的日益多样化,教育目标的调适在所难免,更加重视现代公民教育乃是大势所趋。"作为中国教育的现代诉求,公民教育展示了中国教育发展的新方向。"[3]

在当代中国,要建构公民文化、积极推进公民教育,就必须明确公民教育的相对独立性与系统性,并将之涵括在中国的现代教育体系之中。换言之,对于具有中国特色的现代教育体系而言,不仅要实施有效的思想政治教育,而且要实施有效的现代公民教育。作为运行于不完全相同领域的两种教育形态,思想政治教育与公民教育两者既不能彼此完全涵盖,也不能彼此完全替代,而是各有侧重,相互补充、相互促进、相得益彰。在此意义上,具有中国特色的现代教育体系的内容既要反映思想政治教育的诉求,也要反映现代公民教育的诉求。具体而言:在政治教育中,不仅要注重官方理论、路线、方针与政策的宣教,而且要注重公民政治知识、民主意识、参与能力的培养;在道德教育中,不仅要注重意识形态的理想化道德说教与灌输,而且要注重社会成员的公民道德知识启蒙、道德人格培育,培养社会成员的自主意识、契约意识与公德意识;在法治教育中,不仅要注重单纯以预防犯罪为主的知法守法教育,更要注重公民权利观念、自由观念的启蒙,引导公民树立与强化对自身公民身份的认知,对国家制度的规则意识。概言之,公民教育的目标包括:在理论层面传授公民权利、义务与公共生活等相关知识,在价值层

---

[1] 肖辉:《基于公民教育视角的中国公民文化建设研究》,硕士学位论文,云南大学,2011年,第28页。

[2] 同上书,第30页。

[3] 王啸:《公民教育:意义与取向》,《教育研究与实验》2010年第1期。

面培育公民平等、权利、责任、规则、民主、爱国、开放等意识,在实践层面训练公民表达、分析、对话、参与等各项技能,在品性方面培养公民自尊、自律、宽容、妥协、协商、诚信等德性。

在明确以上举措的基础上,在当前公民文化建设过程中,还需特别强调两点。

一是应明确突出社会主义核心价值观所具有的公民权利指向,这样通过社会主义核心价值观的培育践行就会更加有利于公民文化的生成。"从我国当前的道德教育现状来看,公民德性培养离不开核心价值观的指引。……在公民教育中融入社会主义核心价值观,是培育和践行核心价值观的重要任务,也是在中国当前进行公民德性教育的重要方面。"[①] 党的十八大提出,倡导富强、民主、文明、和谐,倡导自由、平等、公正、法治,倡导爱国、敬业、诚信、友善,积极培育和践行社会主义核心价值观。按照主流认识,这十二个范畴分别从国家、社会与公民个人层面对社会主义核心价值观进行了界定。从目前的表述来看,这十二个范畴已经具有了较强的公民文化的意涵,但个人以为,其表述仍不够简洁明了,特别是公民权利的指向仍不够突出。换言之,社会主义核心价值观仍需要进一步凝练并突出公民权利指向。为什么社会主义核心价值观的概括需要突出公民权利指向呢?要准确回答这个问题,首先需要回到马克思主义创始人对共产主义的论述,回到科学社会主义的价值精髓,脱离马克思主义创始人的观点谈社会主义核心价值观是不得要领的!马克思恩格斯在《共产党宣言》中曾明确指出:"代替那存在着阶级和阶级对立的资产阶级旧社会的,将是这样一个联合体,在那里,每个人的自由发展是一切人的自由发展的条件。"[②] 这句话最鲜明地体现了马克思主义的基本价值追求与共产主义的本质性价值规定:每个人的自由全面发展以及整个社会的和谐。1894 年,意大利人朱·卡内帕请求恩格斯为在日内瓦出版的周刊《新纪元》找一段题词,用简短的字句来表述未来社会主义纪元的基本思想,以区别于但丁所讲的"一些人统治,另一些人受苦难"的旧纪元。恩格斯认为,除了《宣言》中的这段

---

① 刘科:《从公民权利到公民德性》,上海大学出版社 2014 年版,第 177 页。
② 《马克思恩格斯文集》2,人民出版社 2009 年版,第 53 页。

话，再也找不出合适的了。在《资本论》中，马克思也将共产主义社会称为以每一个人的自由全面发展为基本原则的社会形式。就此而言，今天社会主义核心价值观的概括必须体现马克思主义创始人对共产主义的这一基本价值规定。而每一个人的自由全面发展落实到今天，实际上就具体化为每一个公民的权利。公民身份凸显每一个个体，而社会成员的发展以正当合法权利为条件和保障。在社会主义核心价值观的诸范畴中，民主、法治、公正实际上是公民权利的实现要求与实现机制，富强、文明、和谐也必须以公民权利为前提才有可能。如果公民权利得不到有效保障，敬业、诚信、友善作为一种普遍性的公民美德也不可能生成，因为在自身权利长期受损的条件下，公民群体缺乏生成并持久保持奉献型和义务性德性的必要条件。爱国很大程度上亦以民权为前提，哈贝马斯讲的"宪法爱国主义"即指此而言。尤其在今天的改革形势下，公民权利相对贫困问题仍较为突出，更体现出确认、保障、维护公民权利之必要。综合以上分析，不论就理论来说，还是就实践而言，社会主义核心价值观都应该围绕公民权利这一社会主义最为核心的价值做进一步概括。如不这样，核心价值观即使提出也未必入脑、入心、入行！当然，围绕公民权利到底应如何进一步概括表述可以再探讨，但这一方向原则大致不谬，在此基础之上，公民文化的培育则可具有更为有利的氛围条件。

二是公民文化建设要抓住领导干部这个"关键少数"。之所以说是"关键少数"，一方面是因为领导干部的公民德性修养对于整个社会成员公民德性的养成具有强烈的示范与带动作用，如果领导干部与公务人员普遍缺乏对公民理念的认知和公民意识的自觉，行为不规范乃至侵害公民权利与社会公益，要想整个社会成员形成普遍的公民德性是不可能的。另一方面是因为只有领导干部本身具有现代公民认知与公民意识，其才有可能更为主动地顺应潮流，积极推进公民教育。一个只知管控与权力的头脑，是不可能重视更不可能切实推动公民教育的。正由于领导干部是公民文化培育的关键少数，党的十八届四中全会才提出要坚持把领导干部带头学法、模范守法作为树立法治意识的关键，强调党员干部是全面推进依法治国的重要组织者、推动者、实践者，要自觉提高运用法治思维和法治方式深化改革、推动发展、化解矛盾、维护稳定能力。

综合以上整个分析，回顾与反思中国公民教育的发展历程，展望中国公民教育的未来，笔者同意以下论断："在20世纪初开启、中间遭遇扭曲和停滞的现代公民教育车轮已经重新起动，在公民教育理论、制度、实践的各个层面都还处于起步和初级阶段。……公民教育的前途是美好的，但美好的未来需要付出艰辛的努力。"[①]

[①] 赵晖：《社会转型与公民教育》，人民教育出版社2007年版，第101页。

第十一章

公民权利视野中的培育
社会与保卫社会

随着 2020 年全面建成小康社会时间点的愈益临近，解决中国经济社会发展不协调问题的紧迫性愈益突出。这种情况下，在 21 世纪以来各项改革综合推进的基础上，社会建设与社会发展逐渐成为中国改革与发展的重头戏。在改革开放以来的历史语境下，社会建设与社会发展实际上有两重任务、两大使命：一是培育社会，即打破政治与社会合一的传统格局，将在原先计划体制与集权模式下被政治极大侵蚀、渗透、压缩，自主性几乎丧失殆尽的社会空间释放出来，赋予社会自由流动资源，逐步拓展社会自主领域，渐进培育社会的自治与自组织能力，推动形成以中产阶层为主体的橄榄型社会结构。在当代中国语境下这一培育社会的任务与西方发达国家社会建设的内涵是有极大差别的。正如有学者指出的："必须充分认识到，在业已建成市场经济的国度与正在实现市场转型的国度，人们在面对社会时，实践与认知的目标和任务颇为不同。前者是在原本已经有一个'社会'的基础上（其自组织的社会生活不仅传统悠久，而且在某些时段内甚至还很强盛）设法复苏和强化社会的各种机制，以抵御市场和权力双重入侵造成的'殖民化'；而后者则是在经历了再分配经济和与之匹配的集权体制的长期支配，自组织的社会生活机制不说被彻底消灭，至少是受到极大压抑之后，面对新的历史条件，重建或生产社会生活的各种制度和规范。"① 二是保卫社会。如上所述，改革

---

① 沈原：《社会的生产》，《社会》2007 年第 2 期。

开放以来，一个尽管孱弱但具有相对独立性的社会领域在不断发育生成。但是，这一社会领域的发育较长时期以来并不是政府有意为之的结果，而只是市场经济本身的自主性、公民自主经济权利在社会生活领域的体现与反映。换言之，是经济领域的自主性自在自发地催生了社会领域的自主性。过去较长一段时间，国家的精力主要放在了经济发展方面，在以"经济建设为中心"乃至这一中心在实际落实中被扭曲与异化为增长主义的情况下，大量资源被过度配置到经济领域，甚至本来应该投入到社会领域的资源也被挪移。进而言之，放纵的权力与野蛮的资本又对本就孱弱的社会进行了大量不合理的资源汲取与较为普遍的权利侵害，而对于此，弱小的社会本身几无抵御与反抗能力，社会结构本身也较为严重畸形。面对权力与资本的强势，普通社会成员与弱势群体或者无奈接受，或者通过各种极端化的方式进行利益表达、博弈与争取。这种状况直到21世纪以来才在一定程度上有所转变，国家才开始较为自觉、有意识地推进社会建设，确认保障公民的社会权利，注重保护社会本身，增强社会的抵御侵害能力，尽可能减少权力与资本对社会普通民众的不规范行为。但毋庸讳言，有效抵御权力与资本的侵害，权力、资本与社会三者关系的相对规范化仍是改革有待推进的一项艰巨任务。

当然，社会建设与社会发展的这两项任务、两重使命并非能够截然分开，而是内在相关、互为条件、相互促进的。一方面，社会自身的发育、自主空间的获得、相对独立性的显现是其能够被保卫的前提，因为我们必须先有一个社会，然后才能保卫它。而且自主性的增强、自由流动资源的增多、自治能力的提升也有利于社会提高自我保卫的能力。另一方面，通过制度设计、政策创新等方式保卫社会，使其尽可能有效地抵御权力与资本的侵害，也有利于进一步明确社会自身的存在边界，保障社会的自主空间，优化社会结构，增强社会的自我发展能力。在当代中国的现实语境下，培育社会与保卫社会是一个共时性的过程：尚处于发育过程中的社会需要保卫，也正是在保卫的过程中，相对弱小的社会自身才得以不断生成壮大。可以说，当代中国社会应是在发育生成中保卫，在保卫中发育生成。这种任务的共时性与交错性正是今天中国社会建设与发展的复杂性所在。必须看到，不论是培育社会，还是保卫社会，都必须以公民权利特别是经济与社会权利的确认及实现为前提。没有公民相关权利的实际确认、保障与增进，以自治为基本特点的社会领域既不可能被逐步培育开拓，更不可能得到切实保护，权力、市场与社会三者的关系也难以逐步合理化。

第一节 培育社会：现代社会结构与社会自治机制的逐步生成

培育社会或生产社会是改革开放以来中国社会发展的首要任务。社会主义怎么能够没有"社会"呢！改革开放前的中国，政治权力垄断资源分配、几乎渗透一切，广大社会成员都被纳入某个组织单元进而被纳入整个国家自上而下行政化、等级化运作的网络组织体系之中，自主权利受到较为普遍压抑、社会流动受到严格限制。在这种关系结构下，社会自身难以有效发育，自组织机制缺乏，自治能力极差，活力严重不足。改革开放以来，随着经济商品化与市场化的不断发展，一个具有相对独立性与自治空间的社会领域开始逐渐生成，现代社会结构的成分与要素逐渐发育。这是因为，社会建设与发展尽管有其自身的内容与任务，但究其根源，经济领域的自由自主是社会领域自由自主的前提和基础。然而，正如上述，改革开放以来这种社会领域的成长较长时间内是基于经济发展的推动而自生自发的，并非公权力自觉推动的结果。正是由于缺乏公权力的有意识扶持与保护，相关政策制度不健全不完善，中国社会领域的生长并不顺利，甚至时时受到强势权力与资本的影响与破坏。这就是下一节我们要分析的保卫社会的问题。面临这一状况，要真正推动社会建设与发展，体现"社会"主义的内在要求，公权力就应该自觉地采取措施努力培育社会，而不能任由社会单纯地自生自发，更不能任由本就孱弱的社会受到肆意侵害。现阶段，公权力对于社会的这种自觉培育应该体现在两个方面：一是培育中产阶层，推动形成合理的社会阶层结构；二是推进社会自治与自组织机制的发育，并在此基础上推动形成国家与社会共同参与的现代治理结构。换言之，一个是合理的社会阶层结构，一个是有效的社会自治机制，这两者的培育是当前培育社会的主要任务与着力点。

一 塑造现代阶层结构

众所周知,以中产阶层为主体的橄榄型结构是理想意义上的现代社会结构,也是当代中国社会培育的根本目标之一。但是,与这种理想的目标相比,今天中国的社会结构远非橄榄型。据北京大学中国社会科学调查中心发布的《中国民生发展报告 2015 年》显示,中国目前的收入和财产不平等状况正在日趋严重。近 30 年来,中国居民收入基尼系数从 20 世纪 80 年代初的 0.3 左右上升到现在的 0.45 以上。估算结果显示,顶端 1% 的家庭占有全国约三分之一的财产,底端 25% 的家庭拥有的财产总量仅在 1% 左右。此外,从教育机会到医疗保障,中国社会的不平等现象整体呈现扩大趋势。[1]"改革开放 40 年以来,我国在取得了高速的经济发展的同时也产生了一个任何国家都竭力想逃避的'奇迹',那就是社会的高度分化。这个社会的特点是:中产阶层产生并且也有成长,但其规模还是非常小,并且其制度基础极其微弱;……人们对我国中产阶层规模的估计没有共识,但有一个共识,即中国还没有形成一个'两头小、中间大'的橄榄型社会。"[2]

这样一个规范社会结构的形成,一方面,有赖于良好的经济政策体系;另一方面,更有赖于良好的社会政策体系。而不论是经济的政策体系还是社会的政策体系,都应着眼于推进发展进程中从国富到民富的适时转变以及在此基础上改革成果的公平共享。

关于良好的经济政策体系,党的十八届三中全会已经表述得非常清晰到位,上文亦有引用,兹不赘述。从改革的方向与原则来看,党的十八届三中全会的这些表述实际体现的是现代市场经济发展的一般规律。尽管某些具体改革措施可能还具有不确定性,但大的原则理念不谬。从公民权利的角度来讲,这已涉及我们在第八章中论述的保障公民经济权利的问题。按照这种规范化的原则理念,经济的市场化改革特别是市场在资源配置中起决定性作用、产品市场与要素市场的规范化特别是市场

---

[1] 《中国社会不平等趋势扩大:1% 的家庭占全国 1/3 财产》,"腾讯网"(http://finance.qq.com/a/20160114/009414.htm)。

[2] 郑永年:《重建中国社会》,东方出版社 2016 年版,第 63 页。

要素的自由流动、公民经济权利的确认与保障，以上诸方面有利于实现市场经济的机会公平与规则公平，保障市场经济体制下人的选择自由，为每位社会成员凭借自己的资源与能力公平参与竞争、获取财富提供平台与空间；有利于打破权力、垄断、出身、关系对于经济资源配置的不合理影响；有利于激发和调动社会成员的能动性和积极性，切实提高经济效率，为国民收入的二次分配乃至三次分配提供更为充分的财富基础。相比于计划体制下的普遍贫穷，相比于权力、出身、关系等对于资源配置的人为干预，推崇自由选择、平等交换、能力本位与机会公平的市场经济对于个体而言无疑意味着公平正义的历史性大幅提升。市场经济的人学价值与人文意蕴恰在于此。党的十八大报告提出的"权利公平、机会公平、规则公平"等三大公平，首先应指市场竞争所要求和体现的权利公平、机会公平和规则公平。尽管放任自由的市场经济会导致两极分化，需要政府与社会的调节，但以中产阶层为主体的橄榄型社会结构只能建立在现代市场经济而非人类迄今为止的其他经济制度基础之上。

当然，市场经济本身所要求和体现的公平并非完全实质意义上的，更非起点意义上的，而是更多具有形式的意义，并且正如上述，不加调节的市场经济趋向两极分化，具有"马太效应"，所以要切实推进形成以中产阶层为主体的橄榄型社会结构，还必须有赖于良好的社会政策体系，切实推进共享发展。"社会政策通常是指一个国家的政府为了实现特定的发展战略目标，在促进社会事业发展、配置社会保障和公共福利资源、解决各种民生问题方面的价值取向、基本原则和具体措施。……主要包括就业、社会保障、收入分配、教育、医疗、反贫困、环保等方面的政策。"[①] 21 世纪以来，社会政策在我国公共政策中的重要性愈益凸显，社会政策的制定与实施均取得明显进展，迄今我国已初步建立起了一个"广覆盖、多层次、保基本、低水平"的社会政策体系，但是，这一体系的应急性（不是基于普遍性的公民资格或公民权利确定社会政策，也较少考虑政策项目的长期后果，而主要是就事论事，针对的是特定时期的突出问题、突发事件或社会危机）、碎片化与差异化（政策的城乡分割、部门分割、地区分割、体制内与体制外分割等）特征仍然非常明显，政

---

① 李培林：《社会改革与社会治理》，社会科学文献出版社 2014 年版，第 97 页。

策议题的前瞻性、政策规划的科学性、政策制定的参与性、政策体系的完备性、政策之间的衔接性、政策实施的有效性均有待进一步增强，社会保障与社会福利的水平均有待进一步提升，政策的规范化、制度化特别是法治化水平也有待于进一步提升。党的十八届五中全会也指出，要作出更有效的制度安排，让全体人民在共建共享中有更多获得感。换言之，公民的社会权利仍有待得到更为系统有效的确认、维护与实现。

有鉴于此，要自觉地培育社会，政府就必须进一步提高自身制定、实施社会政策的能力，努力构建与经济社会发展水平相适应，具有公正性、普遍性、统一性、系统性、参与性，制度化程度较高的发展型社会政策体系。具体而言，公正性是指社会政策以社会公正理念为价值引导，确认公民基本权利的平等，维护机会与规则的公平，并通过再分配等方式对收入和财富进行调节以尽可能地推进起点公平，特别是保障弱势群体基本的生存与发展权利。普遍性是指社会政策的实施针对全体公民，以普遍性的公民身份为基础而非以地域、身份和职业等其他因素为基础。统一性是指对相关公民群体实施统一的社会政策，平等对待而非在同一政策实施过程中有所差别。系统性是指社会政策项目健全，政策之间衔接协调。参与性是指社会政策在制定与实施过程中相关公民群体应能够有效有序参与，一方面表达观点诉求以提高政策的针对性与科学性，另一方面帮助推动政策的有效实施。制度化是指社会领域的各项政策思路必须通过具有长期性、稳定性与系统性的制度特别是法治来予以有效体现、落实或保障。正如有学者在论述民生问题时强调指出的："从法律的视角看，民生问题又集中体现为权利问题。不论是宏观层面生存权和发展权，还是具体到养老、医疗、教育、就业、社会保障等微观民生权利，这都是法治的权利要义的典型形式和表现。""保障和改善民生，最为关键的，最行之有效的，也是最根本的，就是民生的法治化以及由此带来的民生规范化和常态化。没有一套长效的、可持续发展的民生法制体系，民生保障就会反复和不稳定。而法治是捍卫民生建设成果的有效武器，通过把民生纳入法治化的轨道，用法律的手段将民生的内容和形式以及相关主体的权利义务关系明确下来，把民生实践中取得的新成果、新经验用法律的形式固定下来，在保障人民享有基本民生权利不受非法侵犯和剥夺的前提下平等的共享发展带来的民生福祉。这可以强化国家和政府的民生职责，确保民生发展事业不因个人的意志而发生转移，不因人事的调整而发生变化，确保民生建设成果的稳定性、规范性和强制性。"[1] 发展型是指社会政策不仅要通过救助消极地保障弱势者的基本生存权利，更要致力于人力资本投资，创造条件促进就业和创业，提高受助者参与经济活动、增强自身生存与发展的能力，从而促进经济与社会的融合发展。"我国尚属于发展中国家和存在大规模贫困群体的事实，以往福利国家遭遇困境的教训，都告诫我们不能走福利国家的老路。在这种情景下，发展型社会政策就成为了一种理性选择。"[2]

应该说，具有以上特点的社会政策体系的形成和有效实施是中国社会进入社会政策时代的标志。"社会政策时代是一个国家或地区，以改善困难群体的生活状况和普遍增进社会成员的社会福祉为目的的社会政策普遍形成，并且作为制度被有效实施的社会发展阶段"[3]，"表现为国家或政府从消极的社会性角色向积极的社会性角色转变，从碎片化、应急性、保护性、调节性的社会政策输出转向全面建构综合性、系统性、规范化、制度化的社会政策体系"[4]。从公民权利的角度而言，这样一个社会政策时代的来临意味着公民社会权利更高程度、更为全面、更加公平的确认与实现。而要更好更快地迈进社会政策时代，执政党和政府就必须要加强对社会政策体系建设的总体谋划和顶层设计，既把握重点（破除城乡二元、调节收入分配、协调区域差别）又统筹全面，既加大资源投入又推进社会公平，在尽可能保证政策与制度科学性的基础上明确推进的时间表和路线图。

二 培育社会自治机制

公权力对于社会的自觉培育不仅体现在通过经济与社会的政策体系

---

[1] 韩喜平、孙贺：《中国特色民生法治化的建构逻辑与路径》，《中共中央党校学报》2016年第2期。

[2] 王思斌：《走向发展型社会政策与社会组织建设》，《社会学研究》2007年第2期。

[3] 王思斌：《社会政策时代与政府社会政策能力建设》，《中国社会科学》2004年第6期。

[4] 郁建兴、何子英：《走向社会政策时代：从发展主义到发展型社会政策体系建设》，《社会科学》2010年第7期。

推动以中产阶层为主体的现代社会结构的形成,还表现在推进社会自治与自组织机制的发育,并在此基础上推动形成国家与社会共同参与的现代治理结构。所谓社会领域的自治是指具有公民身份的社会成员对个体社会生活的自主管理以及对不同范围、不同类型社会公共事务的共同参与管理。自治的主体包括公民个体以及由公民自由结社而成的各类非官方的社会组织。这种社会的自治表明原先高度集中的国家权力向社会权利的逐步回归,意味着"人民为着自己的利益而重新掌握自己的社会生活"[①]。具体而言,一方面,社会自治意指社会成员依据相关权利规定对个人社会生活的自主管理,这是纯粹私人领域的自治,是个体主体性的重要表现。社会发展进步的重要内容和表现之一就是个体自治的逐步实现。"人们在这个领域中只要不违反法律,便可以不受国家的干预,自由地选择自己所喜欢的生活方式、消费方式、休闲方式、娱乐方式、交往方式等,并根据自己所选择的方式展开各种活动。……随着改革开放和市场经济的发展,以及与此相联系的社会利益结构的巨大变化,这个领域便逐渐生长起来,并且构成公民社会的重要组成部分。总的说来,这个纯粹的私人领域对于培养人们的自由意识、独立意志和自主性起着潜移默化的巨大作用。"[②] 另一方面,社会自治还意指社会成员按照一定的宗旨、遵循一定的原则,基于共同需要和利益,依法自愿结成各种社会组织,并采取集体行动的社会活动过程。在现代社会,除了单独个体的自主行为以外,社会自治主要以各种社会组织为载体。社会组织是国家权力与职能回归社会的重要载体,展现了人类自由自主活动的发展走向,其建立与发展对于社会自组织机制的建设与自治能力的提高具有重要意义。自我管理、不断发展的多元自治的社会组织可以有效拓展人们的交往范围,开阔人们的视野,增进成员的知识与素质;可以通过组织内规则的制定、执行来培养成员的自律观念与规则意识;可以为成员提供相应的组织范围内的公共物品;可以协调共同体内成员之间的各种矛盾冲突,在组织内部培养诚信、互助、合作的社会资本;可以通过对公共事

---

① 《马克思恩格斯全集》第 3 卷,人民出版社 2009 年版,第 193 页。
② 李景鹏:《后全能主义与中国的公民社会》,载中国(海南)改革发展研究院编《民间组织发展与建设和谐社会》,中国经济出版社 2006 年版,第 45 页。

务的参与培养成员的民主意识、民主技能、民主习惯与责任观念，提高其对共同体事务的治理能力，为更高层面的民主奠定基础。"归根结底，促进与支持任何形式政府，尤其是民主政府的习惯是在公民的日常生活中培养起来的；只是思想上认识它的重要性是不够的。民主要在大范围内取得成效，就必须先在小范围内实行。这并不是说这些小范围的社会都必须以民主方式组织起来，但必须有公民直接而且普遍参加的，像以民主方式组织起来那样的重大活动，使他们有机会培养必要的态度与气质。他必须具有实际参加的经验，并亲自体会这样做确能使大家得到利益与满足。如缺乏直接自治的经验，间接形式所要求的那种气质决无从机会发展。"①

进而言之，社会组织不仅是社会自治的重要载体，而且作为主体之一，在公共事务的治理方面承担着重要社会功能。在当代中国的语境下，国家治理现代化的一个重要内容就是探索推进政府、社会组织、公民等多元主体在法治框架下对公共事务的共同治理或合作式治理。

在当代中国这种多元共治的实践探索中，社会组织的重要作用突出表现在以下四个方面。

其一，社会组织的均衡健康发展有利于较为完整地反映各社会群体的不同利益诉求。尽管公共权力代表全体公众的整体利益、根本利益与长远利益，但其并不能代表社会成员的全部利益诉求。这是因为除了整体利益、根本利益与长远利益外，不同社会群体或集团还有其特殊利益。尤其在社会利益不断分化的情况下，社会群体正当的特殊利益也需要得到表达、重视与维护。而只有通过组织化的形式，社会成员不同的利益诉求才能得到较好的整合与过滤，更为有力地反映与实现。而且，即使是社会成员的整体利益、根本利益与长远利益在有些情况下也不是自明的，而是需要在不同群体的组织化利益表达与博弈中进行综合、取舍、协商与判定。进而言之，这种组织化的利益表达与博弈对于社会普通公民特别是弱势群体尤具意义。改革发展中利益冲突的现实表明，孤独的公民个体往往无法有效抵御来自任性的权力、野蛮的资本与其他强势群体的侵害。在这种情况下，通过自身的组织化，可以相对有效地增强普

---

① [美] 科恩：《论民主》，聂崇信、朱秀贤译，商务印书馆1988年版，第194页。

通个体在利益表达与博弈中的地位与力量,从而尽可能实现利益博弈的均衡化,更大程度上保障其正当权益。对于规模庞大、权利受侵害问题较为突出且比较普遍的弱势群体而言,这种利益表达与博弈的组织化更显必要。针对于此,有学者认为,在社会利益格局分化和失衡的条件下,应该将不同利益群体特别是弱势群体显性化为利益集团,从而使不同利益群体的利益表达具备确定的形式和通道。"从更为现实的意义出发,中国目前最缺乏的是由各种弱势群体构成的各种利益集团。在当代社会,强势利益集团在实质上已经形成,且利益表达、政治决策与公共政策对其利益的反映已经非常充分,而弱势利益集团则依然缺位,这不能不说是社会利益结构的又一种失衡。一个社会如果惮于弱势利益集团的存在和发展,那么这是值得深思的。"[1] 当然,这种弱势群体的组织显性化往往需要公权力的允许乃至扶持。

其二,社会组织的积极健康发展是重塑社会秩序的内在要求。改革开放以来,随着以市场化改革为核心的整体改革的推进,随着社会自由流动资源与自由流动空间的出现,过去那种封闭性与控制性极强的社会秩序逐步趋于解体,社会成员从原先强制、僵化的秩序中逐步摆脱出来,其中相当部分从原先镶嵌在整体网络组织体系中、全面依赖国家的一分子逐步变成了孤立化的社会原子。与原先高度组织化与一体化的结构秩序被打破的过程相伴随,流动性日益增强的社会本身也日渐碎片化,失序无序现象日益突出。实际上,原先以政治整合代替社会整合所形成的集权、刚性的社会秩序很容易因为政治权威的下降、控制能力的降低而迅速走向自己的反面。面对这样一种政治权威控制力弱化、社会本身碎片化、社会成员原子化、社会利益分化、社会失序的趋势与危险,通过社会的再组织化,增强社会本身的自治能力与整合能力,培育社会本身的自组织机制,就成为重建社会秩序的必然选择。

以原子化的社会成员为主体的利益冲突是极难实现普遍有效整合的。对于公权力来说,分化的社会利益采取组织化形式一般而言在利益表达

---

[1] 文力:《利益群体显性化——多元利益集团是和谐社会的"内生"变量之一》,载中国(海南)改革发展研究院编《民间组织发展与建设和谐社会》,中国经济出版社2006年版,第43页。

与博弈方面更为理性有序，更易于进行对话协商与规范引导。而如果面对的是趋于采取极端化行为的大量分散孤立的个体，公权力通过逐个对话的方式解决问题是不可能的。社会个体越是分散化，国家治理的组织载体愈缺失，问题解决与公共治理的成本就越高、难度就越大，正常的社会秩序就越难以建构与保持。实际上，大量无组织、情绪性、破坏性、泄愤式群体性事件的发生正是社会利益表达与博弈组织化形式长期缺失的结果。也就是说，如果社会成员的利益诉求不能以理性规范的组织化形式来表达的话，其就有可能通过另外一种集体行动形式——无组织、临时性、无直接利益冲突的群体性事件的形式来反映。"组织化的利益表达与利益协商机制的缺失，客观上还造成了地方政府回应公众利益诉求所存在的进退失据的局面。当利益诉求以个体微弱的声音表达出来时，回应他们的往往是相互推诿、敷衍了事或者冷漠相向，甚至是强制性的'摆平'，而当利益表达演变为'乌合之众'的群情激愤时，急于息事宁人的政府往往又变成'软弱可欺'的对象，政府形象因此受到极大的损毁。大量群体性事件发生、演变的逻辑表明，政府直接面对孤立的原子式个体的社会结构极易形成周期性的社会震荡，造成官民之间的负和博弈困境。"[1] 在这种情况下，积极培育各种能够缓解"集体行动困境"的社会组织，实现公民利益表达与博弈的组织化，为利益冲突与社会矛盾的化解、为社会秩序的调整提供必要的组织载体就成为社会建设的一项重要任务。"社会组织作为社会行为主体的结合体，其运作必然以对成员行为的必要约束和规范为前提，就此而言，社会组织的发展壮大，只要受到了国家法律和政策的有效规制，都必然意味着社会组织化水平的提高，意味着社会组织对社会秩序控制职责的分担，这将极大地分解政府从事社会具体事务管理的压力，推动政府社会管理方式从直接管理向间接管理转变，从而改变政府因社会管理职责范围过大、社会事务干预过细而导致自身成为社会矛盾焦点的被动局面。"[2]

其三，积极健康发展的社会组织在提供公共物品方面发挥着市场与

---

[1] 何显明、吴兴智：《大转型：开放社会秩序的生成逻辑》，学林出版社2012年版，第131页。

[2] 同上书，第203页。

政府难以发挥的功能。众所周知，由于"搭便车"现象，单纯的市场无法有效提供公共物品，此即所谓"市场失灵"。而政府在提供某些准公共物品时也会存在问题。这是因为政府在理论上要对全体社会成员负责，其行为必须具有"普遍性"，在现实中必须依照社会大多数的标准来提供一致的服务，精力、财力与特定目标的限制决定了其不可能对社会成员的不同需要照顾得面面俱到，更多地只能是"一规适万物"。正因如此，其很难对不同群体的多样化需要与不同偏好做出恰当灵活的反应，而社会中多种多样的社团组织则恰恰具有这种功能。"'满足社会多元化需求'属于政府功能的'空白'。现代社会是多元社会，人们的兴趣、价值观念、经济利益都高度多样化，……只有市民社会中的非营利组织才能够有效地满足社会的多元化要求，支持社会的多元格局，而作为唯一的代表全体社会成员的政府则无法满足这些数目巨大、种类繁多、彼此冲突的'局部性'需要。"[①] 进而言之，政府不仅因需要的标准化与普遍化而难以提供有效的准公共物品，作为庞大的科层机构，它还存在对新的社会要求反应迟钝、保守封闭的弊端，这无疑又加重了其失效性。而相关社会组织则可以不受这些制约，能够对各种需求与机会做出及时灵活的回应。特别是对于当前的中国改革与发展而言，面临着全社会公共需求深刻变化、快速增长与公共服务不到位、公共物品短缺较为严重的突出矛盾，在这种情况下，就必须更为重视与更好发挥社会组织在提供公共物品方面的作用。

其四，社会的发育壮大特别是组织化能力的提升有助于提高政府自身的治理效能。对此，著名学者郑永年作过深刻分析。郑永年认为，很多人都认为我国国家与社会的关系结构是"强政府、弱社会"，但实际上要回答这个问题并不容易。一方面，无论在理论还是实践上，中国都体现出典型的强政府现象。中国政府很强大，具有强大的社会动员能力来达成其政策议程，似乎能够"从容"应对来自社会的各方面挑战。另一方面，中国不仅社会很弱，政府也相对很弱。越来越多的政府政策，从理论上看都非常好，但是却推行不下去，往往停留在字面上。而政策推

[①] 康晓光：《权力的转移——转型时期中国权力格局的变迁》，浙江人民出版社1999年版，第39—40页。

行难,和社会弱有关系。社会对政府很难施加影响力,中央政府只有依赖官僚机构来推行政策。但社会本身没有对官僚机构的压力,官僚机构就没有动力来实施政策。而弱社会本身更是没有力量来实施政府政策,无论是政策的制定还是执行,社会都难以施加影响;同时社会本身又没有足够的空间来发展自我管理的能力。这样就产生了政府和社会都被弱化的情况。[1]确实,政府要提高自身治理效能特别是政策效能,在很大程度上必须以一个强大的社会为基础和前提。

正是由于社会组织具有自治功能以及合作治理功能,所以,今天中国社会建设与社会发展的一项根本任务即是实现社会的再组织化。具体来说,这种社会的再组织化可以通过两条途径展开。一是体制外发展的途径,即政府要加强对民间自组织力量的培育与引导,扩大社会组织资源的增量。"政府既是社会建设的主体,又是其他建设主体如社会组织、公民成长及参与社会建设的体制环境的营造者,因而政府治理理念及治理模式的转型,直接决定着中国社会建设的成败。在此,政府既不能充当社会建设的主宰者,也不能成为社会建设的旁观者,而是要扮演好社会建设的规划者、引导者的角色。……为此,就必须积极创新执政理念,消除对具有自主性品格的社会组织'有罪推定'的潜意识,摆脱那种以为只有完全听命于自己的社会组织才有可能成为和谐社会秩序建设的合格参与者的封闭心理,一方面通过深化社会组织管理体制的改革,为社会组织的成长营造宽松的政治和政策环境;另一方面基于扶持和引导社会组织参与社会治理的建设性姿态,加强规范社会组织运作的规制建设,积极拓展社会组织参与公共事务治理的渠道,从税收减免、公共服务外包、资金扶持以及合作赋权等方面探索引导社会组织参与公共事务治理的有效机制,从而推动社会组织成为政府提高管理绩效的重要参谋助手。"[2] 当前和今后一个时期,"要适应发展社会主义市场经济和政府转变职能的需要,着力培育发展经济类、公益类、农村专业经济协会和社区

---

[1] 郑永年:《危机或重生:全球化时代的中国命运》,浙江人民出版社2013年版,第88页。

[2] 何显明、吴兴智:《大转型:开放社会秩序的生成逻辑》,学林出版社2012年版,第212—220页。

民间组织，支持和引导科教文卫体以及随着人民生活水平的提高逐渐涌现的新型社会组织"①。离开政府的松绑、承认、扶持、引导与规范，在当代中国的语境下，社会组织即使具有内生动力也不可能得到积极健康有序的发展。当然，政府原则上不应干预这些组织内部具体事务的管理。二是体制内改革的途径，即通过对原先与公权力具有千丝万缕联系的社区组织、事业单位和群团组织的改革盘活现有社会组织资源的存量，使其更好地发挥治理功能。特别是原来已经存在的体制内群团组织必须很大程度上弱化现行浓厚的、自上而下、等级化的行政色彩，切实增强自身对相关社会群体自下而上的代表性，充分发挥联系人民群众的桥梁纽带作用，尽可能按照社会组织建设的规律与特点行为。在 2015 年中央党的群团工作会议上，习近平总书记就明确强调，对党的群团工作"必须注重解决存在的问题，特别是要重点解决脱离群众的问题"。"工会、共青团、妇联等群团组织要增强自我革新的勇气，……在群团组织中深入推动思想教育、问题整改、体制创新，转变思想观念，强化群众意识，改进工作作风，提高工作水平"②。应该说，群团改革的这一方向非常明确，按照社会组织的运作规律推进改革也是大势所趋。进而言之，不论是对体制外组织的培育与引导，还是体制内群团组织的去行政化，很大程度上都取决于公权力自身对于历史发展潮流的认知以及政策、制度的不断合理化调整，取决于公权力的自觉行为特别是对于社会的自觉放权赋权。这也说明，至少在一个较长的时期内，在国家与社会关系的建构中国家始终是处于主导地位的。当然，国家向社会组织的这种放权赋权要审慎可控，要避免放权过快过急，自治能力与合作能力还较弱的社会本身又无法有效承接。如其不然，很容易造成治理权能上的"真空地带"，导致严重的经济、社会乃至政治问题。

  以这样一种社会力量的不断增长与社会的不断再组织化为基础，国家与社会在公共治理方面的共同参与、相互合作与功能互补也将愈益成为一种常态。考虑到当代中国政治发展的国家主导色彩，考虑到当代中

---

① 李培林：《社会改革与社会治理》，社会科学文献出版社 2014 年版，第 209 页。
② 《习近平出席中央党的群团工作会议》，"新华网"（http：//news.xinhuanet.com/politics/2015-07/07/c_1115847839.htm）。

国社会力量的发育现状，考虑到当代中国社会对秩序的需求，中国社会的治理结构将会在中央与地方各个层面呈现出明显的"法团主义"色彩。源于西欧北欧治理实践的"法团主义"（Corporatism）又译为"合作主义""组合主义""统合主义"等。"有理由把法团主义理解为——一种解决社会组织冲突的秩序模式。具体而言，它关注的核心问题是，社会不同利益如何得到有序的集中、传输、协调和组织，并用各方同意的方式进入体制，以便使决策过程有序地吸收社会需求，将社会冲突降低到不损害秩序的限度。法团主义安排建立在这样的假定之上：在多元主义政制下，自由竞争导致了利益团体权力的不均衡，一部分团体有反映利益的优先渠道，而其他团体没有，这种参与机会的不平等反映了不同团体动员和行动能力的差异，因而对于某些团体是不公平的，它可能将一部分利益排除在社会整合之外，这个缺陷需要通过体制安排来解决。"[1]换言之，"法团主义"认为应当在社会的各利益团体和国家之间建立制度化的联系与沟通渠道，用一种结构将社会中的各种组织化利益整合到国家的决策机构之中，同时，国家也可以实施对各利益团体的相对控制。"它意味着社会和国家双方通过合作而获益：一方面，社会中分散的利益按照功能分化的原则组织起来，有序地参与到政策形成的过程中去；另一方面，从这种制度化的参与机制中，国家权力获得了稳定的支持来源（合法性）和控制权。"[2]

当然，西方"法团主义"的产生有其特定的社会基础与理论渊源。"'法团主义'以往处理的是'先分化、后整合'的结构"[3]，"法团建制的基础是一系列权利分化的结构，法团主义希望，在这个基础上作出权利分布和调整的新安排。我们已经指出，国家与社会分析假定了权利、边界和交换问题，这样的讨论，需要以相当程度的权利分立共识为前提"[4]。而当前中国的社会领域尚在发育之中，公民权利尚需进一步的有效确认与保障，社会相对于国家的独立性尚需进一步增强，社会结构本

---

[1] 张静：《法团主义》（第三版），东方出版社2015年版，第27页。
[2] 同上书，第47页。
[3] 同上书，第181页。
[4] 同上书，第180—181页。

身尚未完成合理分化。但是，理论与实践的特殊性并不排除我们对其借鉴的可能性。"法团主义"强调社会力量通过组织化方式对公共事务的参与，强调国家和社会团体的结构性互动与制度化合作，其某些理论与做法对于我们健全完善治理模式具有积极的启发与借鉴作用。这是因为，我们同样面临一个体制外社会力量纳入的问题，同样面临一个利益群体参与失衡的问题，同样面临一个国家与社会协调治理的问题。"毕竟只有在合作主义的制度框架下，国家才能解除对社会自治组织可能挑战自身权威，以及多元竞争可能威胁社会秩序稳定的顾虑，社会自治组织才能获得自身发展以及在公共事务治理中发挥积极作用的合法空间。"① 也只有在"法团主义"或"合作主义"的结构下，才能实现民主参与与公共治理的有机结合，才能实现社会矛盾化解与社会秩序稳定的有机统一，才能实现国家与社会在不断探索、磨合基础上的渐进双赢。相比之下，"对于中国这样的人口众多、幅员辽阔、自然地理条件千差万别、社会经济发展水平高度不平衡以及语言、宗教和民族构成相当复杂的国家来说，高度竞争性的国家与社会关系以及高度竞争性的多元主义模式，也许不会发挥有效的利益集中作用，相反，倒很有可能因无法达成政治共识而导致社会分裂。"②

随着中国现代社会结构的逐步确立，如果在政府自觉引导的基础上，逐步壮大、相对平衡发展的社会力量能够实现体制内的切实纳入，如果公共权威在受到相对有效制衡的基础上追求有秩序的发展与合理的社会控制，那么，中国未来的整体治理结构就极有可能呈现为某种具有自身特色的"法团主义"模式。"中国通过这种渐变发展出社团化组合制度的可能性，要远远大于对任何形式的政治民主的引进。"③ 当然，至于这种法团模式的具体运作机制与特点，现在还无法太过细致地分析，因为它未来如何还要取决于尚待观察的各种经验

---

① 何显明、吴兴智：《大转型：开放社会秩序的生成逻辑》，学林出版社2012年版，第212—220页。

② 康晓光：《权力的转移——转型时期中国权力格局的变迁》，浙江人民出版社1999年版，第195页。

③ ［澳］安戈、陈佩华：《中国、组合主义与东亚模式》，《战略与管理》2001年第1期。

性因素，而这些是无法完全提前预测的。在不同情况下，社会分化程度不同、体制纳入程度不同、各种组织的博弈状况不同、合作程度与方式不同，具体的"法团主义"模式也必然不同。换言之，"法团主义"在未来中国的实现有一个具有相对弹性的可能空间，其具体制度与结构设计将有待于实际探索，如能成功，则极有可能为"法团主义"提供新的类型。

第二节　保卫社会：抵御权力与资本的"殖民化"

除了培育社会外，中国社会建设与社会发展的另外一重任务就是保卫社会。之所以提出保卫社会的问题，是因为中国本就相对孱弱的社会在发育过程中一直受到某些不规范的权力与资本因素的限制甚至侵害，这种限制甚至侵害使大量资源不规范地从社会流向权力与资本，社会生长的资源基础相对匮乏，公民权利难以得到普遍有效保障，社会公平问题凸显，各种社会问题突出。"现代国家一般面临两大现实问题，一个是权力没有被制约的上层建筑；另一个是资本没有被约束的经济基础。受这两大现实问题的困扰，国家经常面临两大矛盾，即，官民矛盾和劳资矛盾。官民矛盾是权力没有被制衡的结果，劳资矛盾是资本没有被驾驭的产物。权力的贪婪和资本的贪婪恶性结合，这往往成为一切社会问题的总根源，导致国家治理的无序化。"[①] 实际上，所谓保卫社会，核心就在于推动形成权力、资本与社会三者之间合理、完善的关系架构与平衡机制。这样一个逻辑框架虽然较为简单、并不十分精致，但却有助于问题的分析和解决。

一　推进权力运行的规范化

较长时期以来，由于发展思路、体制机制乃至官员素质等原因，公权力的行为在某些方面对于中国社会领域的发展产生了一定的消极作用。在当代中国的语境下，要切实保卫社会，首先要推进权力运行的规范化，有效解决其对于社会领域发展的消极作用问题。具体而言，权力运行在

[①] 燕继荣：《国家治理及其改革》，北京大学出版社2015年版，第65页。

以下四个方面的规范化尤为重要。

一是切实打破增长主义的发展思维,规范好政府与市场的关系,使市场在资源配置中真正起决定性作用。增长主义的发展思维追求经济增长速度与数量的最大化、财政收入的最大化与官员政绩的最大化,而财政收入与官员政绩的最大化则以经济增长速度与数量的最大化为前提。反思中国过去的发展实践,在这种增长主义的发展思维下,政府作为主体直接参与具体经济活动,公权力与资本实现了利益共容的联合,而这两者都会滋生大量的寻租腐败问题,缺乏有效制约的权力与资本有时甚至可以任性地侵入社会领域,侵害公民权利,不规范地汲取大量资源,与民争利。进而言之,这种发展思维还往往导致政府不但无法有效履行相应的社会建设功能,反而在较长时期内将社会领域的市场化作为推进经济增长的重要手段。"在很长时间里,在中国的改革者那里,经济领域和社会领域不分,经济政策和社会政策不分,已经造成了严重后果。最严重的后果就是通过破坏社会来产生 GDP。医疗、教育、公共住房等领域在很多国家被视为社会领域,在这些领域的投资有很多限制,政府是这些领域的投资主体,即进行的是社会性投资。但在中国,这些领域在不同的时候都被视为经济领域,因此在这些社会领域经济政策泛滥。……应该指出,这些社会领域不应当引入经济政策,并不是说这些领域完全排除市场。在很多国家,市场机制也被应用于这些社会领域,主要原因是为了避免这些公共领域的过度官僚化,提高政府提供社会服务的效率。公共部门的市场机制和经济领域的市场机制应当是两个不同的概念,必须分清楚。"[1] 在此意义上,要想保卫发育中的中国社会,切实转变增长主义的发展思维与模式,进一步明确政府的社会建设职能,并与之相应地确立包括社会建设指标等在内的更为合理的官员政绩评价体系至关重要。合理政绩评价体系的确立一方面可以在很大程度上改变权力与民争利的思维与行为取向,尽可能地将权力行使者自身的利益指向与社会民众的利益指向统一起来。另一方面,也可以分化权力与资本的结盟关系,打破两者原先形成的不规范利益联合体,将其切割为不同

---

[1] 郑永年:《危机或重生:全球化时代的中国命运》,浙江人民出版社2013年版,第81页。

的部分,迫使资本按照市场本身的规律运作,从而减轻治理的难度。正如习近平总书记指出的,作出"使市场在资源配置中起决定性作用"的定位,有利于在全党全社会树立关于政府和市场关系的正确观念,有利于转变经济发展方式,有利于转变政府职能,有利于抑制消极腐败现象。

二是通过监督制约机制的进一步健全完善推进权力运行的规范化。公共权力机关不是一个抽象的概念,它总是由现实的具有七情六欲的个体与群体构成和掌握的,现实的个体与群体往往倾向于追求自身利益的最大化,在监督制约机制缺乏的情况下更是如此。这种过分的自利倾向往往导致社会资源配置的不公与失衡,导致权力部门及其官员淡漠公共利益和社会福利,甚至侵害公民权利。就此而言,要有效保卫社会,就必须进一步健全相关的监督、制约与惩戒机制,限制权力的扩张性、禁止权力的随意性、惩戒官员的投机性,通过强大的内外部压力推进公共权力行为的规范化。一方面,对于公共权力的监督制约而言,要通过明确的制度规定,确定权力的行使边界、内容与责任,解决权力职责欠清晰、行使范围不明确、附着利益过大的问题。在此基础上还要进一步建立结构合理、配置科学、程序严密、制约有效、责任严格的权力决策、执行、监督、制衡与激励机制,理顺权力系统自身横向与纵向的关系结构,改变权力过于集中的现象,保证权力沿着制度化的轨道公开、公正、公平、有效运行。当然,这样一种科学合理的权力结构模式的建设需要逐渐推进,而非一日之功。在当前改革攻坚阶段,对于这一模式的建构而言,可以考虑从加强程序机制建设、信息公开机制建设、监督机制建设、责任机制建设等几个方面重点推进与突破。另一方面,要进一步发挥社会的监督、批判与制衡作用。真正有效的监督制约并不是来自权力系统内部——因为系统内部的自我监督总是会受到体制内某些力量与因素的掣肘,而是来自广大公民。公共权力与公民权利是一个矛盾的统一体,广大公民是公共权力行为的直接利益相关者,一旦具有完善、合适的制度渠道,民众的监督力量将十分巨大。我们的人民在改革开放以来的经济发展中已经发挥出巨大的能量,创造了举世瞩目的经济奇迹,在政治体制改革中,只要有合适的渠道与方式,不断发展与壮大的社会力量同样会发挥出巨大的能量,成为我国政治发展的积极推动因素。就此而言,加强民主参与的制度建设,将广大公民有效有序地纳入体制之内,对于遏制既得利益、制衡公共权力极为必要。"在当今的中国,由中国共产党来承担遏制既得利益集团的任务,显然是执政党自己起来解决自己身上发生的问题。从遏制既得利益集团的长期性和自我医治的艰巨性考虑,这不是理想的思路,不是最优化的路径选择。官员的自我约束是必要的,但不能作为遏制的原动力,原动力应来自……最终的授权者。这对官员来说是'他律'。……因此,必须通过制度安排,发挥机制的作用,尽可能调动更广大人民群众在有序基础上的参与,发挥社会各种因素的积极作用。"①

三是规范分配关系特别是合理调节一次分配的比例,确立民富优先的改革导向。改革开放以来的较长时间内,公权力很大程度上是以经济主体的身份参与经济建设的,其不仅实际占有土地、国有资本以及大量其他资源,还拥有政策制定权与审批权。生产资料的占有关系决定分配关系,"由于采取了政府主导型的市场经济模式,我国在改革导向上带有国富优先的突出特征"②。另外,过去发展中重资本轻劳动的问题也较为普遍和突出,国民财富向资本的更多倾斜也成为必然。在这种情况下,由于发展模式与政策导向导致的结构性分配问题,国民总收入更多集中于权力与资本,民众所占比例偏低,而这相当于变相地从社会汲取财富。就此而言,要保卫社会,首先就需要通过切实增加民众在国民总收入中的分配比重来解决权力与资本对于财富资源的过度汲取问题。特别是现在"我国进入了公共产品短缺时代,发展型需求成为经济发展的内生动力,在客观上要求实现改革导向从国富优先向民富优先的转变"③。针对于此,党的十八届五中全会实际上也已经明确了相应的改革思路:坚持居民收入增长和经济增长同步、劳动报酬提高和劳动生产率提高同步,持续增加城乡居民收入。调整国民收入分配格局,规范初次分配,加大再分配调节力度。健全科学的工资水平决定机制、正常增长机制、支付保障机制,推行企业工资集体协商制度。实行有利于缩小收入差距的政策,明显增加低收入劳动者收入,扩大中等收入者比重。多渠道增加居

---

① 刘彦昌:《聚焦中国既得利益集团》,中共中央党校出版社2007年版,第127—128页。
② 迟福林:《民富优先:二次转型与改革走向》,中国经济出版社2011年版,第45页。
③ 同上。

民财产性收入。规范收入分配秩序，保护合法收入，规范隐性收入，遏制以权力、行政垄断等非市场因素获取收入，取缔非法收入。以上改革思路如能有效落实，不仅能够切实保卫社会，同时也能切实培育社会。

四是推进中央与地方财权与事权关系的规范化。较长时期以来，中央与地方财权与事权不匹配，一方面财政收入过多向中央与上级部门倾斜，另一方面地方与基层承担了过多的事权。在这种情况下，地方与基层不得不从社会不规范地汲取大量资源以保障完成任务的财政基础，比如不合理的征地拆迁与各项税费收取等。同时，在财力相对有限的情况下，地方与基层政府也会想方设法"甩包袱"，将本应承担的各项费用尽可能转由社会负担。基于此，要想保卫社会，进一步理顺中央和地方的责、权、利，建立事权和支出责任相适应的制度，推进包括财权与事权在内的中央与地方关系的规范化是重要条件。党的十九大报告也指出，要加快建立现代财政制度，建立权责清晰、财力协调、区域均衡的中央和地方财政关系。

二 大力规范资本行为

在市场经济中，追求利润乃是资本的天性，但是对资本缺乏约束与规范的市场经济却并不是一种好的市场经济，资本贪婪而不负责任的逐利本性会导致整个社会的危机与冲突。如果资本再与权力不规范地联合，问题必然会更为严重。就此而言，对资本的规制程度、市场竞争的公平程度就成为衡量一个国家市场经济完善与否的重要标准。尤其我们建设是社会主义市场经济，如何既充分发挥资本的积极作用，同时又对其有效规范，避免其逐利行为损害公民权利、整个社会的长远与根本利益，是必须要考虑的。

对于当前中国改革语境下资本行为的规范而言，一是必须切实处理好权力与资本的关系，逐步解决资本对权力的依附性以及资本借助于权力支持的不合理牟利行为。在当代中国，在资本与权力两者的关系中，权力仍然是矛盾的主要方面，资本是矛盾的次要方面。就此而言，对资本行为的规范，很大程度上要以传统"资本驱动"发展方式的转变为前提，以打破权力与资本出于各自目的的共谋联合为前提。要通过逐步规范权力与资本的关系，将资本切实推向依靠公平竞争谋利的方向，而不再是通过权力不规范的获得利益。具体来说，对于国有资本而言，要逐步规范与解决其行政性垄断的问题，渐进放开市场、引入竞争，加快完善产权清晰、权责明确、政企分开、管理科学的现代企业制度。对于民营资本而言，要通过发展模式的转变，逐步解决权力系统出于自身目的对于民营资本的选择性支持问题，切实推动民营资本通过规范市场经营谋利，构筑习近平总书记所说的"清""亲"的官商关系。

二是健全法制、完善政策、整合力量，切实发挥好政府的监管作用。在权力与资本的关系中，权力不仅要有所不为，还要有所为，即要有效发挥自身"有形之手"的作用。在此意义上，现代社会中资本行为的规范化离不开政府监管作用的更好发挥，离不开相关政策的进一步完善，特别是相关立法的进一步健全。政府以切实规范市场秩序，维护市场公平与经济自由，严格惩戒机制，保障公民合法经济权益。

三是要有效发挥社会力量的参与、监督与制约作用。要解决资本对社会的侵害问题，必须要发挥社会本身包括媒体舆论的力量与作用。对于资本的不规范行为，社会是直接的受害者和敏锐的反应者，应将社会力量引入与资本的博弈之中，从制度与政策层面给公民及其组织提供参与的机会、表达的空间、博弈的平台、矛盾化解的机制与权利救济的渠道，提高社会保卫自身的能力。

附 录

中国共产党:马克思主义使命型政党

改革开放以来,中国取得了举世瞩目的发展成就,中华民族伟大复兴展现出光明的前景,中国的国际地位与世界影响与日俱增。而中国之所以取得这种成就与影响,毫无疑问,一个关键因素是中国共产党的领导。中国共产党作为中国特色社会主义事业的领导力量与中国唯一的执政党,其政党类型、运作特点、领导方式与执政逻辑对于中国的改革发展而言至为重要,具有决定性意义。就此而言,要想破解中国的发展奇迹,首先需要深入把握中国共产党作为一个政党的类型与特点。那么,中国共产党是一个什么类型的政党呢?作为一个建党近百年的政党,中国共产党具有什么根本特点呢?这些问题都需要严肃对待与认真思考。

中国共产党是一个什么类型的政党呢?当然,从不同角度,对于政党类型可以有不同划分。从是否以高远历史使命为己任的角度来划分,中国共产党是一个典型的马克思主义使命型政党。区别于主要关注当下事情、现实问题,以满足民众现实利益诉求为手段,以获得或维持执政地位为目的的现实型政党,比如某些西方政党,使命型政党基于自身意识形态有着长远的历史使命与宏伟的目标蓝图,其存在包括执政活动本身最终就是为了实现自身所追求的高远使命与目标蓝图,实现历史使命与目标蓝图是使命型政党自身认定的存在合法性或者说存在意义所在。与使命型政党的内涵相应,所谓马克思主义使命型政党是指以马克思主义为指导,以对人类社会发展规律的认知与把握为前提,以人民至上为价值宗旨,以实现自身民族、国家的解放或发展为自觉使命,以推进世界大同、实现共产主义、实现每一个人的自由全面发展为最终使命,具有强烈的历史主体意识与舍我其谁的责任担当情怀的一种政党类型。这一点，从马克思主义创始人的理论与实践直至今天中国共产党人的理论与实践都可以得到清晰明确、并不困难的验证。特别是中国共产党，更是以近百年的历史表明，其是一个可称典型的、具有充分代表性的马克思主义使命型政党。

那么，中国共产党作为一个使命型政党具有哪些主要特点呢？实际上，正是这些主要特点决定了中国共产党的领导机制与执政逻辑，决定了中国共产党在中国近现代历史上的作用，决定了中国共产党在推进中国特色社会主义事业中所取得的伟大成就。

其一，对伟大使命的明确认知与自觉担当。使命型政党因使命而生，因使命而在。1847年，世界上第一个马克思主义政党，即共产主义者同盟通过了由马克思恩格斯参与起草《共产主义者同盟章程》，规定同盟的目的是：推翻资产阶级政权，建立无产阶级统治，消灭旧的以阶级对立为基础的资产阶级社会和建立没有阶级、没有私有制的新社会。依照这一规定，按照对历史规律的认知，在实践中消灭资本主义，过渡到共产主义，实现人的自由全面发展，这就是最终的伟大使命，这是马克思主义使命型政党的天命！由之可见，马克思主义政党在诞生之初，就明确认识到了自身所应肩负的历史使命。可以说，对历史使命的自觉认定、勇于担当、坚毅履行作为内在基因很大程度决定了马克思主义使命型政党思想建设、组织架构的主要特点以及对党员党性的具体要求。历史使命的认定、承担与实现是大道、是根本、是主线，体现在马克思主义使命型政党建设的方方面面，贯穿于马克思主义使命型政党建设过程的始终。可以说，离开了历史使命这一本质性维度，马克思主义政党建设就失去了价值依托与目标指向，就丧失了灵魂与内核，就无法有效开展与推进。

在马克思主义政党发展史上，对于使命的认知也有一个不断时代化与国别化的过程。在马克思主义使命型政党诞生之初，实现生产关系与社会形态的根本变革，消灭私有制、建立每一个人都能实现自由全面发展的新社会被视为当然的、唯一的历史使命与理想目标。但是，后来的事实证明，这一使命之实现远比当初所认为的更加漫长、更具难度，其宏大而长远，甚至可以说具有某种程度的超越性。这种情况下，马克思主义使命型政党就必须在不放弃远大使命的前提下确定自身所处的具体时代与历史阶段,并基于这一现实的时代与阶段再确立一定时期内可实现的目标与使命。在最终目标实现之前,这种现实时代与历史阶段的确定以及可行目标的确立将会具有过程的持续性。时代、阶段、使命,也正是通过这一阶段性使命的持续确立与不断实现,最终的使命才得以完成,高远的目标才得以实现。在此意义上,马克思主义使命型政党始终面临一个时代使命与最终使命之间的张力,而这就要求现实的马克思主义政党既要志存高远,又要脚踏实地。正如习近平总书记就今日中国共产党的使命所指出的:"我们既要坚定走中国特色社会主义道路的信念,也要胸怀共产主义的崇高理想,矢志不移贯彻执行党在社会主义初级阶段的基本路线和基本纲领,做好当前每一项工作。革命理想高于天。没有远大理想,不是合格的共产党员;离开现实工作空谈远大理想,也不是合格的共产党员。"① 除了使命的时代化以外,马克思主义使命型政党还面临一个使命的国别化问题。马克思主义是一种具有世界性影响的思潮,现实中,以马克思主义为指导的政党存在于国情有所差别的不同国家,在这种情况下,这些政党首先要以马克思主义为指导确立基于本国历史条件的使命与目标。当然,不论是使命的时代化还是使命的国别化,都是在最终使命这一前提下确立的。

对于中国共产党而言,自其诞生起就担负着两个维度的历史使命:一是实现中华民族的独立与解放,推进中国的现代化事业与中华民族的伟大复兴。这是由近现代中国的历史形势与中华民族的历史处境所决定的历史使命,中国共产党作为一个民族国家的政党组织应该而且必须担负起这一重任,马克思主义中国化所因应的正是这一使命。当然,这一维度的历史使命在现实中也是通过不同的阶段性步骤与目标才能逐步实现。习近平总书记在十八届中央政治局常委同中外记者见面时的讲话中也专门谈到对民族的责任问题,强调要不负重托,不辱使命。"近代以后,我们的民族历经磨难,中华民族到了最危险的时候。自那时以来,为了实现中华民族伟大复兴,无数仁人志士奋起抗争,但一次又一次地失败了。中国共产党成立后,团结带领人民前仆后继、顽强奋斗,把贫穷落后的旧中国变成日益走向繁荣富强的新中国,中华民族伟大复兴展

---

① 《习近平谈治国理政》,外文出版社2014年版,第23页。

现出前所未有的光明前景。我们的责任,就是要团结带领全党全国各族人民,接过历史的接力棒,继续为实现中华民族伟大复兴而努力奋斗,使中华民族更加坚强有力地自立于世界民族之林,为人类作出新的更大的贡献。"① 二是经典马克思主义意义上的:整个无产阶级的解放、阶级本身的消灭、共产主义作为"世界历史性"存在的实现、每个人的自由全面发展、人类社会关系的高度和谐优化。这是由人类社会发展规律以及工人阶级的地位作用所决定的历史使命,中国共产党作为一个马克思主义政党应该而且必须牢牢持守这一最终使命,马克思主义的科学社会主义本身所因应的正是这一使命。中国共产党担负的这两大使命,一是民族国家的,一是世界历史的,特殊与普遍的有机统一。

其二,对历史规律的理论探求与实践遵循。马克思主义使命型政党所担负的使命并不是一种单纯的主观认定,而是基于历史规律的揭示。正是基于历史规律,使命才是真实的,才是可以实现的,才是具有感召力的。历史规律使马克思主义使命型政党的建立具有了历史依据,提供了历史的、合法的出生证明,没有历史层面的规律认知,就不可能产生以之为指导的共产党组织。就此而言,在马克思主义的理论视域中,历史规律之于使命型政党的建立具有内在的根本意义。

在马克思主义的理论源头处,对规律的认识与揭示就是其最为突出的理论特质之一。在马克思墓前的讲话中,恩格斯明确提到了马克思的两大发现:一个是揭示了人类社会发展规律的唯物史观,一个是揭示了现代资本主义生产方式和它所产生的资产阶级社会的特殊的运动规律的剩余价值理论。这两大发现指明了历史的发展方向,指出了无产阶级受剥削的秘密。规律是可知的,方向是明确的,前途是光明的,按照规律而行为当然是充满希望的,马克思主义使命型政党遂顺应历史趋势而诞生。

把握规律、担负使命、实现目标,这是一种极其强大的理论自信,可以说,自马克思始,这一理论基因在马克思主义政党发展史中显性遗传、一直存续!比如毛泽东在1936年所著《中国革命战争的战略问题》一文中对此就有精彩的表述:"战争的规律——这是任何指导战争的人不

---

① 《习近平谈治国理政》,外文出版社2014年版,第3—4页。

能不研究和不能不解决的问题。革命战争的规律——这是任何指导革命战争的人不能不研究和不能不解决的问题。中国革命战争的规律——这是任何指导中国革命战争的人不能不研究和不能不解决的问题。我们现在是从事战争,我们的战争是革命战争,我们的革命战争是在中国这个半殖民地的半封建的国度里进行的。因此,我们不但要研究一般战争的规律,还要研究特殊的革命战争的规律,还要研究更加特殊的中国革命战争的规律。大家明白,不论做什么事,不懂得那件事的情形,它的性质,它和它以外的事情的关联,就不知道那件事的规律,就不知道如何去做,就不能做好那件事。"[①] 十八大以来,习近平总书记也多次强调要深刻认识和把握共产党执政规律、社会主义建设规律、人类社会发展规律,在纷繁复杂的形势下坚持科学指导思想和正确前进方向,把中国特色社会主义不断推向前进。概言之,规律是马克思主义使命型政党的支柱性范畴,而把握规律则是马克思主义使命型政党标志性的话语表述方式。

其三,对指导思想的极度重视与发展创新。历史规律揭示使命与方向,而历史的规律与逻辑恰恰是由马克思主义这一科学理论体系特别是其唯物史观予以揭示的。马克思主义深刻地揭示了人类社会的矛盾运动与发展规律,揭示了资本主义社会向共产主义社会演进的必然性,描绘了未来社会的美好图景,揭示了无产阶级的历史地位与作用,尤其是强调了无产阶级政党的巨大历史作用。换言之,马克思主义使命型政党是在马克思主义的理论视域中诞生的,没有马克思主义对历史规律的揭示,对历史方向的阐明,就不可能诞生把握规律、担负使命的使命型政党。正如恩格斯指出的:我们党有个很大的优点,就是有一个新的科学的世界观作为理论的基础。正是在此意义上,马克思主义使命型政党自其诞生之日起就高度重视思想建党,强调马克思主义的指导地位以及对各种错误思想的批判。而中国共产党作为典型的马克思主义使命型政党,更是如此。

当然,马克思主义具有实践性,并非一成不变的教条,而是行动的指南,随时代条件与实践要求的变化其本身也面临一个不断时代化、国

---

① 《毛泽东选集》第 1 卷,人民出版社 1991 年版,第 170—171 页。

别化与大众化的问题。在此意义上,马克思主义使命型政党不仅高度重视思想建党,而且尤其强调指导思想的发展创新与与时俱进。正如习近平总书记在"7·26"讲话中指出的:在新的时代条件下,我们要进行伟大斗争、建设伟大工程、推进伟大事业、实现伟大梦想,仍然需要保持和发扬马克思主义政党与时俱进的理论品格,勇于推进实践基础上的理论创新。时代是思想之母,实践是理论之源。我们要在迅速变化的时代中赢得主动,要在新的伟大斗争中赢得胜利,就要在坚持马克思主义基本原理的基础上,以更宽广的视野、更长远的眼光来思考和把握国家未来发展面临的一系列重大战略问题,在理论上不断拓展新视野、作出新概括。

这种思想建党,这种通过各种途径、方式对马克思主义及其发展成果的入心入脑学习,其目的就在于最大程度地统一全党思想、明确方向、凝聚共识,使大家心往一处想,努力实现伟大使命与宏伟蓝图。换言之,思想建党最终也是基于马克思主义政党对伟大使命的明确认知与自觉担当,服务于使命之实现。这种思想建党给现实的马克思主义政党提出了很高的要求。马克思主义是一个系统的、多层次的理论体系。其不仅包含人的解放与发展的价值观,还有基本观点、基本原理、基本方法,此外,还有适用于不同时间、地点与条件的具体性论述以及策略性论述。在这样一个博大精深的理论体系中,深入掌握基本的原理与方法,并将之与现实有效结合,既要避免教条主义、又要避免经验主义,既要解放思想、又要与时俱进,确实是不太容易掌握的平衡。进而言之,还有马克思主义发展的时代性成果包括最新成果也需要全党深入学习、全面掌握。就以上而言,思想建党的有效落实需要下大功夫,实际上并非易事。

其四,对人民群众的价值承诺与伦理关切。就社会基础而言,作为使命型政党,中国共产党高度重视构建与人民群众道义性的"生死伦理"契约,强调人民至上,强化与人民群众亲密无间的一体性血肉联系。马克思主义政党不仅要一切依靠群众,而且要一切为了群众。确实,只有没有私利的全心全意为人民服务,甘于作人民群众的工具,共产党才能当好人民的代表,才能赢得群众的信任,人民才能把自身解放和发展的领导权委托给共产党。在此意义上,作为使命型政党,共产党与人民之间存在一种内在的契约关系:共产党秉持人民至上的价值理念真心为民,不畏艰辛、不惧牺牲，人民发自内心的信任、拥护、支持共产党，承认其先进性与领导地位。从政治哲学的角度讲，共产党与人民之间的这种契约关系实际上是一种道义性的伦理契约而非现代政治中明确规定彼此责、权、利的制度性契约。这种道义性的伦理契约涉及政党的价值追求、愿景承诺与实践落实，只要群众在思想与行为上显示认同而并不表示反对，这种契约实际上就算达成。在这种契约的达成中，政党处于宣教、组织、引导的相对主动地位，而民众处于相对被动地位。这种道义性伦理契约的达成是以共产党的先进性为前提的，党员个体的奉献乃至牺牲是这种契约达成的内在要求甚至可以说必要条件。在"牺牲我一个，幸福千万人"、"为有牺牲多壮志，敢叫日月换新天"这种殉道行为的感召下，民众无法不形成高度与长久的认同。就此而言，中国共产党作为使命型政党对于人民群众有一种深沉的价值承诺，有深刻的伦理观作为自己的价值基础。脱离开这种价值承诺，脱离开这种生死伦理，就无法理解作为使命型政党的中国共产党之存在本身。

这种生死伦理极其沉重。今天来看，它诞生于一种现实极其困难、条件极其恶劣但目标又极其高远、情怀又极其浪漫的语境中。困难恶劣的现实条件下欲求实现高远的蓝图愿景，自然要求成员不畏牺牲，英勇奉献，自然会以这种生死伦理教育全体成员乃至民众，并且告诉他们，通过牺牲这种光明前景自然会得以实现！就此而言，生死伦理的产生与存在是有特定条件与语境作为支撑的！但如果这种条件与语境发生较大程度的变化呢？如果现实不再非常困难，条件不再非常艰苦，过于高远的目标又逐渐祛魅，这种情况下，生死伦理还能发挥强大作用吗？还能长久得到保持吗？一种稳定的现代化的执政条件，将会对这样一种生死伦理产生较大的消解作用。既然如此，这种生死伦理的发展趋势如何呢？执政党的伦理基础如何调适呢？确实是意义重大又引人思考的问题！

其五，对集中统一的制度要求与组织建构。要完成使命就需要攻坚克难，要攻坚克难党就必须具有战斗力，党要具有战斗力就必须强调权力的集中统一。当然，中国共产党作为典型的马克思主义使命型政党以民主集中制为组织原则，但从实际运作来看，民主主要是手段，而集中则是目的。中国共产党党章中阐述了民主集中制的六条原则，第一条就是著名的"四个服从"：党员个人服从党的组织，少数服从多数，下级组织服从上级组织，全党各个组织和全体党员服从党的全国代表大会和中央委员会。换言之，中国共产党党内的治理模式表现为一个在发扬民主基础之上强调纪律与服从，权力逐级向上集中、自上而下逐级管理与控制的层级化结构体系。在这样一个层级化结构体系中，相对于民主而言，集中是更为重要的，民主是在集中指导下进行的。集中的权威、严密的组织、严明的纪律、有效的动员、统一的步调为马克思主义使命型政党本身所要求，只有如此，才能避免党内的宗派主义、自由主义、分散主义，使全体党员与党的信众劲往一处使，汇集力量，最大可能的实现宏伟目标。

政党面临的形势越复杂、挑战越严峻，就越是会强调这种组织性、纪律性、统一性。革命战争年代如此，今天改革深化的攻坚阶段也是如此。正如习近平总书记反复强调的："我们党是用革命理想和铁的纪律组织起来的马克思主义政党，纪律严明是党的优良传统和独特优势。我们党有八千五百多万党员，在一个幅员辽阔、人口众多的发展中大国执政，如果不严明党的纪律，党的战斗力和凝聚力就会大大削弱，党的领导能力和执政能力就会大大削弱。……新的历史条件下，我们党要团结带领人民全面建成小康社会、基本实现现代化，同样要靠铁的纪律保证。党面临的形势越复杂，肩负的任务越艰巨，就越要加强纪律建设，越要维护党的团结统一，确保全党统一意志、统一行动、步调一致前进。"[①] 尤其是要同党中央保持高度一致，自觉维护中央权威。

既然强调民主集中制，强调自上而下的集中统一，政党领袖与干部精英的角色就显得尤为突出。相比于普通党员与一般干部，他们的位置更为关键，作用更为重要。使命型政党首先要有通晓使命、能力卓越的精英，他们构成政党的核心部分，然后要有把路线方针政策有效贯彻的党内组织体系，然后是外围的党的社会基础。领袖与精英对使命最理解，对规律最把握，然后先党内、后党外层层宣教与推动落实。可以说，政党领袖与干部精英的能力、素质、格局、境界如何，对于民主集中制的有效运作，对于自上而下的谋划、管理、教育、组织、引领，对于使命

---

① 《习近平关于严明党的纪律和规矩论述摘编》，中央文献出版社 中国方正出版社 2016 年版，第 3—4 页。

与目标的完成,具有极大甚至是决定性的影响。人民群众创造历史是在根本、最终与整体意义上讲的,而伟大人物则往往是重大决策与重大事件的当然主角。正是基于此,使命型政党在治党方面必须抓住政党领袖与党内精英这部分关键少数,一旦这一部分人出现大的问题,负面后果很难预料有时甚至不堪设想。"邓小平同志说过:'在中国来说,谁有资格犯大错误?就是中国共产党。'那么在党内,谁有资格范大错误?我看还是高级干部。高级干部一旦犯错误,造成的危害大,对党的形象和威信损害大。"① 突出抓重点、强调抓关键,反映了马克思主义使命型政党一个典型的治党策略,即梯度治党:在对全党统一要求的基础上,针对党内不同群体与对象又有不尽相同的、区别化的治理策略。从普通党员到领导干部再到高级领导干部,能力要求愈益突出、品性要求愈益提高、制度要求愈益严明、责任要求愈益严格,从而呈现为在统一基础上各方面要求随党内职务与地位相伴上升的梯度化治党格局。这一梯度治党的战略,在我们党的建设历史上一直就有所探索,十八大以后则更为显性化。应该说,这是使命型政党本身的内在要求。

其六,对党性修养的高度强调与典型示范。马克思主义政党要实现伟大的历史使命,不论是最终实现共产主义,还是实现阶段性的宏伟蓝图,都需要进行艰难而伟大的斗争。而要想通过这种艰难而伟大的斗争实践去改变世界、变革社会,不断加强党员个体在思想理论、政治立场、利益观念、纪律意识、政治品格等方面的修养极为必要。只有通过不断的党性修养,党员个体才有可能确保对党忠诚、对人民忠诚、才有可能实现党性与阶级性的统一、党性与人民性的统一,才有可能保持先进性和纯洁性。具体而言,之所以需要不断强化个体的党性修养,一方面是因为现实中,使命之光荣、形势之复杂、任务之艰巨,非志虑忠纯者不能担当、应对与实现。另一方面是因为现实的党员来源构成复杂,各种错误、腐朽思想不可避免地渗透、流布于党内,而且即使是经过锻炼的老党员也往往不可避免会受到旧的思想意识的影响,凡此种种,必然影响党员个体党性修养的增强与提高,进而影响整个党的战斗力。提高党

---

① 《习近平关于严明党的纪律和规矩论述摘编》,中央文献出版社 中国方正出版社 2016 年版,第 95—96 页。

性修养的方式有多种，但树立典型示范是尤具特色的一种。典型示范是使命型政党一种重要的治理方式。使命型政党要想实现使命，不仅要求全体党员信念坚定，自省自律，而且要求在其中树立典型，发挥示范作用。这是理想建党与道德建党的内在要求。权力选定模范，宣传模范，塑造模范，发挥其引领与示范作用！

当然，在今天的时代形势下，要求每一个党员都具有高度的党性修养与高尚的道德境界也不完全现实，所以在党性修养方面，十八大以来的一个重要原则就是明确底线与高线。底线具有负面清单，包括纪律底线、道德底线、政策底线、法律底线，党员和党组织不可触碰、不能逾越。高线则是高的标准，属于正面倡导，发挥理想信念和道德情操引领作用。就党性修养来讲，下有底线，上不封顶，守底线和坚持高标准相结合，换言之，有一定的弹性空间。

以上集中分析了马克思主义使命型政党的六个特点：对伟大使命的明确认知与自觉担当、对历史规律的理论探求与实践遵循、对指导思想的极度重视与发展创新、对人民群众的价值承诺与伦理关切、对集中统一的制度要求与组织建构、对党性修养的高度强调与典型示范。这六个方面既涉及理想也涉及现实，既涉及理论也涉及实践，既涉及思想也涉及制度，既涉及全党也涉及个体，既涉及政党自身也涉及人民群众，所有这些最终都指向历史使命的实现。只有系统把握以上六个方面，才能更好理解作为马克思主义使命型政党的中国共产党的自身特点与运作逻辑。

后　　记

我始终认为，马克思主义研究者除了解读经典、阐释政策以外，还应能够对现实问题作出重大的思路判断。当然，这种对现实问题的思路判断并不是简单地提出具体对策，也不意味着学者的判断就能够完全准确地得到验证，但是学者要努力进行重大现实问题之思，努力去把握发展的规律和趋势，以问题推动研究的深化。能够对现实的改革发展趋势作出重大判断，指出按照逻辑与规律应该如此，是人文学科素养的一个重要表现，也是马克思主义知识分子的努力方向。

本书也不敢说有多深研究、多大价值，因为此中涉及的诸多问题重大且艰深，但此书是我自己数年来诚实努力思考的结果。在写作的过程中，我深深感到能力的不足，感到问题研究仍然需要进一步的深化，然而就像王安石在《游褒禅山记》中讲的："尽吾志也而不能至者，可以无悔矣，其孰能讥之乎？"

学术研究，如同功夫修持一样，不仅要提高专业技能，同时也是修心养性、提升自身德行的过程。子曰："古之学者为己，今之学者为人。"与今之学者相比，古之学者学习是为了提升自己的知识修养与人格境界，并不带有多少功利的色彩。像亚里士多德讲的求知源于好奇，康德讲的头顶的璀璨星空和心中永恒的道德法则，孔子讲的仁以为己任，孟子讲的浩然之气，都是这个意思。至于外部事功，只不过是为己之学的副产品，用经济学的术语讲，是为己之学的溢出效应或正外部性，真正的学者不必刻意追求。

《庄子·知北游》云："人生天地之间，若白驹之过隙，忽然而已。"白驹过隙之人生，不困于外、不扰于内，平淡生活、静心为学，谦以养德、反思自立，应为理想！如此，无悔矣！